教育新观察
丛书

减负新攻略

主编／胡　卫
副主编／张继玺　朱俊红　郭　强

生活·讀書·新知 三联书店

总　序

上海教育科学研究院副院长　**胡　卫**

当前，伴随着经济体制改革的推进和社会的转型，教育改革因涉及到千家万户的权益而成为备受关注的民生问题，甚至成为争议焦点。

在互联网普及和社会趋于多元化的今天，对于教育改革中的热点、焦点事件的争论与思考呈现出鲜明的时代特点：媒体与网络的开放使得所有人都可对教育热点进行评说；除了官方的声音，还有来自民间的看法，中国教育的现实境况由此而更能得到反映；多学科、多专业背景的人参与讨论，使教育事件不再局限于教育圈内，由此而更能体现来自社会各方的思考；各色人群基于自身背景、利益对教育事件的评说鲜明地反映出教育问题与社会的互动。

基于上述特点，我们策划了“教育新观察丛书”，以图定期围绕教育改革进程中的热点、难点问题，以宽宏的态度、开阔的视野，汇集各方的态度和看法。

本丛书拟在以下几个方面着力打造特色和品牌：

内容上：注重理论与实践相结合。对热点事件的分析既有理论深度的思考，也努力结合实践的探索。

选题上：注重宏观与微观协调。选题既有关涉国家、国际层面的教育宏观命题，也有具体到教育微观层面的教师、学生、课堂、教学等主题，这些主题直接或间接地指向体制创新、制度改革、观念革命、方法提升等。

视角上：官方与民间互动。对于教育热点的探讨既有教育行政部门的思考，也有民间对教育的看法，并且两种视角之间可以互动。

层面上：上层与基层呼应。丛书力图反映出教育行政部门对于教育问题的政策思考，我们也希望它反映出政策在基层的实施效果以及基层对它的回应。

具体而言，在每一个教育热点事件展开时，我们会邀约教育圈内外不同领域的专家、学者、一线工作者、行政工作者乃至教育事件的当事人等为我们提供多种视角的观点和材料，对每个教育热点的分析建议包括事件简介或相关的教育话题背景，人们对该话题的不同看法与声音，理论探讨与实践操作的结合，国内视野与国际经验的互补，相关的延伸阅读等。

总之，本丛书希望通过各种不同观点的良性互动，为公众搭建了解、理解和支持教育改革的平台，为教育行政部门推进教育改革提供决策参考，为教育工作者探求解决问题的办法提供帮助。在此，我们敬请广大读者批评指正。

目　录

一、新理念

二、新政策

三、新探索

四、新资讯

一、新理念

在体制改革中寻求出路

原国家教委副主任、国家总督学 柳 斌

大幅度提高教育质量，大幅度提高国民素质，是社会的呼声，是国家的期望，是人民大众的福祉。《国家中长期教育改革和发展规划纲要(2010—2020年)》(以下简称《纲要》)明确提出："关心每个学生，促进每个学生主动地、生动活泼地发展，尊重教育规律和学生身心发展规律，为每个学生提供适合的教育。"这就为实施个性化教育，提高教育质量的工作指明了方向。这里的关键问题是要把"让学生主动发展、生动活泼地发展"放在教育改革最重要的位置上。

从"统"字的束缚中走出

"以人为本"治国理念的提出，要求教育事业不失时机地进行教育思想、教育体制、评价制度、教育方法等各方面重大改革。我以为，要解开升学竞争愈演愈烈、学生负担过重、学校急功近利的死结，不在制度上进行改革，不触动某些部门或单位的现实利益，就只能无所作为，坐等失败，促进学生个性发展也就无从谈起。

胡锦涛同志在建党90周年的大会上讲到："制度更带有根本性、全局性、稳定性、长期性。"其实，治国方略要重视制度建设，治教方略同样要重视制度建设。以高考入学制度为例，它的公开、公正、程序严格、可信度高等制度性优点是它长期受到欢迎和信赖的根本原因。然而，高考入学制度存在的德、智、体全面衡量被虚化，甚至被数百个知识点所取代，择优录取变成了择分录取。对于学生十几年的学习和教师几十年教学的成果，采用唯一的一次考试、一张试卷定终身的办法作出最后裁判，最了解学生的教师却对学生升学没有发言权，这其实是很难公正很难公平的。这样一些制度性缺陷却长期而牢固地产生了，而且以累进效用继续产生着负面作用。导致当今的教育，分数承载了太多的期望，学习承受了太重的压力，童年背负了沉重的包袱。在不少地方，学习活动常常远离了学习者的现实生活，整齐划一的学习任务，忽视了学习者的兴趣、爱好、自主、自由以及承受能力的差异；学习活动的要求常常违背学习者身心发展的规律。问题出在统一考试上，更准确地说，问题就出在“统”字上，是从上到下的一系列的统考统测束缚了教师的手脚，是统考统测阻滞了学生个性生动活泼的发展。高度集中统一的招生制度，先验的僵死的标准答案，事实上的唯分数评价制度，其负面影响的巨大和深远是人们始料未及的。以分数为唯一标准定得失，定优劣，定取舍，定质量高低，定政绩大小，定教育成败，导致了教育评价的高度行政化和极大功利化倾向。其后果是使经济和社会发展提出的社会责任感培养、道德认知和道德行为能力培养、文化多样化、人才多样化、个性发展多样化、创新精神和实践能力培养等时代性诉求都被无声地消解在超强的分数评价，及由此导引出来的功利大潮之中了。

重审高考入学制度

对于这种“躲不开”“绕不过”的体制机制障碍，解决的办法只有深化教育改革，尤其是从体制上进行改革。正如《教育改革和发展纲要》指出的，“教育要发展，根本靠改革”，要“以体制机制改革为重点，鼓励地方和学校大胆探索和试验”。这里，《纲要》强调了改革的重点是体制机制问题，强调了对地方和学校进行改革和探索应持的正确态度应当是“鼓励”。本着这一精神，那种害怕改革、不鼓励改革，甚至阻挠改革的态度是错误的。教育制度改革与其他制度改革一样，应当“坚持突出重点、整体推进，继承传统、大胆创新，构建内容协调、程序严密、配套完备、有效管用的制度体系”。在这里，突出重点，我看是要突出高考入学制度这个重点。高考入学制度，一要完善，二要创新。

完善，是在保持原体制优点的同时去除其负面影响，在把知识、分数作为大学入学条件的同时，把品格、情操、学习力、社会责任感等作为要素纳入入学资格考察范围；打破一考定终身的格局，实现高考多样化、多层次化，创造条件实施因校制宜的考试；转变命题思想，少一些学了之后多数人一辈子也用不上的知识难题，多一点应知、应会、应当面对、应当思考的现实问题，由注重考察解题能力，转换为注重考察道德认知和道德行为能力、实践能力、创造能力以及学习能力。

创新，对于创新者、改革者来说，是要勇敢地探索新的路径，敢于做第一个吃螃蟹的人。对于国家、政府和社会来说，是要营造良好的创新文化及社会环境，对改革者、创新者针对现存制度缺陷所作出的挑战，不但要容许，而且要支持和鼓励，让他们按一定程序坚持进行改革实验。对这种改革实验既要容许成功，更要容许失败。如高校入学制度，既要容许对高考体制内入学这种制度进行改革完善，也要容许对高考体制外入学的多种模式进行探索(包括承认其学历学位)。

目前，高考考生数逐年下降。考生录取率已达70%以上，一些省市甚至已高达80%～90%，探索高校多种模式入学已具备较好基础。择优保送、校长推荐等高考体制外入学模式正在试验。不少家长不惜重金，甘冒背井离乡的风险，让还在中学的子女绕开国内高考，直接申请到国外留学，人数逐年增多。2008年出国留学人数18万，2009年23万，2010年28万，其中中学生占的比例逐年增加。考虑到这种趋势，遵循《纲要》关于"改革质量评价和考试招生制度"的要求，在国内开展一些高考体制外入学的试验，不但是必要的而且是刻不容缓的。可喜的是，上海部分高职院校已经开始进行这种免试入学的实验探索了，这是寄托了众多学子和家长殷殷期盼的实验探索。尊重这种探索，应当视为是尊重人民群众首创精神的表现。其实，在中国，这样的实验太少了！我们在对上海部分高职院校的改革表示欢迎的同时，对其他省市的高校参与这种改革实验寄予厚望，尤其是对普通高校和影响较大的著名高校参与此类改革试验寄予厚望！对一个13亿人口的大国来讲，有些事必须在教育战略高度上求得共识。经过多年的争论和改革探索，我们在开创公办学校与民办学校并举的新局面这件大好事上取得了共识，我相信在开创高考体制内入学与高考体制外入学并举的新局面上同样也一定会取得共识。

学生主动地、生动活泼地发展与考试制度有巨大的相关性，考试是指挥棒，应试倾向从本质上讲是一个制度性问题。把解决教育质量问题，把解决人才培养模式问题的"宝"过久地、过分地、过度地押在了统考统测和单一的分数评价上，不但是不科学的，而且是隐藏着危机的。如果我们真的想建设一个科学的、民主的、大众的、充满活力的社会主义教育体系，我们就得从思考这个问题、认识这个问题、解决这个问题做起。

小学教育要淡化竞争减负提质

国家总督学顾问、中国教育学会副会长　陶西平

近年来，小学教育改革取得令人鼓舞的成果，许多学校创造了宝贵的经验，而且在教育对象、教育本质、教育宗旨、教育现实等重大问题上形成了许多共识，比如要立足每个学生、打好基础、面向未来、直面现实。

小学教育改革的进展十分可喜，但不容回避的是，虽然我们能上学的问题已经解决，办学条件也已大大改善，小学教育在培养学生做人、能力、良好习惯等方面奠定了坚实基础，但素质教育的推进却不尽如人意。特别是小学教育承载的压力过大，小学生的课业负担过重，已成为部分地区和学校的顽症，甚至有愈演愈烈的趋势。当务之急需要解放小学教育，需要解放小学生。

笔者认为，当前小学教育应当重点研究课堂有效教学和课外有限作业的有机结合，从而将"每一位学生的快乐健康成长"落到实处。课堂的有效教学重点是研究教师"会教"与"教会"的统一。课外的有限作业则在相当长的时间里是我们教学研究的空白。美国的一项研究发现，每周多学 75 分钟数学的孩子成绩平均可提高 3%，但对其他学科没有任何改善。美国孩子做了至少 150 年的家庭作业，可家庭作业到底对孩子有什么帮助，仍是一团迷雾。我们也很需要加强这种研究。

减轻学生课业负担，提高教育质量，解放小学教育，解放小学生，笔者以为要下定决心抓好三个关键环节：一是学校引领，综合治理；二是突出主题，标本兼治；三是淡化竞争，立足长远。

首先，要学校引领，形成合力。正如教育规划纲要所指出的，减轻学生课业负担是全社会的共同责任。但在政府统筹之下，学校需要发挥引领作用，各方才有可能形成合力。有些人认为，即使学校将负担减下来，家长、社会还是会将负担加上去。这种看法不无道理。但由此得出学校无能为力难有作为的结论，则是问题的所在。教育规划纲要明确提出，学校必须率先实现减负。由此可见，"减负提质"是一项系统工程，但要由学校引领；"减负提质"是一个漫长过程，但要从学校开始。学校内部

减负确有成效，是转变家长和社会认识的开端，也使形成合力成为可能。

其次，要突出主题，标本兼治。减轻学生过重课业负担创造了学生健康发展的条件，本身就是提高教育质量的重要措施。“减负提质”应当成为现阶段小学教育改革的主题。而真正有效的减负，必须从提高课堂教学质量入手。要把教师的积极性引导到教学上来，引导到课堂教学上来，引导到课堂教学改革上来，并以“在课堂上学会、学好”作为课堂教学改革的重要尺度，把不留和少留课外作业作为评价教师业绩的重要标准。现在，在教学改革过程中，“加法思维”已经成为一种思维定式，教学改革就是看又增加了什么内容、方法和活动，但很少考虑增加以后所付出的代价和产生的效益。丰田公司曾经倡导“精益管理”，即最大限度减少不必要的环节以真正提高效益。教学研究应当倡导“精益思维”，也就是“减法思维”，减去所有不必要的教学内容和环节，真正提高课堂教学效能。

再其次，要淡化竞争，立足长远。小学阶段是奠定人生基础的阶段，学校应当为每个学生提供一个打好基础和发展个性的良好环境，从而创造适合学生的教育。因此，不应过早强化竞争，要引导学校淡出功利，立足长远。

各级政府和教育行政部门应当减少并统一规范各部门对小学的检查评比，保证小学集中精力办好学校。同时，了解学科教学情况的测试应当主要由任课教师进行，取消小学阶段一切整班建制参加的统一考试，更不能以此作为考核学校和教师的依据，要进行科学的、以调整教学策略为目的的质量监测。

学校要以培养做人为主线，以培养能力为导向，以培养良好习惯为检验尺度组织教育活动，不得随意增加小学课程内容；依照北京市的规定，小学低年级原则上不留课外作业，中高年级课外作业不超过一小时，学校要严格检查教师留作业的数量和质量；取消一切“家长作业”，引导家长共同促进学生健康发展，建立和谐的家校关系；以“提高课堂教学质量，减轻课外作业负担”为主题，加强学校内部的教学研究，推进教师的专业发展。

笔者建议，小学生的快乐健康成长应当从切切实实的“减负提质”开始。愿小学教育在这个关键性课题上不断取得实质性进展。

有效减轻中小学生过重课业负担对策思路与上海作为

上海市教委副主任　尹后庆

中小学生课业负担过重，长期以来一直是困扰教育的一个“沉疴”与“顽症”，尽管各级政府部门和教育行政部门不断推出改革举措，这些措施也确在一段时期内产生作用，但总体而言，“减负难题”尚未从根本上得以有效解决。今天，在经济社会转型的背景下，对减负问题在机制上的探索与实践刻不容缓，它将直接影响青少年的健康成长与发展，甚至关系到整个民族未来一代人的整体素质。

2010 年底，经济合作与发展组织（OECD）发布了 2009 年国际学生评价项目之一（PISA）测试成绩，上海在阅读、数学和科学三个领域中均获得了全球第一，这说明上海基础教育的学业质量已经达到了一个高峰。然而，另一个数据更令我们深思，在学习时间方面，65 个国家和地区中，上海学生校内上课时间位于第 14 位，校外上课时间为第 9 位，校内外上课时间总量位于第 12 位，学生课业负担显示偏重。

同样，教育部基础教育课程教材发展中心的监测数据也表明，从 2006 年到 2010 年的 5 年间，上海学生的学业压力和课业负担没有改善，主要表现在作业时间长、睡眠时间少、周末补课多、体育锻炼少等。应试教育的推波助澜，给学生终身发展带来了诸多缺陷。这同越来越强调人格形成、知行合一的全人教育的世界趋势相比，已经越来越不适应。显然，在获得高质量的教育的背后，还存在一些不容轻视的问题。

“减负”为何难有作为？步入教育现代化的上海能否率先冲破“减负迷阵”，让一代青少年收获成长的幸福呢？笔者试从“减负”的成因、现实对策和上海作为等三方面加以阐释。

一、“减负”的历史回溯与成因分析

新中国成立以来，在不同的历史时期，我国基础教育领域中都针对当时学生的负担状况提出了不同的“减负”策略，但减轻学生负担却不是一朝一夕的事，它至今仍然是困扰教育界，特别是基础教育领域的一个热点问题。

从历史发展的维度看，新中国成立 60 多年来的“减负令”基本沿袭自上而下的路径，聚焦于学校教育本身。新中国成立 60 多年来，四代领导人都曾关注过“减负”问题，由国家下发的“减负政令”不下 50 件。在上世纪 50 年代中期，毛泽东主席分别就学生健康问题写信给当时的教育部长马叙伦，提出“要各校注意健康第一、学习第二”。随即，教育部发出了《关于减轻中小学学生过重负担的指示》，指出采取精简教学内容和课时等措施将减轻学生过重负担与提高学校教育质量相联系。1964 年，在毛泽东的亲自关怀下，中共中央国务院批转教育部临时党组《关于克服中小学学生负担过重现象和提高教学质量的报告》，尖锐指出中小学生负担过重最突出的现象是：课程门类多，课时作业多，测验考试多；分析根本原因是片面追求升学的思想；批判过重课业负担是“摧残人才”，将“减负”问题提到关系办什么样的学校、培养什么人的重大问题；正是以“减负”为切入点，推动了一场轰轰烈烈的教育改革运动。1977 年，国家恢复高考，“千军万马过独木桥”的现象逐渐形成，学生负担问题变得更加突出并引起了国家领导人和全社会的高度重视。自 1979 年至 1998 年间，教育部陆续下发“减负”文件，以纠正违背教育规律的做法，保证学校的正常教育秩序，促使儿童健康活泼地成长，这在一定程度上缓解了当时学生过重的课业负担问题。

世纪之交，知识经济扑面而来，有“知本”才能迎接竞争和挑战。“不让孩子输在起跑线上”的愿望，让孩子从跨入幼儿园开始就承受着沉重的压力和负担。2000 年初，江泽民同志针对学生负担过重等问题发表了《关于教育问题的谈话》，明确指出，过重的课业负担“不利于青少年的健康成长”，其根源在于“片面追求升学率”。迈向教育现代化的今天，《国家中长期教育改革和发展规划纲要》已经制定，正在加紧落实，这个受到胡锦涛总书记和温家宝总理高度重视，引领中国未来 12 年教育发展的重要文件，“减负”问题同样成为深入调研的重点课题。

新中国成立60多年以来的"减负"历程，不难发现一个共同的特点——50多个"减负令"均集中聚焦于学校教育自身。从"减负"手段上看，历年来均为自上而下的推进，一线教师和学校管理人员并未真正将"减负令"所蕴含的教育理念转化为实践，"减负"无法达到预期效果；从"减负"的实施者看，主要由各级各类学校或教学机构承担着重任，往往一边学校在"减负"，另一边家长需求下的社会培训机构"乘虚而入"实施"增负"；另外，从"减负"的主要措施看，历年来的"减负"基本是从学校的教育教学工作入手，这些措施确能在一定程度上缓解负担过重的问题。但是如果用历史的和发展的眼光看，无论在各个学校实行的"减负"措施是多么有效，只要当家长和学生重新面对激烈的升学竞争和就业压力时，所有举措都立即变得"苍白无力"，甚至"按下葫芦又起瓢"，于是"减负"工作逐渐演变成"负担过重——减负——负担更重——再减负"的怪圈。

中小学生课业负担过重已是不争的事实，究其成因，则是多方面、多层次的，既有社会导向上的原因，也有教育制度和教育结构上的原因，甚至还涉及到深层的传统文化的影响。

具体而言，这主要是以下几个方面的因素造成的：

——社会分层和过大的城乡差别导致的教育功能异化，升学考试的分数，已成为社会分层的决定性因素。在不同经济结构类型中，教育制度表现出巨大的差异。经济结构转型意味着经济利益格局、资源配置方式、经济发展动力、社会发展模式等重新调整和更新，由此也出现了社会分层形态的变化。社会成员之间因经济收入有别而出现的城乡差距、贫富差距愈来愈悬殊，而教育上的贫困几乎影响到个体发展的所有机会，尤其是在当前的知识经济、信息时代条件下，教育成为改善人生的重要手段，同时也成为制造贫富悬殊的重要工具。

所谓社会分层，是根据社会成员的身份、地位、声望、财富、权力等划分等级的社会现象，一般而言，社会分层的主要依据是受教育程度、职业类别、经济水平、家庭背景等。在现代社会中，随着科学技术进步，对人的素质要求不断提高，因而教育在社会分层中的作用愈显突出，这本是社会进步的表现。然而问题在于：教育的社会分层功能应该建立在对人的整体素质的提高、完善的基础之上，如果仅以升学考试的分数作为社会分层的基本标准，那么，就从根本上扭曲了教育的社会分层功能，这是不利于社会进步的。在现实中，学生升学考试分数的高低对他的职业选择与未来的发展越来越具有决定性影响，在很大程度上，学历的高低已成为“白领”与“蓝领”、“官”与“民”的分界线，已成为日后利益分配、价值体现的关键因素。在这样的背景下，升学的竞争实质上已演化成未来发展的竞争——“人往高处走，水往低处流”这本是自然定律；在如此之社会导向下，中小学生学业负担焉能不重？这可以说是中小学生学业负担屡减不轻的一个根源性的因素。

还有，“学而优则仕”等传统观念仍积淀于不少人的心灵深处。几千年的儒家文化至今还潜移默化地影响着人们的价值观念，其正效应是崇尚知识、重视教育，而其负效应则是把读书学习当做升官发财的“敲门砖”。传统文化的因素加上现实生活的诏示，必然对人的价值取向产生不可低估的影响，这不能不说是加重中小学生课业负担的一个深层的社会文化因素。

——经济转型的负面影响导致教育制度失效，升学率的高低，成为评价学校与教师工作绩效的主要标准。在社会转型变革期，教育制度失效现象普遍存在。例如，有些政府部门追求短期经济效益忽视长远利益而出现的教育经费投入不足，教育自身追求短期利益忽视儿童权利而出现的“片面追求升学率”，高等教育资源紧缺而出现的招生考试制度对人才选拔的异化，由于市场的不完善导致市场、社会与政府之间的不协调等。

在社会普遍追求高分数、高学历的导向下，教育行政部门对学校教育质量的监控和评价失效，有的基层政府领导甚至简单化地将升学率作为衡量学校工作得失成败的主要标准，导致学校领导把办学目标定位在：(1)学校统考的平均分在同类学校中的相对名次；(2)升入高一级重点学校的比例；(3)学科竞赛获奖人次。甚至把上述目标通过内部管理、考核奖惩的形式层层分解到教师，而教师受职称评定、考核奖励等方面的制约，又用加重学生负担的做法将扭曲的办学目标落实到学生身上。由此，对学生学业负担的加重，起到了推波助澜的影响。

在“唯分数、唯学历”的社会背景下，产生了畸型的社会需求。受经济利益驱动，争夺中小学生教育消费市场的行为屡禁不止。各类教学参考资料、习题集充斥书刊市场，各种补习学校、提高班等蜂拥而起，各项邀请赛、选拔赛层出不穷，这一切，无不与编写出版者、组织举办者的经济利益相关，而由中小学生教育消费形成的市场，又是一个何等巨大的市场。而这一切导致的结果，恰恰使中小学生本已过重的学业负担“雪上加霜”。

——中小学教师对基础教育从应试教育向素质教育转轨，还表现出较大的不适应性；独生子女家庭的普及，使得家长们对孩子受教育的期望值水涨船高。为了扭转过度的升学竞争，全面提高人才素质，教育部早就提出了从应试教育向素质教育转轨的教育改革要求；地方教育行政部门也多次调整教学计划，降低教学要求，进行课程改革。但是由于受升学率这根“指挥棒”的左右，使得相当部分的中小学教师对这些改革表现出较大的不适应性，担心改革会降低所谓的“教学质量”，会影响学生的升学考试分数。此外，也不排除有部分教师由于受观念与自身素质结构的制约，缺乏科学有效的教学方法和手段，这在一定程度上也加重了学生的学习负担。以上这些，也是学生课业负担得不到减轻的原因之一。

另一方面，目前在校的中小学生都是独生子女，可怜天下父母心，“望子成龙，盼女成凤”，哪个家长不希望孩子受到良好的教育，有一个灿烂的前程呢？在“唯升学率”的影响下，绝大多数家长关心子女的教育，但大多又缺乏正确的教育观念与方法，往往不惜工本地为子女的学习层层加码，不顾子女的实际学习状况，盲目请家教、加作业，这种家庭教育的结果往往导致学生没有娱乐时间，处于被动状态，学习效果不佳。也有部分家长知识层次较高，深知孩子全面发展的重要和“唯升学率”倾向的危害，但又有谁愿意拿孩子的前途开玩笑呢？因此也身不由已地卷入其中，徒叹无奈。在这样的情况下，学生的课业负担当然是有增无减。

上述的这些原因中，社会分层与选拔标准的失衡是根本性的原因，其他则大多是由此而衍生出来的。这种种因素相互交织、相互作用、相互影响，以至于造成了一种“剪不断，理还乱”的状态。

总而言之，中小学生课业负担过重问题表面上是教育问题，实质上是一个严重的社会问题，是将广泛的诸如人口、生产力、管理体制、教育制度、传统文化等社会原因和社会、学校、教师、家长等责任集中转嫁到学生身上而出现的结果。其危害是严重的：从经济学角度看，根据边际收益递减规律，学生的身心能力发挥到一定弹性限度内才能达到最佳状态，超过这一限度，必将导致学生思想僵化、心智减弱，从而错过最佳发展可能性。从生理学角度看，过强的刺激导致大脑皮层过度兴奋，以致使大脑中枢转为抑制，影响神经系统功能的恢复、改善和神经系统的发育。从心理学角度看，人格的培养要以文化素质的提高为前提，学生负担过重必然导致人文精神的缺失，学生文化素质普遍偏低，理想人格难以形成。因此，切实解决中小学生课业负担过重问题是社会发展必须关注和解决的主要社会问题之一。

二、课业负担的深层剖析与对策思考

笔者认为，从方法论的角度看，要全面解决中小学生课业负担过重这一社会问题，就有必要明确以下几条基本原则：要立足现实，正视现实，承认现实，看到这种现象的产生与发展有其社会的、历史的原因，在此前提下再来思考有关的对策；要从整体着眼，透过纷繁芜杂的现象抓住本质的东西，力求正本清源，抓住核心环节对症下药，做到标本兼治；对教育自身所能起的作用要有一个恰如其分的评判，既不怨天尤人，也不推波助澜，尽最大可能缓解这一矛盾；要恰当地把握学生的课业负担，承认合理的负担对学生的学习是必需的，该摒弃的是那种不利于学生身心健康发展的不合理负担。

具体来说，要有效减轻学生过重的课业负担，关键在于解决以下几个实质性的问题：

首先，要确立起不唯学历，主要以实际能力为依据的社会选拔机制。这是一件相当艰难但又必须下大力去做的事，因为回避它就无法彻底解决问题。建立起这样一种社会选拔机制的核心，是劳动、人事制度和用人制度的改革。社会的价值取向从根本上制约着学校教育的价值取向，现实是最好的老师。随着不唯学历、主要以实际能力为依据的社会选拔机制的形成，必将促使人们观念的转变，改变只重学历不重能力的倾向，进而改变片面追求升学率的倾向。

其次，要建立并健全有利于学生全面发展的教育制度。这主要包括：

——调整教育的总体结构，形成各类教育相互沟通、各层次教育相互衔接的新体系，为各类人才的分流和成长广开渠道、拓宽途径，使各种类型的学生各有所学、学有所长，从根本上改变“一次考试定终身”的现状，由此而缓解“千军万马过独木桥”的升学竞争。

——建立起有利于学生德、智、体全面发展的课程框架，全面实施素质教育，深入开展课程教材改革，适当减少学科教学课时的总量，增加课外兴趣活动课时，调整教学结构，降低教学难度，切实减轻学生的课业负担。

——大力提高教师队伍素质，着重通过加强在职培训等途径，促进广大教师逐步转变教育观念，树立新的知识观、质量观与人才观，进而积极改进教学，提高课堂教学质量。当前在实施素质教育过程中，学校及教师应着力于如何提高课堂教学效率的研究，力求“高质量，轻负担”。要克服违背教学规律的错误做法，引导学生学得生动、学得活泼，充分调动学生自身的学习积极性。

——积极改革办学体制，调整学校布局，挖掘教育资源的潜力，缩小校际差距，努力办好每所学校，为每一个学生提供接受良好教育的机会与条件，从而在一定程度上缓解供需之间矛盾。

再次，对“负担”本身要有一个科学的认识。

让我们换一个视角来剖析一下“负担”本身。学习总要有一定的负载。负载过轻，学生得不到应有的发展；负载过重，会破坏和扭曲学生的发展，而且学习就成了令人生厌而又不得不为之的“负担”。“减负”是当前推进素质教育的一个重要突破口。但减负本身并不是目的，学习也不是越轻松越好，减负的目的还是为了更有利于学习质量的提高和学生的发展。

从负担的科学剖析角度看，我们必须思考学生的额外负担从何而来？学生的合理负担又该如何确定？长期以来，流行于坊间的“高高在上的政策减负，无可奈何的学校减负，口是心非的家长减负和欲说还休的学生减负”这句话多少描绘了“减负”的真实状态。然而，要真正攻克难题，走出“迷阵”，我们还需作一番追根溯源的梳理。

究竟何谓负担？根据《现代汉语词典》的释义，意为在进行某种活动中所“承担的压力或担当的责任”。那么，“学业负担”，即学生在学习过程中，所担负的责任、履行的任务与身心承受的压力。

基于对“学业负担”内涵的基本判断，笔者认为，首先“学业负担”是由外在于负担的承受者的压力或动力所促成，没有外在的压力或动力，则构不成“学业负担”。其次，“学业负担”是学生在参与学习活动中的一种身心感受，是主观的，因此，同样的学习，对有的学生构成负担，而对有的学生则构不成负担；对有的学生构成可以承受的负担，对有的学生则构成不可承受的负担。第三，"学业负担"的大小与学生本身的身心特点（如智力、意志等），与外在于学生本身的各方面因素（如社会、家庭教育等）有关。这足以说明，"学业负担"既是个人问题，也是教育问题，同时还是社会问题。

学生负担过重的根源是学生学习内容过多、作业量过大，学习任务过重吗？这只是学生负担过重的表象。笔者常常在想，当王羲之练起书法、陈景润钻研数学、鲁迅写起小说时，那一刻尽管枯燥、耗时长，但一切烦闷、焦虑等心理负担似乎都与他们"绝缘"，在这种旁人看起来艰苦的过程中，他们却体会着惬意与幸福。这说明什么？这说明负担和"量"没有必然的联系。事实上，真正导致学生负担过重的根源并不在于负担的"量"，而在于"质"。要把"减负"真正落到实处，我们就应该首先思考学生中究竟哪部分群体构成了"学业负担"的承受者；其次，哪些是"合理负担"，哪些又是"额外负担"；第三，在不合理的"额外负担"中，哪些是由社会原因而致，哪些是由教育本身所致。

在广大中小学生之中，构成"学业负担"承受者主体的既不是以学习为乐事的优秀学生，也不是因成绩差而丧失信心的后进生，而是学习的中间者。他们一方面还不能达到轻松自如，以一种幸福的状态投入到学习，另一方面他们对学业又抱有期望。残酷的竞争、对稍作放松便有可能落马的恐惧、拼上一把或许能改变命运的愿望都使这部分群体必然成为"学业负担"的主体承受者。

对于所承受的"合理学业负担"可分为两类：其一是伴随学习活动所必然产生的合理负担，这种负担是培养符合时代要求的个性、人格及学习基本的知识技能所必须付出的代价。其次，学习任何知识与技能，都必须进行良好的基础知识贮存和与之相适应的良好行为的训练，以此为目标的学习，其负担不仅是合理的，而且是必须的。

对不合理的"学业负担"也分为两大类：一类是由社会原因而致的负担。它包括：由于相对于人口众多而致的教育资源缺乏导致的学业负担，由表现为"望子成龙"、"学而优则仕"等传统文化投射到学生身上的负担等。这些因素所造成的"学业负担"的减轻将是一个长期的过程。另一类则是学校教育自身存在的问题。上海市教育科学研究院普教所每年进行的"减负"调查显示，增加课时、作业量过多和统测是造成学生过重负担的重要因素。无意义、低效能、高频度的作业与测试加重学生负担，折损其身体健康的现象必须引起教育工作者的高度重视。

三、有效减轻过重课业负担的学校作为与上海实践

从学校教育教学的进一步改进入手，推动全社会教育观念的逐步更新，“减负”仍有所作为。尽管“减负”是需要全社会共同关注，形成合力的系统工程，但当下，学校教育内部仍有空间可以有所作为。对此，近年来，上海采取了一系列措施在“减负”的政府与学校作为上进行了有益的探索。

（一）优化教学从源头“减负”

上海市从1999年起，规定中小学应于7点45分以后安排集体教育活动。为保障学生睡眠时间和身体健康，减轻中小学生过重课业负担，市教委又从2007年起将小学上学时间推迟至8点15分以后，初中推迟至8点以后，社会反响良好。在全市全面调整学生作息时间，就是要让更多的学生的睡眠时间有所增加，促进学生健康成长，促使学生过重课业负担得到减轻。虽然有些学校、教师存在错误的观念，认为学习时间长学习成绩就好。这种观念错在没有把学生身心健康放在第一位，没有把教学效率作为关键因素，这是缺乏教育智慧的体现，不利于素质教育的深入实施和课程改革的推进。在此基础上，上海的减负举措着眼于校长的课程领导力和教学有效性的提升上。

第一，加强学校课程与教学计划的领导。市教委要求学校在校长领导下始终坚持以学生发展为本的理念，根据《上海市普通中小学课程方案》和市教委颁发的课程计划，统筹人、财、物等资源，本着有益于提高教与学的效率，有益于学生全面、有个性的发展，有益于体现学校办学理念与特色等原则，科学制定和有效实施学校课程与教学计划。编制学校课程计划要因地制宜、因校制宜，合理规划、开发和实施校本课程，校长要引领教师，不是为了开发与实施校本课程而开发与实施校本课程，而要确保校本课程服务于学校培养目标和办学特色。校长应依靠教师智慧，大胆探索，在学校教学计划的一天作息时间安排、一周教学活动安排和学校课程（拓展型课程和研究型课程）的设计与实施方面形成特色。

第二，加强课程实施过程的领导。校长要用正确的教育思想引领教师实施新课程，要深入课堂教学第一线，分析教学动态，抓住主要矛盾。要深入课堂听课，摸清课堂真实情况，要抓住教学环节中的问题，研究如何改革教学过程、教学方法。要提高课程实施的有效性和到位度，尤其提倡校长在课程实施中对教师的专业支持，充分关注课堂中的疑难问题，关注教师教学中的困惑，引导和指导教师改进和完善教学改革的策略和技能。

第三，加强对校本教研的领导。校长要为教师参与课程改革提供民主、开放、协力、合作的氛围，共同探究课程问题，为每一位教师创设发展的机会、条件和空间，不管这位教师今天处于什么样基础之上，组建强有力的教师团队。要健全并完善各科教研组织，制定符合本校实际的校本教研制度和切实可行的实施方案，以"研"促教，以教促"研"，实现研训一体。学校要对校本教研工作过程与质量进行监控与评价，定期检查制度运行情况，不断提高校本教研工作质量。学校要选配好教研组长，在教研组长的带领下，通过教研组集中精力聚焦课堂教学，针对实际问题开展教研活动，增强教研组的活力。教研组要通过"专业引领"、"同伴互助"和"自我反思"来主动适应课程改革执行力提高的需要，执行力通过教研组发挥，使学校整体教学质量持续发展。

教学是学校工作的中心，这是教育规律决定的。当前，我们正在进行的教学改革，就是要改变陈旧的、低效的、习以为常的教学方式，来加强对学生学习活动的引导，加强师生互动、生生互动，使教学过程成为学生主动学习的过程。加强教学，提高课堂教学的有效性，主要落实到三个环节：

一是要正确把握教学目标，注重教学目标、过程与结果的一致性。知识与技能、过程与方法、情感态度与价值观三维目标，作为教学目标，大家都已清楚。但是在当前课程改革过程中，有的教师只注意教学过程中的形式，而没有很好地把握活动的目的和目标，教学过程与教学目标相脱离。对三维目标的整体把握，还需要我们认真学习和研究课程标准，把握学科核心教育价值，把握教学内容的核心教育价值，由此准确定位每节课的教学目标。其次，教学目标要强调以德育为核心、以创新精神和实践能力为重点，促进学生的全面发展。第三，教学过程和教学结果要回应教学目标。"师生互动、平等对话、关注过程"的师生关系和课堂"生成性"现象是课堂教学中比较关键的一个问题。教师确立了正确的学生观，才会有真正意义上的师生平等，才会很好地利用学生“生成性”资源。从某种程度说，教学过程和结果的有效性取决于和谐的师生关系。

二是要切实加强教学常规的有效落实，提高教学质量。当前，很多学校比较关注上课，但是对备课、对作业练习、对个别辅导等环节重视不够，从而导致紧密连接的教学环节有些脱节。

以作业环节为例。当前，教师在教学实施过程中对作业效度的轻视几乎是个“致命伤”。从根据学生学习的实际状况精选有针对性的作业，到认真逐一批改作业，再到发现学生的认知差异实施个别辅导，这个过程实际上是对课堂教学效果进行反馈——矫正——改进的循环过程。这个循环既能让教师清晰地了解学生现有的学习程度，又能为下一轮的教学找到扎实的新起点。20世纪80年代的青浦教改实验，就是强调抓反馈。但是在当前的教学过程中，常常出现一种现象：教师缺乏对学生学习状况的分析，又不加选择地压给学生过量的作业。前面的例子都可以说明这个问题，以为只要多做练习就能提高质量，作业之后既不批又不改，只让学生自己对答案，耐心的“面批”不见了，有效的“订正”没有了，取而代之的是无穷无尽的、千人一面的“一课一练”，这样的教学能有效吗？高效率作业环节的缺失把教学的连贯过程“拦腰斩断”，反馈失去效用，辅导又不跟进，学生学习成了“夹生饭”，而考试和下一轮教学又按部就班地叠加上去，这样，学生的负担能不重吗？面对社会对小学生无效作业过重的反映，我们要想一想，我们是缺乏面对问题的勇气，还是缺乏解决问题的激情？为什么这样的低级错误长期存在、反复出现？对这样的问题，难到我们熟视无睹、麻木不仁？难道我们就听任一代一代家长，一代一代的爷爷奶奶，在对教育的抱怨中积淀起对教育的不满，从而转化为对党、对政府、对社会的信任危机吗？学生课业负担问题，原因很复杂，但是能不能从提高教学的有效性做起，从小学做起，尤其从一二年级做起？这是第一个问题。第二个问题，谁来对这些行为负责？教师个体的教学行为差异性是很大的。对有偏差的教学行为，如果校长不抓教学，教研组不抓教学，没有人干预，也没有人通过业务学习和研究予以帮助提高，家长把孩子送到学校，小孩子往往就耽误在这个过程里面了。因此谁来承担改变教师教学行为的责任？如何改变教师的教学行为？

端正教学行为，这是校长课程领导力的题中应有之义，也是日常的基础管理工作，更是教研工作的应有内容。因此，要减负就要先从脚下做起，从小事做起，从可以做的事情做起。因此，笔者提出了三个想法：第一，626 位校长行动起来，加强领导，承担责任；第二，区县教育行政部门和教研部门行动起来，给学校以专业支持和指导；第三，市教委教研室、督导室下学期组织教学调研，就本次会议的贯彻和提高教学有效性问题开展调研。只要大家行动起来，凭借上海基础教育的优势，我们是能够解决小学，特别是小学低年级教学中的此类低级错误的。

除了作业环节，当然还有个别辅导。上海基础教育是最有条件做好个别辅导的，因为上海基础教育的班级规模在全国是最小的，小学普遍推行小班化教学。个别辅导和指导的重点是学习困难学生，目的是促进全体学生的进步和提高。

（二）下移重心从前沿“减负”

历次减负都带有明显的自上而下的特点，实践证明，这种做法有利有弊。今天教育进入内涵发展阶段，所有政策和举措都必须通过教育的“前沿”——学校来落实。教育行政部门推动减负是必要的，但是不能寄希望于一项举措解决全部难题，要下移管理重心，充分发挥区县和学校的主动性和创造力。前一阶段，上海已有不少区县涌现出一批“减负增效”的好经验。比如，静安区推出丰富学生学习经历的 N 项体验计划，并进行“轻负担、高质量”的实证研究；浦东新区自 2004 年以来坚持抓“课堂教学改进计划”，改进教学行为和学习行为，提高课堂教学的有效性；徐汇区推出提高课堂效能、减轻学生负担的“八项举措”等。

教育越向前发展，越需要我们具备更高的专业领导素质。上海教育进入内涵发展的新阶段，要实现顺利转型，作为教育行政部门，不能停留在仅仅依靠分数来判定教育质量的观念和方法上，必须树立科学、全面的教育质量观，学会用科学全面的方法去洞察教育质量。不能仅仅依靠经验作决策，必须具备更多基于实证的决策能力，着眼于优化顶层设计，下移教学管理重心，把更多的精力放在教育质量标准的研究和制定上，放在对学生学业质量的综合考量上，放在制定基于实证的有效教育决策上，放在建立专业化的教育质量监测和评价队伍上。

（三）评价改革从瓶颈“减负”

评价对教育教学改革的意义重大，评价的改革是课程改革的重要内容，是深化素质教育的必然要求，也是政府教育领导能力建设的组成部分，更是学校提高教学成效的内在要求。

但是，长期以来，我们评价教育质量的手段单一，方法陈旧，对评价过程的控制和对评价结果的利用不尽科学。

众所周知，纸笔考试是当前我国义务教育阶段学生学业成就评价的主要方式，单一的评价方式再加上评价的结果被不恰当的使用带来较为突出的负面效应。虽然这种被大家称为高利害评价的手段对促进学习和教学也能起到一定作用，但随着教育的发展，其不足日渐显现。尽管国家和地方三令五申，对考试的形式、内容和结果在应用上作出明确规定，但考试依然铺天盖地，实际上已经主导了教和学。

高利害的测试内容框定，其结果往往导致教师所教授的内容被限制在一个狭小的空间或者过度关注学科和认知技巧。很明显，高利害测验对于课程的腐蚀，剥夺了许多学生应该学习的重要东西，对于他们而言，不合理的高利害测验的根本后果是严重减少了他们应该接受的教育，遮蔽了教育的丰富内涵。

同样，高利害的测验导致教师不得不带领学生进行大量重复练习，如此超负荷的练习活动将会抹杀学生真正的学习兴趣，学生在一个真正有趣的课堂上所表现出来的兴奋和对于知识的兴趣，都被这一系列单调乏味的、以测验为中心的练习活动赶走了。

对教师而言，高利害测试也会带来相当的风险。教师被迫去提高学生的测验分数，以至于他们不得不把课堂教学变成了纯粹的填鸭式教学，或者流水线作业的工厂，而结果就是压抑和泯灭了学生对于学习的热爱。如果学习是毫无乐趣的，而且如果所有教师做的都是让学生永无止境的练习，那么一些学生选择永久地放弃学习也是不足为奇的。

可见，改革评价对于当前减轻学生不合理的课业负担、提高教学质量和效益是非常迫切的任务，为此上海推出了中小学生学业质量“绿色指标”。

2011 年 3 月，上海召开了基础教育工作会议，明确提出了转型时期的教育质量评价命题，即“要从过度注重学科知识成绩转向全面发展的评价；必须重新审视教育质量评价标准，有所取舍，有所更新，更加科学地理解和追求教育质量”。在这样的背景下，上海决定推行“绿色指标”，率先在义务教育阶段进行全市层面的学业质量监测，建立质量评价系统。新评价体系主要有三层用意：

就教育行政而言，通过“绿色指标”，了解全市或全区的学生学业水平状况和课程标准的执行情况。一是通过监测对本地区过去的教育质量进行全面分析与把握，在剖析真实情况和水平的基础上，寻求影响质量的诸多因素，总结成绩，发现不足，为制订教育政策，促进区域间教育均衡，改进教学提供依据。二是全面掌握全市层面课程标准的执行状况。了解课程标准是否执行得好，其实质就是了解义务教育课程目标的落实情况以及学生是否在这样的目标框架下得到了很好的发展。

就基层学校而言，“绿色指标”的监测结果既是为学校提升办学质量提供重要依据，也是学校改进教学行为的有力指导。透过监测结果，能够了解学校的真正“薄弱点”，通过行政干预，提供改进学校教学工作的各种建议及措施，帮助学业质量较低的学校达成质量目标。

就社会层面而言，还区域内公众对义务教育质量的知情权，改变对学校“好差”口口相传的主观评价状态，也是建立评价系统的用意所在。另一方面，我们也必须对社会呼声比较高的“减负问题”做出积极回应，如何实现“轻负担高质量”的教学，评价的科学性不可或缺。

总之，上海基础教育首先必须建立全面的、全新的教育质量观。在关注学业成绩的同时，必须要关注投入和产出。学生身心健康的投入应该是我们衡量教育质量的重要指标之一。那种“分数高、负担重”的质量不是我们所要追求的理想质量。第二，上海教育内涵的发展，要关注学业分数以外的相关数据，要关注学生个体情况，如，师生关系、学生自信心、学习内驱力、课外阅读等。第三，教育质量监测本身不是我们的最终目的，而是作为全面了解教育教学情况一种手段，作为发现和诊断教学问题的一种方法，作为教育决策的一种依据，我们要根据教育质量监测结果、日常调研、社会反响等多渠道、多途径的了解教育存在的核心问题，寻求对策。

综上所述，减轻过重课业负担的目标应该是解放学生，把时间、空间、健康还给学生，让他们睡眠充足，有足够的时间参加科学文艺体育和社会实践活动，发展兴趣和特长，享受幸福的学习生活，生动活泼主动地发展。与此同时，解放教师，使其在教育教学中更好地发挥创新精神和创造活力，以更进一步地关注学生，提高学生的综合素质。

素质教育：与时俱进的中国特色教育理念

——访中国教育学会副会长张民生

沈祖芸

当今世界，人力资源是推动经济社会发展的战略性资源，人才培养与储备是世界各国在竞争与合作中占据制高点的重要手段。我国正在从人口大国向人力资源强国迈进，教育振兴将直接关系国民素质提高和国家强盛。只有一流的教育，才有一流的国家实力，才能建设创新型国家。为此，由温家宝总理"亲自挂帅"推动《国家中长期教育改革和发展规划纲要》的研究制定，具有十分深远的意义。

"这是进入21世纪以来我国第一个教育规划纲要，是指导未来12年教育改革和发展的纲领性文件，充分体现了党中央、国务院把教育放在优先发展战略地位的决心和魄力"，作为《规划纲要》研究制定专家，中国教育学会副会长张民生接受专访时指出，在破解"素质教育"命题时，国家要求必须做到"调研要深入，改革出实招"。

作为"素质教育调研组"组长，张民生坦言，从去年8月至今，自己对"素质教育"的认识有了更进一步的加深。基于不同时代，素质教育的内涵是动态发展的、与时俱进的。他认为，素质教育的发端是针对1993年全国较为普遍的"片面追求升学率"现象而提出的。应试教育的愈演愈烈让教育界的有识之士呼吁提倡素质教育是当务之急，因此从针砭时弊出发，"素质教育"的提法应运而生。当1997年，东亚金融风暴来袭，经受住考验的中国清醒地意识到，创新是可持续发展之本。随着"创新型国家"建设目标的提出，"以德育为核心，加强创新精神和实践能力的培养"成为培养要求，这给"素质教育"赋予了清晰的育人目标。而近年来，随着科学发展观的不断深化，对回归教育本源的认识日益显现，以人为本，提供适合每个孩子发展的教育成为"素质教育"内涵的深刻注脚。

"素质教育，是中国人用自己的智慧去解决中国教育实际问题的实践和理论创新，这是与时俱进的中国特色教育理念，对于这一点，目前社会上的争议声渐去，基本认同度和共识已经形成”，张民生说。

既然“素质教育”已成为党的方针和国家法令，且认同度较高，那么，为什么在实施和推进的过程中始终阻力重重，成为“老大难”的问题呢？张民生说，首先是升学的压力和应试的惯性一时无法改变长期以来单一的教学模式，致使学生课业负担过重；其次传统的片面的人才观，重育分轻育人的习惯势力依然是势头不减的“暗涌”，使得聚焦内涵的突破动力不足；再次全国虽然已经有了山东、广东、上海等省市的教育改革和部分学校的创新实践，但尚未形成燎原之势，点上突破零星，面上推进不够；另外关注“推进”较多，而关注“推进”的有效程度较少，致使改革常常无功而返或虎头蛇尾。

如何才能真正落实“素质教育”呢？张民生开出的“药方”是，第一步必须“下猛药”，切实减轻过重的课业负担；第二步在减负的基础上，必须抓住教学改革这一要害问题，提高“一次教学”的有效性；第三步建立创新人才培养体系，从教师队伍、运行机制、教育评价、用人制度和社会环境等各个方面为创新人才的脱颖而出提供保障。

“学生对学习没有兴趣，创新缺乏条件，为了考分折损身体素质，这是过重的课业负担给学生成长造成的危害，‘减负’必须政府有为”，张民生给出的“第一招”。他说，政府是“减负”的第一责任人，山东省推行的素质教育新政就是一个很好的借鉴例证。他建议，建立起学生学业状况区域监测制度，定期推出，以此作为考核区县政府“政绩”的重要指标。学校可根据自身的实际情况设计制订“负担量”，由区县政府向社会公开承诺，并接受社会监测与评议，对监测结果予以公示公告，以此形成社会共同监督学生课业负担的机制。

而对于引发负担过重的另一个现象——有偿家教和教辅纷繁问题，张民生也给出了应对之策，对于有偿家教，可随着人事制度改革步伐的加快和教师待遇标准的提高，对教师的任职要求作出明确表述，使其享受待遇和承担责任同等重要，以此作为法律底线来约束教师的行为；对于纷繁教辅，则可恢复对出版社资质认定的制度加以管理。

“给‘减负’下猛药，仅仅是治标，要治本关键是聚焦内涵，改进教学方法，提高教师一次教学有效性”，张民生认为，从现状看，这一治本之策挑战很大。他用了一个形象的比喻,“当前中国的课堂好比老鹰、鸭子、兔子三种不同特点的动物同处一室,教师们要求三种动物必须都学会游泳,而忽视了老鹰擅长的是飞行,兔子擅长的是奔跑,用一个规格和标准来培养不同的学生,这是教学方法的最大问题。”从另一个角度看,张民生提出了一个有意思的现象:“从古至今,我们听到的都是‘教案’、‘教材’、‘教室’,这些词语从字面看就只强调了‘教’,而很少听到‘学案’、‘学材’,即便是上学,也被称为‘听课’。因此,这种传统单一教学方式的制约和忽视学生在教学中作用的现象根深蒂固。”

打破陈规不容易,该从何入手呢?张民生说,经过大量的调研和座谈后发现,必须找到推进教学方式改革的突破口和共性特征。为此,他建议,教学方法无论怎么改都应该符合“学生是否喜欢课堂”、“学生是否喜欢这门学科”、”学生是否喜欢这位教师“和“是否留出让学生思考和动手的空间”等共性特点,强调“学海无涯趣作舟”,这才是从学生的角度来审视一堂课的教学效果。与此同时,张民生还指出,要真正见效,还必须建立起学业质量的国家标准,今后逐步走向依据标准的教学和依据标准的测试。

从社会学的视角审视中小学生课业负担

崔小璐

自1988年国家教委颁发《关于减轻小学生课业负担过重问题的若干决定》，到2011年全国“两会”上“减轻中小学生的课业负担”的小组讨论，中小学生课业负担作为一个问题一直被公众所关注和热议。与之相呼应的是，从各级教育行政主管部门到各中小学校，长期以来一直致力于采取各项措施来“减负”。然而事实表明，由中小学生课业负担引起的社会负面影响并没有真正消除，反而感觉这一问题越来越严重了。笔者认为单纯从教育系统内部找根源，以求解决问题的办法，显得有点缘木求鱼，成效甚微，而挖掘问题背后的社会根源，将这一问题放回到社会大背景中去，从社会学的角度对这一问题进行深层考量，有助于认清这一问题的本质，找到“治本”之策。

一、中小学生课业负担问题所指

我们首先要搞清楚中小学生课业负担问题所指，为此，笔者查阅了大量文献资料，发现这一问题所指千差万别，对于“中小学生课业负担”问题压根就没有统一的说法和标准，基本是众说纷纭，凭感觉说事。认为中小学生课业负担过重的学者普遍指出：孩子的学习时间过长、学习科目繁多、课程难度偏大、作业量大、简单机械的重复性训练过频等，由此造成孩子心理负担（学习焦虑等）、生理负担（睡眠不足，体质下降等）以及异常行为（如课业压力大而自杀）。也有不少学者不认同此种说法，对课业负担本身持肯定态度，表示学生课业负担的存在是合理的，因为学校教育的重要功能就是为社会培养合格人才，是通过学生的课业负担等强制外力来实现，通过一定课业负担完成规定的教育内容和任务，从而实现教育目标。由于课业负担的轻重是很难鉴定的，它因人而异，与个体有无学习兴趣和承受能力差异有很大的关系。既然这样，我们就不能简单地根据一些现象来谈论中小学生课业负担问题，更不能划一课业负担轻重标准来进行“减负”，如减少上课时数、取消作业、取消考试制度等。因为这一系列措施实施的结果并没有使人们对这一问题感到释怀，反而由这一问题产生的焦虑感越来越重。因此，我们当前谈论的中小学生课业负担问题早已不是单纯的教育问题，由此衍生出的许许多多的问题，从学校、家庭到社会，从观念、文化到制度，无不涉及到社会的方方面面，已经演变为一个复杂的社会问题。

教育作为社会大系统中的重要组成部分，它产生的任何问题都带有很强的社会性。中小学生课业负担涉及到学生、家庭和学校，这些主体都是不能独立于社会而孤立地存在，因此，笔者在此要谈的是“使学生课业负担成为问题的问题”以及因这些问题而采取的“减负”措施所带来的更深层的社会问题。

二、“减负”，何以成为问题

存在问题，必然探究其成为问题的原因，目前学界将中小学生课业负担问题的原因大致归结为：家长传统的思想（如“万般皆下品，唯有读书高”、“望子成龙”等）、升学压力、应试教育的弊端、就业竞争等等，于是家长、学校以及考试制度（特别是高考制度）成为问题之源和指责的对象，从逻辑上看，这些指责无疑是有道理的，但是却掩盖了问题的真相。

先从思想问题谈起。社会对教育的重视，以及父母对孩子接受教育的期待，可以说是古今中外普遍的社会现象，从“知识就是力量”、“努力等于成功”的西方社会普世价值，到“地瘦栽松柏，家贫子读书”所代表的千百年来中国人的观念，相信教育是改变命运、启蒙大众的一种崇高事业。通过教育改变命运，这是社会进步的自然规律，是人类社会的共性。综观世界发达国家，没有哪个孩子的父母不是希望自己孩子接受良好教育，实现社会地位的上升。社会学家哈维格斯特指出：随着社会的不断进步，教育将成为个体向上流动的主要途径。人们越来越相信，高速率的社会流动，尤其是通过教育的社会流动，将减少贫穷阶层儿童中的英才浪费，并使经济、社会和政治等方面的活动效率更高。尽管中国历史上曾经出现过“读书无用论”，但那只是短暂的历史产物，是社会的倒退，不可能成为历史的主流。在社会发展日益昌明的今天，教育改变命运不应该受到任何质疑。通过教育实现社会流动，尤其是代际上升流动，恰恰说明了社会的健康、良性发展，是有利于社会进步的。那些以出身论高低而无视后天个人才能和努力的士族社会制度和社会阶层的固化是我们要坚决予以摒弃的。因此将中小学生的课业负担问题归咎到家长“望子成龙”类的传统思想，未免显得牵强。

于是就有人将中小学生课业负担的责任归咎于升学压力，甚至将矛头直指“一考定终身”的高考制度。俗话说“有压力才有动力”，无论是个人还是学校，无论是在美国还是日本，升学压力始终是存在的。为衡量学生掌握知识的程度和学校办学质量的优劣，在没有更适合的评价形式出现以前，考试和升学率是一个相对比较客观、公正的评价形式。即使长期以来被大家所诟病的科举制度，自隋唐以来，在中国古代历史上也曾经发挥了笼络人才，为社会提供了一个相对公正、有规则的上升流动渠道，对封建社会的长期稳定和古代中国的辉煌做出了积极的贡献。指责高考制度成为应试教育的指挥棒，认为高考影响了学校教育的内容和评价方式，致使学校、教师、学生、家长围着高考转，片面追求升学率，致使学生课业负担和压力日益加重，高分低能现象层出不穷等。但是谁又能否认我国高考制度作为社会价值的底线，它是社会公平竞争、每个人都有一个相同起跑线的象征。大量的事实表明，千千万万贫寒子弟就是通过高考改变了命运，对很多穷孩子来说，高考几乎是改变他们人生命运的唯一机会，从而使广大底层老百姓能够接受贫穷的命运而依旧保持着对国家的信任。因此，笔者认为，将中小学生课业负担问题粗暴地归咎于高考制度，是非常不合理的。因为弊端的产生，问题并不在于高考制度本身，而是由各种社会因素共同作用的结果，这是一个复杂的社会问题，不是简单的一个考试制度就能造成的问题。

正是这些就事论事式的问题归结，而忽视课业负担问题背后的重要深层社会因素，这不仅不利于问题的解决，反而衍生出了其他新的社会问题。

三、对中小学生课业负担“减负”的社会学分析

（一）当前“减负”措施的理性认识

为减负而推行的一系列改革措施，如减少课时、不准补课、控制作业量、取消考

试等一系列的学校和政府减负措施，以及扩大高校招生人数、实行自主招生、大学生就业市场化等削减“一考定终身”的高考制度及高等教育在人才选拔和实现社会流动方面的作用。然而，事实表明这些措施非但没有解决问题，反而衍生出一系列更严重的社会问题。

首先，学校减负家长增负已经成为不争的事实。学校在政府三令五申取消小升初考试、减轻作业负担等系列减负的禁令下，学校和老师从升学率竞争中解放了出来，一个不争的事实就是游戏机室、录像厅的生意迅速火爆，周末班、假日班亦如雨后春笋。教育排斥在这“减负”的实施下得以发生，对于无法承受学校教育转嫁的压力的一些社会底层家庭，孩子放任自流成为无奈之举；而对于社会中上层家庭，在社会日益分化，贫富差距扩大、教育资源分配不平衡以及社会生存压力日益严重的社会大环境下，孩子的父母会主动将这种社会紧张通过对子女前途的强烈期待而得到精神寄托。因此，为了未来能获得更好的教育资源和提升社会竞争力，学生家长不得不寻找学校以外的兴趣班或补习班。这种情形导致的结果是：学生白天在学校，晚上在校外辅导班，孩子没有休息时间，家庭和家长也遭受沉重的精神负担和经济负担，甚至到了不堪重负的程度。近年来，面对国家财政性教育经费投入占教育总投资的比例事实上呈下降趋势，老百姓承担教育费用的比例却在上升的事实证明了这点。这种校外教育市场的火爆和昂贵的学费引起更深层次的社会问题：社会贫富差距的不平等在教育层面得到延续，贫困家庭在这种竞争中自然处于劣势，平等教育实现社会代际上升流动的可能会被社会阶层固化所代替。对学生的家庭和家长来说，学生的课业负担确确实实是加重了，这个重是指家庭负担的沉重。

其次，为减轻中小学生课业负担，国家推行素质教育。正是素质教育推行，使得部分重点小学或初中在取消入学考试后，更加看重申请学生的各种比赛证书和级别证书，而这些证书的获得不仅在于课堂学习，还延伸到课外，没有课外的投入，是无法获得进入这些优质学校的资格的。这种为减负而推行的素质教育的直接结果是：学生除了完成校内课程，还在校外参加各类特长培训班，学习琴棋书画等特长，考取各种证书，甚至奥数、英语考级也是重要评价指标。一些孩子的夜晚、周末、寒暑假都要到培训班学习，校外的“赶场”使学生的负担愈发加重。其实国外并没有专门的素质教育说法，如美国就没有专门的这种名词，但是他们的中小学教育实质就是我们学者所提倡的素质教育。

再次，提高大学的升学率，实现高等教育大众化，并没有缓解升学竞争压力，反而加重了压力和负担。一方面，改革高考制度，实现自主招生。从2003年开始的自主招生，由于能够实行自主招生的高校都是名校，尽管各高校自主招生都是以不拘一格招收特殊人才为由，充分体现自身“个性”。但对学生来说，等于在高考之外，又增加了一个新的负担。而且这种负担更增添了很多不确定性。由于优质资源通过自主招生被切割，要想获得更多机会，针对自主招生，必然出现相关的辅导培训市场。另外学生甚至在上高中之前就得开始应对自主招生的各项准备，这无疑在精神和物质上是雪上加霜。另一方面，随着就业的市场化和大学的扩招，“一考定终身”的高考制度已经事实上在发生根本变化，在朝着分散化、地方化、多样化的方向前进。持续走高的农村生源大学毕业生失业率充分说明了高等教育在实现社会代际上升流动方面的功能大大削弱，这个社会“减压阀”逐渐失去往日的光辉，社会紧张日益加剧，特别是对于贫寒子弟和那些遭受挫折感的社会底层家长是不公平的。

发展中等职业教育，实现教育分流，缓解“千军万马走独木桥”的升学压力，然而近年来中等职业学校出现的生源困难却证明这一理想减负形式在一定程度上是不成功的。而且正是这一发展职业教育举措，使得家长因为害怕孩子被分流和淘汰而加重孩子课业负担。很多人简单地认为造成这一局面是因为中等职业教育是不受重视的一个领域，资金投入、师资条件、软硬件水平和普通高中相比都有着不小的差距，再加上教育效果不尽如人意，和就业形势的不很乐观，导致职校生源困难，而普通高中则竞争日益激烈。透过这些表面现象，你会发现造成这一问题的更深刻的社会原因是社会排斥以及由此带来的社会歧视。家长都很清楚，一旦孩子被分流到职业学校，也表明他今后的人生将会成为社会排斥的对象，不仅今后所从事的职业会遭到歧视，甚至在社会的其他方面也会遭到排斥，就像农民工一样，制度设计的国民不平等待遇产生的同工不同酬现象是不争的事实。而美国的职业教育则是在中小学教育的过程中，作为一种必需的课程和必备的技能给予重视和培养，与我国将知识教育和职业教育相分离的差别化教育是完全不同的，由社会排斥性的制度设计导致的职业教育自然会遭到家长的不认同和社会紧张感。

（二）课业负担问题背后的社会根源

既然解决学生课业负担问题不能就事论事式地采取措施予以有效缓解，那么分析其存在的更为深刻的社会原因就显得非常必要和及时。

首先，由社会阶层日益分化导致的教育不公平是产生中小学生课业负担问题的最根本的社会根源。社会阶层的日益分化和贫富差距拉大，在教育领域产生了教育机会的不平等，教育系统内部也相应地分成三六九等，客观存在着学校地位不平等，身份不平等现象，这种差距从学前教育阶段开始，贯穿小学、中学和高中，最后集中表现于高等教育阶段。如设置实验小学、中学、重点高中直到"985"、"211"高等学校。主持国家教育科学"十五"规划课题"我国高等教育公平问题的研究"课题的著名教育专家，北京理工大学教授杨东平通过对一些数据和调查指出，社会阶层差距已经成为影响教育公平的重要因素。自上世纪90年代开始的中国重点大学中农村生源持续下降的趋势就是很好的验证。比如2010年在参加高考的农村孩子比率为62%情况下，清华大学的新生当中，农村的孩子只占到了17%。作用力与反作用力，这种教育不公平又在不断再生产社会阶层的不平等，加剧了"出身决定命运"的现象，这不仅阻碍了社会阶层的良性流动，而且还直接影响社会稳定。

孔子在两千多年前就提出"有教无类"这一教育的最基本理念，然而因教育机会的不平等而离我们越来越远。以长期以来比较严重的"择校"问题为例，由于政府教育投入不足、教育资源的不均衡配置，在同一地区或城市，由于学校之间的差距越来越大，家长为了不让孩子输在"起跑线"上，不得不痛苦而无奈地"主动"择校，争着将孩子送往名校。"择校"是典型的损害教育公平的现象。"择校"导致义务教育的公立学校中出现了决不应有的"精英"与"平民"的划分。普遍存在的"择校"现象造成应试教育，甚至更糟糕的"应赛"教育向小学教育蔓延，并更可怕地向幼儿教育延伸。为此，很多人将"择校"原因归结于家长的"自愿"，针对这一说法，天津万盛高级中学校长柏均和曾经很尖锐地指出："群众实在是出于无奈。如果没有政府的导向和投入偏向，何来校际差别的拉大？群众又何必去用并不丰厚的收入，用逼迫孩子上各类学习班的方法，去拼争好学校的名额？"有些地方，例如北京比较严重的"占坑"现象，上海存在的转制学校，以及一些学校办"民校"、办重点班等，产生了教育机会的不平等，加剧了学生课业负担。

其次，排斥性制度设计导致职业歧视客观存在，这种影响产生的社会焦虑和社会紧张是造成中小学生课业负担问题的重要制度根源。尽管市场化社会使得个人职业选择呈现多样化和职业流动更易。但是由于诸如城乡二元差异、干部制度、户籍制度等排斥性制度，使得职业成为社会分化的风向标。因制度的排斥性设计而在职业收入、职业地位、社会资源占有等方面的差异直接导致个人社会地位的巨大差异。由于先赋性因素和制度性因素造成职业流动中的“马太效应”产生职业流动不平等，从而造成职业向上流动中的机会不平等问题。因职业差异过大而造成贫富差距，因职业流动机制的不合理和不平等而增强社会冲突，以及因职业地位差距的扩大而导致明显职业资源占有量差异。这些问题必然导致社会普遍存在职业歧视。这自然使得中国家长特别重视孩子教育，将孩子未来获得的职业性质作为一个人是否成功的标志，甚至是整个家族是否兴旺的重要依据。为了未来获得体面的工作，家长只有给孩子加码。而去过美国的人，切身的感受是职业性质的差异不会产生中国这么明显的职业歧视。

最后，社会保障制度的不完善和不统一以及差异化，是导致课业负担加重的又一重要的社会因素。社会保障制度自产生开始，尽管各个国家的内容、途径、方法各异，但维护公平始终是制度选择的初衷和首要原则。美国的社会保障制度虽然保障水平较低，但其对老、弱、病、残等弱势群体的政策倾斜，本身就是公平性的具体体现。美国的社会保障制度主要实施于需要社会帮助的弱势群体。政府、企业和个人都是责任主体，在不同的保障项目中扮演不同的角色。各种保障项目的实施是不分行业、城乡、性别和职业的，以利于劳动力流动和平等发展。而我国恰恰是社会保障制度方面没有很好地实现公平，没有建立统一的养老保险制度，城乡之间、地区之间、企业之间在制度上的人为分割所造成的差异，既造成了社会成员之间的不公平，也阻碍了劳动力的合理流动。

四、寻找“减负”的“治本”之策

问题的复杂性表明问题的解决不能靠一朝一夕之功，它是一个复杂的系统工程，需要社会方方面面的长期努力，包括文化、制度、观念等方面的变革，笔者认为，可以从以下几个方面寻求“治本”之策。

首先，缩小社会贫富差距，开辟多元的社会流通渠道，以改变家长的“万般皆下品，唯有读书高”的传统观念，这也是我国致力于和谐社会建设的内在要求。中国“行行出状元”的俗话如能得到真正实现，即使没有受到良好教育，只要通过自身努力，在任一行业都能获得自己的社会生存空间，可以实现自身价值和取得成就成为社会主流的话，家长的社会紧张和焦虑感就不会存在，自然不会给孩子增加负担，反而会更倾向于因材施教，珍重孩子的爱好和兴趣，回归到有利于孩子健康成长的道路上来。

其次，提倡教育平民化，杜绝教育权贵化倾向。平民教育优质化，优质教育平民化。温家宝总理提出“教育平民化”，就是要使教育成为面向平民的教育，从而使人人能得到教育，跳出应试教育的圈圈，反思教育精英化贵族化而走向平民化。把学生从繁重的课业中解救出来，更多地参与社会实践。要想教育平民化，就必须在地区差异和城乡差距上下功夫，以期先改变教育环境的差距。重视平民教育，防止教育出现三六九等，让教育成为少数人的特权。更为重要的是，改变在教育发展过程中单纯重视利润的倾向，保证教育的公平原则。要彻底取消学校差距，均衡配置教育资源，斥巨资扶持弱校，而不是向“重点”学校倾斜；实行校长和教师轮换制，通过改革高中招生办法，从根本上消除家长的择校心理。同时在招生制度上实行透明化，招生信息完全向民众公开，将教育公平置于社会的刚性监督之下等。这样，薄弱学校不断扶强，各学校之间的办学差距逐步缩小，老百姓自然就不用再为择校而埋单了。

再次，完善社会福利保障制度，体现公平公正原则。建立多层次、广覆盖，口径一致的社会保障制度，这种制度是不分城乡、地区、年龄、性别和职业的全社会均能享受的社会保障制度。注重制度设计的公平性，以养老保险为例，做到社会成员参与机会均等性的起点公平，不分地位、行业、区域和贫富，任何社会成员都应纳入国家养老保险范围之内；规定统一的参保条件和享有大致相同的养老保险待遇的过程和结果公平，并且通过养老保险再分配的功能，调节社会成员之间的收入差别。这种公平统一的养老保险制度，反映到职业领域，是有利于消除职业歧视，从而消除家长对孩子未来职业选择上的功利。

最后，提倡放宽学历认定评价标准，为全体国民提供终身教育。根据个人的多样性需求，改变一次性教育和单纯的学校教育，使人人拥有想学习、能学习并终身学习的机会与可能。保持“寒门子弟通过知识改变命运”的渠道畅通，将知识改变命运的钥匙始终掌握在自己的手上。

因此，光从教育领域来解决问题，是不会找到“治本”之策，只有从社会大系统中，找到使这个问题成为问题的社会根源，才能有效解决这一问题。当然冰冻三尺，非一日之寒，要解决课业负担问题的负面影响需要整个社会系统的长期努力。

（作者单位：上海海事大学）

变化中的“作业”取向

陈桂生

偶然翻阅《百姓》杂志 2006 年第 2 期的一篇署名文章，其中提到 30 年前的一件往事，饶有兴趣。据称，1979 年中美两国曾互派访问团，考察对方的小学，并各自提出访问报告。双方报告中，各有四点见闻。其中在中国访问团看来，美国小学二年级学生，大字不识一斗，加减乘除还用舔指头，却大谈发明创造。而美国访问团却不知中国的“家庭作业”到底是怎么一回事。足见中美两国教育价值取向相差何其大。别国小学生识字不多，同他们没有家庭作业是否相关，不干我们的事。我只对他们连“家庭作业”这样寻常的事也不知道，感到奇怪。

最近有幸拜读上海师范大学硕士生李思悦在钱源伟教授指导下完成的上海市 13 所小学四年级家庭作业调查报告。这才觉得我国小学生家庭作业状况，不仅会使美国人匪夷所思，就连我这个对“家庭作业”司空见惯的人也莫名其妙。于是，萌生了考察家庭作业的兴趣。“家庭作业”到底是怎么一回事，这要从学校中引进“作业”概念谈起。

一、

“作业”（德语 Arbeit），在古代原指奴仆的劳作，是个贬义词。到了近代，才发现“作业”的教育价值，并不断拓宽这个概念应用范围，破除对劳作的贱视，提升作业在学校课程中的地位。甚至一度还使其成为教育中的核心价值观念。

演变过程如下：

(1) 18世纪德国学者莱辛、康德率先把“作业”从体力劳动推广应用于脑力劳动，形成“书本作业”、“精神作业”之类概念。

(2) 18世纪法国启蒙思想家卢梭，在前人启发下，发现主要是体力劳作的农业和手工业劳动的教育价值。他说，目前所有支撑人的生活的职业中，最近于自然状态的，是手工业的劳动。所有的职位，最能独立不依赖于命运的，就是工匠。工匠只依赖自己的劳动生活。他是一个自由人。故主张让儿童学会各种手工劳动。不是请师傅来上课，而是拜工匠为师。和师傅同住、同吃、同工作，但不忽视学别的东西。

(3) 产业革命后，形成近代工人阶级。在进步的社会运动推动下，逐渐破除对以体力劳动为主的职业的歧视。从而排除在学校中设置手工劳动课程的思想障碍。

(4) 19世纪与20世纪之交，鉴于传统的“读书学校”的弊端充分暴露，遂兴起以“劳作学校”取代“读书学校”的欧洲“新学校”运动和美国“进步教育”运动。“作业”成为“新教育”中的核心价值观念。

至于“作业”(其中包括“家庭作业”)在学校中的实际地位，主要同教与学组织历史性的变化相关。

二、

其实，在古代教学组织中，课业本身就是生徒的作业。因为古代教学组织以“学”为主，生徒在教学组织中的主要活动是认字、背书、习字、打算盘、作文。在一般情况下，教师并不开讲，或甚少开讲。故一般生徒虽认字背书，甚少了解其中的意思，成为典型的读死书、死读书。俗话说“念书不讲，犹如隔靴搔痒”。不仅无法思考而且无需思考，知识面又非常狭窄。到了近代，开始实施班级授课制度，从以“学”为主转为以“教”为主，即以教师讲授为主要方式，教师按照一定课程制度有计划地施教，由此奠定近代以来教学制度的基础。

从以“学”为主到以“教”为主的转变，是教与学组织的进步。因为教师的教，即使只是讲授，至少也可以增进学生对书本知识的了解。然而，随着学科课程和教学组织日益制度化，又产生了新问题。主要是，尽管教学法研究促进了教与学之间的沟通，书本知识与实际生活之间的联系，而这种有限的进展，毕竟不足以改变教与学脱节、学与用脱节的基本事实。事实上，学生越来越陷入被动状态。

时至19世纪与20世纪之交，传统教育与急剧变化的社会需求的矛盾日益突出，从而使传统教育的改革势在必行。有识之士在寻求教育改革突破口的过程中，重新发现一个世纪以前就被发现的“作业”的教育价值。

新教育为什么会以“作业”为突破口呢？

因为以学生的作业（以儿童需要和兴趣为出发点的活动中的作业）为课程中学习的单元，将导致课程从书本知识向儿童生活转移，相应地，使教与学组织的重心从教师活动向学生活动转移。

这类改革名目繁多，花样繁多。如，“工作学校”、“劳作学校”、“劳动学校”、“生活学校”、“生产学校”、“儿童中心学校”等。概言之，便是欧洲“新学校”，美国“进步主义教育”。这种教育思潮，或称“作业教育思潮”。

新教育虽然触及传统教育的要害，由于它从教与学、学与用中的一端走向另一端，故未能从根本上解决教与学、学与用之间的矛盾。它所带来的新问题，很自然地促成传统教育的反弹。

历史证明，新教育在哪里传播最快，流行最广，那里传统教育反弹的力度就最大。在苏维埃时期的俄罗斯，由于原先改革的步伐最快，在1931年以后，传统教育复活也最显著。“家庭作业”便是这种反弹中的产物。这种作业本身虽有必要，只是它已经同新教育中的“作业”异趣。它主要是书面作业。不过，其作业负担不及我国如今这么沉重。

至于西方发达国家，所谓“新教育”与“传统教育”，所谓“革新”与“保守”，都是中性概念。20世纪40年代以后，新教育虽失去势头，传统教育仍占有相当优势，而它已经逐渐发生变化。何况新教育的影响还在。美国人这才不知“家庭作业”到底是怎么一回事。

三、

我国小学生家庭作业的情况如何呢？以上海市为例。据李思悦对13所小学四年级学生家庭作业负担的问卷调查，学生每日完成作业的时间如下：

有效时间	频　率	百分比	有效百分比	累计百分比
1—2 小时	38	12.0	12.0	12.0
2—3 小时	151	47.8	47.8	59.8
3—4 小时	110	34.8	34.8	94.6
4—5 小时	17	5.4	5.4	100.0
总计	316	100.0	100.0	

此项统计表明，每日家庭作业 2—3 小时、3—4 小时合计，占调查对象总数 82.6%。不妨以 3 小时计。这每日家庭作业“三小时”，是个什么概念呢？

(1) 如果从晚上 7 点钟开始做作业，到 10 点钟才能完成。

(2) 如果上午在校时间为 7:00—11:00，下午在校时间为 12:30—4:30，加上家庭作业时间，那么每天学习时间大致为 11 小时。由于几乎每天如此(假期例外)，不知如此负担同少年承受能力的极限还有多大距离。

(3) 按照上海市教育委员会规定，小学四年级学生每天家庭作业时间为 2 小时，那么学生每天学习时间将超过 10 小时。

学生对家庭作业时间的感受如何呢？上述调查的结果如下：

有效时间	频率	百分比	有效百分比	累计百分比
太多	54	17.1	17.1	17.1
太少	12	4.4	4.1	21.2
不多不少(正合适)	117	72.2	72.2	93.4
无所谓	21	6.6	6.6	100.0
总计	316	100.0	100.0	

上述统计表明，只有占 17.1%的学生觉得作业太多，而认可或大致认可如此作业负担的学生，竟占调查对象总数的 82.9%。

关于此项统计，不清楚的是以下两点。

(1) 其中的数据到底在多大程度上反映这批学生真实的心愿。

(2) 如果学生的心愿如此，那么 80%以上学生认可如此负担，能够说明什么问题？人们对嫌作业太多的学生怎么看待，对还嫌作业太少的少数学生，将作如何评价？对这些问题的问答，或许能够成为检验教育价值观念的试金石。

其实，有些外国人未必不知道“家庭作业”是怎么一回事。或许是对这种事情不理解。如此简单的事情何以不可理解呢？因为在有些国家有“学校日”的规定，正如工厂有“工厂日”规定一样。“学校日”表示义务教育适龄儿童接受义务教育的限度。超越这个限度的“教育”，不仅不是适龄儿童应尽的义务，而且是对他们自由权利的侵犯。

在我国，如今尽管超负荷的课业负担屡见不鲜，迄今未闻教师、家长或学生举报。因为在我们这里，这似乎还是一个同法规无干的问题。

（作者单位：华东师范大学）

给孩子减负家长要做明白人

沈阳　王晓东

明智的家长会对孩子提出合理的希望和要求。家长不要把自己的过错和压力让孩子来扛，要在能正确认识自己的前提下，正确地认识孩子，提出合情合理的希望和要求，不给孩子施加更多的学业压力。

有主见的家长会合理安排孩子的校外生活。如今，大多数孩子的校外生活已经被各种学习班占满了。孩子在哪个方面有天赋，家长心里最清楚。家长渴望孩子十项全能，可绝大多数的孩子并没有那种天分和潜力，有的家长认识不到这点，每到休息日就领着孩子在各种兴趣班中辗转，孩子的童年一点点地褪色。

我曾强制孩子学过民族舞，还幻想她再学学乐器，可半年后，我通过孩子认识到自己的虚荣心。她不喜欢，就要停止，之后，我们再没有要求孩子参加过任何学习班。因为许多东西一定要等孩子长大后，有了兴趣再去学。

现在，每到休息日我们全家或者去图书馆看书，或者就在家折纸、画画、剪纸、捏软陶。有时我们全家在一起蒸馒头、做面包和各种小饼干。我们发现，孩子并没有因为不参加补习班而落下功课。

我觉得许多家长完全有能力管理孩子，却心安理得地把孩子往外一推，他们只顾忙自己的事情，除了肯付出补课费，一点也不肯把时间和精力花在孩子身上。减负不是空谈，我们不能仅仅埋怨教育体制，埋怨学校和老师，更重要的是通过更多的付出改变自己。

创造轻松愉快的家庭环境是家长的责任。轻松愉快的家庭环境不仅指给孩子独立的学习空间，更重要的是家长要陪孩子一起学习，在他有困惑时能给予耐心解答，对他的缺点和错误能宽容地对待。

有远见的家长培养孩子良好的习惯。学习上，我认为孩子学什么不重要，学了多少也不重要，重要的是要坚持下来。生活中，我们给孩子灌输劳动最光荣的观点，坚持让孩子做家务，干力所能及的活儿。总之，在面对给孩子减负的问题上，家长永远不能迷失方向。

（来源：中国教育报 2011－10－12）

“想得美”课程表折射了什么

安徽 徐 建

媒体的报道中，这位小学四年级男生是这样设计他的一周：周一“玩游戏”、周二“痛快玩”、周三“再玩”、“继续玩”两节玩课，而周四、周五玩的课程更多，周六、周日除了玩之外，还有“睡到自然醒”各一节课。除了玩的课程外，还有“机器人制作”等课程。孩子是天真的，“想得美”课程表在现实社会当然难以行得通，在一个以成人主导的社会里，孩子气的举动，不被嘲讽已是相当留面子了。

从武汉这位小朋友设计的课程里，人们不难发现，孩子们对灌输式的教育方式，是何等的抵触和拒绝。伴随着改革开放、国家富强而成长，现在的孩子只要是正当的物质要求，基本上都能得到满足，大多数孩子在父母的呵护下，从幼儿园开始，直到上大学都在不断重复的学习、做作业中度过。物质上他们可以得到满足，但他们却缺少一个快乐的童年，活泼的青少年时代。

“减负”，一个呼唤了多年，却一直没有实现的话题。“想得美”的课程表里，透露出多少辛酸、无奈，给孩子一个游戏的童年，放飞想象的少年，让他们呼吸自由的空气成长吧。游戏，或者说玩，在一个孩子的成长过程中有着十分重要的意义，现代教育学已经充分证明了这一点。游戏是孩子学习和接触社会的最有效的手段，孩子们在游戏中，也在探究世界，发现自己的能力和兴趣。

有教育专家指出，要给孩子快乐的童年，就要给孩子充足的游戏时间。心理学研究表明：游戏对于儿童的发展具有多种价值，身体上的价值、智慧上的价值，可以使他们学得知识，培养注意力，锻炼想象力，发展主动性、创造性，增强解决问题和适应环境的能力。同时，孩子在游戏中学习规则，学习公正、诚实、信用、自律和输赢之间应有的风度。

不能说孩子们所有的要求都要满足，也不能不给孩子一定的约束。自古以来，教育的目的就是传道、授业、解惑。接受系统的教育培训，是每一个孩子成长必经的过程，国民素质的提升，是通过教育来实现的。但是也要让孩子们通过游戏、活动、辅导等各种教育途径，辅助到课堂教育教学，促进孩子们的行为养成、人格形成，全面增进他们身心的正常发展，真正让他们“游于艺、成于乐”。

（来源：安徽日报 2011－03－23）

期待“减负”走出“囚徒”困境

重庆 吴 昊

假如晚会场内突然失火无法扑灭，你想逃生，面前有左右两个门，其他人也要争抢这两个门出逃。如果你选择的门是很多人选择的，人多拥挤，你将冲不出去而被烧死；如果你选择的是较少人选择的门，你将逃生。因此，你的选择必须考虑其他人的选择，而其他人的选择也必须考虑你的选择。这就是博弈论所说的“囚徒困境”。

其实应试教育下的学生减负就属于这种“困境”。现行教育的弊端已是不争的事实，“减负”不仅是学生和家长的要求，也是学校、专家、政府乃至全社会的呼声。尽管我们下发过不少“减负”的红头文件，但收效甚微。如果教育体制没有整体的改变，个别人、个别学校、个别地方单独改变，都可能付出代价。对于学校、家长来说，中考、高考衡量的标准就是依据这种教育，不这样做就会输在起点上。为了赢在起点，大家不知不觉地进入了一个“囚徒困境”，似乎只有“增负”才可能赢得这个赌局。

国家教育部曾不断要求：中学的上课时间不得早于8点。但实际上学生不是照样天不亮就出门！假如要求全国所有学生都“减负”，取消早晚自习，少留作业，不准补课，也许一时有效，但减下来的负担往往还会被不厌其烦的补课重新加上。因为这种教育的博弈结构本身，就规定了这样做的收益和好处——比如高分的可以进入好的初中、高中和大学，升学率高就意味着学校名利双收，老师饭碗牢靠。在整个游戏规则都倾向“增负”的现实情况下，这“负”减得下来吗？难怪有人质疑这种做法能坚持多久。

如前几日，沙坪坝区教委要求全区的中学一律取消早自习，走读学生不再在校上晚自习。其初衷无疑是好的，但实际上变通的补课方式还会层出不穷。例如老师动员学生写申请，“被自愿”要求补课，家长能不支持？家长为什么情愿配合学校共同规避“减负”呢？因为他们都明白，眼下你可以把“负”减下来，但到时候还得考试分数说了算，那认真遵守“减负”规定的岂不要吃大亏！因此减负的关键是要对学生的负担正确理解，造成学生负担的原因十分复杂，涉及考试制度、学习内容、教学方式、学校管理和家长观念。

要走出“减负”的误区，根本的办法是改变博弈规则，只有推进课改和启动更科学、合理、公平的考试评价体系，给学生更多全面发展的空间，教育减负才能够真正走出“囚徒困境”。

（来源：重庆日报 2010－03－03）

期末免考折射教育文化苏醒

河南　雷泓霈

近日据媒体报道，杭州市推出期末“免考”制，一些小学的孩子们可以放松地参加配音、朗诵、玩迷宫等游戏，不用为考试而烦恼。另据报道，近年来，一些城市的小学正探索取消期末考试，除杭州外，宁波、武汉、南京等一些城市的小学也逐步推行期末“免考”制。

笔者认为，“期末免考”是一种教育文化苏醒。当这种免考行为是由基层学校主动实施，且认真落实的时候，这绝对是一种震撼性的教育进步。免考背后是先进教育理念在生根发芽，说明教育环境和机制有所改进，基层教育者从内心理解和接纳快乐教育、轻松教育以及创造性发展意识。

减负，作为国家职能部门的行政指令，在各地积极贯彻推进，可效果却不理想。因为家长和学校更看重分数，而忽视了孩子快乐心态的养成。写到这里，笔者不由想起一个小插曲，同事上小学的儿子，因为手指头扭伤不能参加期末考试，本来是一件非常小的事情，可很多同学却很羡慕他："你太幸福了！""我们也应该扭伤手指头。"因为期末复习阶段孩子负担的确太重了，整天做重复性试卷，孩子们太痛苦了。如果有了"期末免考"，这种现实本是可以避免的。

让孩子快乐越来越成为一种教育渴求。沉重课业引发的教育问题，特别是心理亚健康问题不断呈现，因为孩子对应试教育的抵触情绪非常强烈。最重要的是《国家中长期教育改革和发展纲要》确立了"育人为本"的指导思想，确立了多元评价、多元录取等改革模式。这些信号都在说明，我们的教育必须蹲下来，适应孩子的需要，培养孩子快乐的心态。所以，才得到了这种令人期待的"期末免考"。这个免考来得很及时，也的确来之不易。

笔者期待这种"期末免考"能得到轰轰烈烈的跟进。这些地方的教育评价已经动起来了，已经在尝试创造性发展，更多地方的教育管理者尤其是基层校长，应该多借鉴这种"评价大撒把"，将孩子放养到课堂以外的空间、孩子感兴趣的空间、自我探索空间，也是一种宝贵的教育突破和创新。

不要认为"期末免考"会让孩子降低素质，看看他们的做法：去气象馆参观，或者去看英文原声片，或者练习书法等。笔者相信，孩子在这些活动中得到的进步，比"闷头写作业"更有意义。

正如爱因斯坦所言，"当一个人忘记了他在学校接受的每一样东西，剩下来的才是教育"。因为孩子得到了"剩下来的东西"，远期效应值得期待。

（来源：工人日报 2012-01-13）

减负啥时候才能动真格？

上海　柏万青

《上海市中长期教育改革和发展规划纲要（2010—2020年）》（公开征求意见稿）出台后，减负再次成为教育专家和学生家长们热议的话题。在我个人看来，如果"高考指挥棒”这个教育体制问题得不到彻底解决，所谓的减负手段都只能治标不治本。就在刚过去的清明假期期间，广州市一名九岁的小学女生，因为拒绝去附近的补习班上课，被父亲当街暴打，送到医院后不治身亡。这样的悲剧再次提醒我们，仅仅靠减负就能解决问题了吗？

现在无论是对学生、对老师，还是对学校的考核和评估机制，都是围绕着分数和升学率转的。面对“高考指挥棒”指挥下千军万马过独木桥的高考，除了学生之外，学校、老师、家长其实都面临着不小的压力。哪个学校给学生减负越积极，就很有可能在未来的考试评比中吃亏，望子成龙的家长们也肯定不愿意配合学校的做法。因此，学校、老师、家长们口头上都对减负投赞成票，但谁也不会主动行动起来，都希望别人先动。

因为学校和老师的压力大，他们势必会把更多的注意力投放到所谓的好学生身上。家长们呢，为了提高孩子的学习成绩，第一选择就是把孩子送往补习班。问题是，第一，孩子为什么学习成绩不好，是学习方法不对，学习态度不好，还是智力相对不足，家长在没弄清楚的情况下盲目地为孩子补课，往往适得其反；第二，孩子自己愿不愿意上补习班，家长们根本就没想到要去征求孩子的意见。毫不夸张地说，很多学生上补习班不是为自己上的，都是父母给逼着去的。结果呢，家长辛辛苦苦花了钱，孩子的学习成绩非但没提高，还产生了逆反情绪，亲子关系都可能出现问题。

减负之所以难以推进，除了考试制度外，还有很多社会问题也直接或间接地转嫁到教育上来。在中国，升学已经不仅仅是一种求知手段，更成为一种求职手段。现在大学毕业生就业压力大，职场竞争激烈，很多用人单位首选重点大学的毕业生，或者研究生、博士生。家长们看到这些现实情况，只会从孩子小时候起就督促他学习，减负则更加无从谈起。在中国，无论是什么地方、什么背景的家长，在其他方面还可能存在分歧，但在督促孩子读书的问题上，可以说是达到了惊人的一致。《纲要》也提到了农民工子女的入学问题，据我所知，很多农民工夫妇千辛万苦地把孩子带到上海来读书，他们抱着一个坚定的信念，就是自己这辈子也就这样了，但要给孩子一个翻身的机会，这个机会就是好好学习，考上大学，拿到城市户口。在这种强大的生存和心理压力下，他们怎么可能会给孩子减负？

小学生拒上补习班被父亲暴打致死，这既是个教育问题，同时更是一个社会问题。我们的政府部门和社会学者都应该反思一下，是什么原因，让那个父亲无法停下举起打向女儿的手？我们的社会，如果没法给学校减负，给老师减负，给家长减负，他们又怎么可能给学生减负？当这三者甚至更多方面的压力都集中到了孩子们头上，给学生减负的出路，又在哪里？

（来源：新闻晚报 2010－04－09）

釜底抽薪，才能给学生真正减负

上海　胡乐乐

据媒体报道，上海市教委近日宣布，撤销目前主要由中小学生参加等级考试的“上海市通用外语水平等级考试办公室”和“上海市计算机应用能力考核办公室”，并停止相关业务。上海还对小学阶段学科类竞赛实行“零审批”，严厉遏制社会上面向青少年愈演愈烈的“考证热”和“竞赛热”。对比11月23日北京市禁止中小学组织学生参加“希望杯”全国数学邀请赛，上海的这些规定更加全面、有力和有效。

近年来，对于中小学生减负问题的热烈讨论和强烈呼吁之声，全国上下一直不绝于耳。但这个老生常谈的问题，一直没有得到釜底抽薪式的根本解决，一个重要的原因就是“择校热”。众所周知，由于教育发展不均衡导致升学考试的竞争加剧，进而导致学生负担不断加重。为了升入区县重点小学、省市重点小学、省市重点高中，从而获得优质教育资源，学生和家长可谓费尽心机。在学校招生名额有限的情况下，学生之间竞争加剧在所难免，普通家长也不得不让学生不断参加各种培训班和考试竞赛。

这种现象的一种极端荒唐的表现，便是在信奉“有用没用，先考了再说”和“证多不压手”观念的驱使下，让本来面向成人的上海市通用外语水平等级考试和计算机应用能力考试，逐渐演变成中小学生热衷报考的两项考试，而且规模还在不断扩大。这种畸形“考证热”，显然加重了学生的课业负担，也在社会上造成了不良影响。上海市教委的果断出手，不仅取消了“两办”，而且停止相关考试业务，这对上海中小学生减负将产生积极效果。

上海还规定，从2011年起，义务教育阶段学校在学生入学报名（即幼升小和小升初）时，一律拒收学生所提供的奥数成绩、各类竞赛获奖证书、各类等级考试证书等；凡违反规定的，公办学校将对校长等有关责任人员给予行政处分，民办学校则由所在区县教育行政部门责令及时纠正，如拒不改正，将核减第二年30%招生计划数。上海市教委这一动真格的举动，可以进一步遏制学生考证热的不良之风，从源头上制止中小学疯狂的"考证热"和"竞赛热"。

减负本身不是目的，减负的目的是为了促进学生德智体美等全面发展，让他们成为身心自由发展的完善的人，而不是只会考试的"机器"人。教育行政部门通过必要的行政调节手段，有效地冷却中小学"考证热"和"竞赛热"，就能让家长解放孩子，让他们按照自己的兴趣自由发展、快乐成长。因此，上海一系列积极的减负政策具有重要示范意义，值得其他省市学习借鉴。当然，要彻底消除"考证热"和"竞赛热"，尚待有关部门加大教育投入，真正实现教育均衡发展。根除了择校风，考证热自然也就成无源之水了。

（来源：光明日报 2011-12-29）

换个视角看减负

上海 **浦家齐**

我丝毫不怀疑在应试教育框架下也有减负的可能性。不但一些优秀教师通过他们的艰苦努力切实做到了这一点，前几年媒体采访几位所谓"高考状元"，也几乎没有谁感觉到高中阶段对他们有什么沉重的学习压力。有一年上海高考，一道物理试题考生普遍失分，但是某所中学的考生却大多数给出了正确的解答，记者不免问及学生们是否做过了海量的习题，结果被告知由于教师对物理习题做了精细的梳理和分类，才在不加重学生负担的情况下取得了成功的教学效果。

在这里必须指出的是，其实减轻学生负担并不是教育改革的目标，教育改革的目标是改变应试教育，而减轻学生负担只是解决了应试教育之后的自然结果。假设学生的负担减轻了，但是应试教育的框架并没有突破，那么教育界当前所存在的基本问题仍然是没有得到解决的。虽然不能说这样做对学生没有益处，但是这种减负徒然造成某种假象，我们不应该陶醉于这种假象，不应该一方面在改革招生办法、推进教育资源均衡化等方面百般强调困难，而另一方面却要求教师们在不触动应试教育的前提下探寻减负之道。

对于广大师生普遍感觉压力不堪承受的基础教育，之所以有些师生的体验会截然不同，是因为高考之路虽然艰难，但是作为一种格式化的运作模式，它毕竟是有路子可循的，或者说，高考的门锁是可以用密码来开启的。如果你一旦找到了高考的密码，你就得以从考试的沉重压力下解脱出来，从此高考对你来说就成为游刃有余的事情了。但是，即使学生们用这种办法把学业负担减轻了，却不等于就解决了应试教育的问题。我们现在是在绝大多数中学尚未破解高考密码的背景下，去评价那些减负成功的案例。如果大批中学都解开了密码，例如，如果上海卷的考生三分之一都超过了520分，那时候的高校录取还能正常开展吗？实际上等不到一半中学破解密码，高考早就会锁上了另外的密码，又有更加沉重的一轮负担压到学生们的肩上。

所以，应试教育就其固有属性而言，它只有在把大多数学生压得喘不过气来的情况下才可能正常运行。如果学生的学业负担减轻了，应试教育可能就无法操作了。在应试教育的笼罩下，不能排除实现少数学生减负的可能性，但是要想全面地实现中小学生减负，将永远是一种梦想。如果我们不想从根本上挣脱应试教育的枷锁，那么提倡减负所引导的，不可能是良性的教学秩序，而只会是道高一尺魔高一丈的恶性博弈。

我们谈论教育改革，中小学生的减负差不多是呼声最高的话题。但是，绝大多数人止步于就事论事，而忽略了其实减负并不是改革的目标。就减负论减负，一定减不了负。至今有人把中小学生负担过重的根源，归咎于“在教育内部仍存在一些学校与教师受传统教育思想影响，为追求升学率而造成学生课业负担过重的现象，在教育外部，也有些家长为使孩子赢在起跑线上，存在课外盲目给孩子增加负担的状况”。这种解读仍然回避了教育主管部门的责任。此外，也有人幻想进一步加强监管力度就能解决减负难题。我们不应该舍本逐末，还是要把着眼点放在造成学生沉重负担的根源上，把教育的大环境调整好。如果继续认为减负主要是广大校长、教师和家长的责任，这盘棋是很难走活的。

（来源：解放日报 2011－09－06）

灌输式教学不改革，“减负”就是一句空话

上海 熊丙奇

在上周的中加国际论坛上，温哥华教育局官员介绍了当地高中生的上课情况，其中一张PPT引起与会者的兴趣。PPT显示，温哥华高中第一课从早上8点30分到9点49分，第二堂课从10点零1分到11点20分，都是79分钟。大家很好奇，为何加拿大高中一堂课这么长，而我国高中一节课一般为45分钟。

要是放在国内，这么长的课时安排早已经被批为增加学生的负担，严重违背素质教育了。就是45分钟的课时安排，偶尔老师拖堂，也被认为挤占孩子休息时间。

大家对此展开了讨论。有人说：“国内中学教师目标是升学率，所以课堂上灌输式教学就不奇怪了，这也是最简单的教学方法，因此课时宜短不宜长。”另一位说：“总觉得国内课程很耗时间，拖得长，不以人为本。”其实现在的课堂本就不正常。

大家比较普遍的观念是，教学的形式、方法，决定上课时间的长短。我国高中教育是灌输方式，所以上课时间不能太长，否则效果不佳，学生也很疲惫。而加拿大的课堂教学，采取的是讨论式、探究式，所以课时安排应比较长，不然就难以充分讨论，而由于课堂上学生是主导，一堂课也就在不知不觉中很快结束了。事实也的确如此，在加拿大官员展示的高中课堂教学中，全是学生讨论、参与的场景，而且高中实行学分制，学生可自主选择课程。

这很令人感慨。大家对教育教学的理解，其实并不差，可是在现实中，我国学校教育只重形式、不分析实质问题的情形却比比皆是。例如，为给学生减负，很多地方教育部门要求小学一定要在下午三点放学，超出一分钟就是违规；对中小学教师给学生布置的作业量提出明确规定，诸如高中不超过两小时；而舆论也一直关注学生

书包的重量。

可是，规定学生三点必须离校带来的问题是，一些上班族家长根本没法接送孩子。有的地方想出的解决办法是，在学校附近社区找房子，安排人照顾。于是，好好的校舍闲置，家长却要另外出钱托管孩子。对此，教育部门的意见是，反正我们严格执行减负。至于学生的作业和书包重量，如果真论作业时间，国外的中小学生耗时也不短。有的小学就布置学生完成一个“项目研究”，要去图书馆查资料、要写一个小报告，这绝对不是一两个小时就能搞定的，而孩子们却乐此不疲，原因是他们对此很感兴趣，不觉枯燥和乏味。而我国中小学布置的作业，全是抄写、背诵、计算。就是再好吃的东西，如果让大家一天三顿都吃，也会吃厌，可我们的学校却坚持不懈地让同学们一遍又一遍地做机械式练习。

形式主义的结果，大家已经目睹。45 分钟的课时、三点就离校、声称并不多的作业量，照样让学生不堪重负。除了“课堂减负，课外增负”问题之外，最主要的问题是，每个学生精神负担沉重，学习并不快乐，普遍处于“被要求学习”、“被安排学习”的状态。

将学习的主动权交给学生，这才是教育教学改革的正道。这需要中学给学生选择课堂的空间、增加选修课、实行学分制；进而，针对学分制，升学考试制度必须调整，由单一的学科分数评价、选拔，改革为结合学生个性的多元评价体系。加拿大的中学之所以可以大量组织讨论课，学生之所以可以无所顾忌地选修自己感兴趣的课程，就得益于这样的升学评价体系。如果他们的升学制度，还是要求学生参加统一的考试，并按考试分数从高到低录取，恐怕课时也就是 45 分钟，再多的选修课也没有学生感兴趣。

从对学生负责出发，我们的教育教学管理与改革不能再搞形式主义，做表面文章了。这只能把本来简单的教育变得很复杂，贻误时机。

（来源：新闻晨报 2011－10－26）

二、新政策

教育部：书法教育进课堂

2011 年 8 月 26 日，教育部发布《关于中小学开展书法教育的意见》，要求在中小学加强书法教育。意见明确提出了开展中小学书法教育的总体要求，包括开设书法课的要求和书法教学的要求。要求指出，三至六年级的语文课中每周安排一节书法课；在美术艺术等课程开展形式多样的书法教育；普通高中的语文课设置书法选修课以及一至三年级着重培养硬笔书写能力，三年级起过渡到硬笔软笔兼学，要用毛笔书写楷书临摹名家书法等等。意见强调，书法教育基础较好和有条件开展书法课的地区，可争取在今年秋季开展书法课；尚不具备条件的地区，要做好开课的规划和具体实施方案。

这一纸通知首先在网民中引发了热议，新浪微博对此进行调查，超过一万人参与了这项调查。其中 80%以上的网友对此表示支持，认为这是传承中华文化、了解书法渊源之力举。但也有 9%的人对教育部的要求表示反对。他们认为，信息时代发展到今天，大家已经习惯了用键盘敲字，字写得丑并不影响生活，此强行规定每个孩子去学习书法，实际是在给孩子增添负担。

事实上，教育部的这一文件规定并非一时之举，书法教育的问题一直以来都是教育部门和社会各界所关注的一项重要内容：早在 1990 年，国家教委办发出《关于加强义务教育阶段中小学写字教学的通知》，明确指出书法教育是进行素质教育的一个组成部分，并成立了书法教育专业委员会对全国的青少年书法教育进行指导；2001 年，在全国开始实施的《基础教育课程改革纲要（试行）》中特别指出：“在义务教育阶段的语文、美术课中要加强写字教学”；2002 年，教育部印发了《关于在中小学加强写字教学的若干意见》，就中小学生学习书法的重要性，为学生写好汉字创造环境、提供必要条件，以及不同年龄段学生学习书法应该达到的标准，都提出了具体要求。

近些年来教育部、新课标和社会各界对书法教育走进课堂都做出过诸多努力和尝试。不少教育人士撰文探讨书法教育的现实意义及走进课堂的具体对策和教学方法，一部分学校也已积极采取各种举措，保证了书法教学的正常进行。

附：教育部关于中小学开展书法教育的意见

教基二〔2011〕4号

各省、自治区、直辖市教育厅（教委），新疆生产建设兵团教育局：

为贯彻《国家中长期教育改革和发展规划纲要（2010—2020年）》精神，全面实施素质教育，继承与弘扬中华民族优秀文化，现对中小学开展书法教育提出以下意见。

一、充分认识开展书法教育的重要意义

书法是中华民族的文化瑰宝，是人类文明的宝贵财富，是基础教育的重要内容。通过书法教育对中小学生进行书写基本技能的培养和书法艺术欣赏，是传承中华民族优秀文化，培养爱国情怀的重要途径；是提高学生汉字书写能力，培养审美情趣，陶冶情操，提高文化修养，促进全面发展的重要举措。

当前，随着信息技术的迅猛发展以及电脑、手机的普及，人们的交流方式以及学习方式都发生了极大的变化，中小学生的汉字书写能力有所削弱，为继承与弘扬中华优秀文化，提高国民素质，有必要在中小学加强书法教育。

二、中小学书法教育的总体要求

1. 开设书法课的要求

中小学校主要通过有关课程及活动开展书法教育。在义务教育阶段语文课程中，要按照课程标准要求开展书法教育，其中三至六年级的语文课程中，每周安排一课时的书法课。在义务教育阶段美术、艺术等课程中，要结合学科特点开展形式多样的书法教育。普通高中在语文等相应课程中设置与书法有关的选修课程。中小学校还可在综合实践活动、地方课程、校本课程中开展书法教育。

2. 书法教学的要求

中小学书法教育应本着打好技能基础、坚持循序渐进、注重书法修养、提高文化素质的原则。

明确写字的基本要求。书法教育应培养学生正确的写字姿势，养成良好的书写习惯；一至三年级着重培养学生硬笔书写能力，首先要能使用硬笔熟练地书

写正楷字，做到规范、端正、整洁；随着年级升高，逐步要求行款整齐，力求美观，并学写规范、通行的行楷字，提高书写速度。三年级开始，过渡到硬笔软笔兼学。

明确使用毛笔书写的基本要求。学生要用毛笔书写楷书，临摹名家书法；大致了解书法历史和汉字字体源流；从书法作品的内涵、章法、结构、笔法等方面鉴赏历代重要书法家作品，培养初步的书法欣赏能力，提高审美情趣。

三、为落实书法教育提供条件保障

（1）省级教育行政部门要结合本地区中小学校书法教育的实际情况，对书法教育的课程安排、教学管理、教师任职条件及资源配置等进行规划，稳妥推进书法教育。

（2）地方各级教育行政部门应有计划、有步骤地安排书法教师的培养和培训，逐步提高教师书法教育教学的能力和水平。

（3）各级教研部门要把书法教育纳入教学研究工作的范围，研究中小学书法教育的教学规律和评价方法，安排教研人员指导学校和教师开展书法教学工作。

（4）学校可根据需要，聘请当地青少年校外活动中心、少年宫、文化艺术团体的书法专业人员根据中小学书法教学要求指导学生学习书法。鼓励社会各界及个人为学校开展书法教育活动提供支持。学校全体教师应努力提高自己的书写技能和书法欣赏水平。

（5）书法教育基础较好的地区和有条件开设书法课的地区，应争取在今年秋季开设书法课。尚不具备条件的地区，要做好开课的规划和具体实施方案。

（6）各地教育行政部门要加强对书法教育工作的指导和管理，教育督导部门要把书法课开设情况纳入教育督导的专项内容。

中华人民共和国教育部

2011 年 8 月 2 日

书法教育与民族素质

中国教育学会书法教育专业委员会理事长 郭振有

方块汉字是中国人伟大的创造和发明，是先民智慧的结晶，是中华文化的根，也是人类发展史上一个了不起的奇迹。它不仅传承了博大精深的中华文化，而且为中华民族的统一作出了历史性的巨大贡献。汉字体现了中国人特有的认知特点和思维方式，具有独特的教育功能。它是多维的，不是平面的；它形象、简洁，内涵极其丰富。

一、书法是中国艺术的最高代表

在世界上数千种文字中，汉字书法是一门独特的艺术。书法是关于汉字书写的一门学问，它要求写字符合传统形成的法度。书法材料虽然只是白纸黑墨，但正是这黑白二色象征着天地宇宙大色。又因为书法工具的毛笔是软的，其所表现的线条就能够显现出刚劲、流畅、迅捷、舒缓、雄壮、优雅、自然、洒脱等无穷的变化。

汉字文化与书法是紧密相联的。正是书法，使汉字文化产生了极具魅力的神采和生机。欧阳中石先生说得好："作字行文，文以载道。以书焕彩，赋以生机。"在中国文化的历史长河中，书法艺术成为特别璀璨的一颗明珠，被公认为中国艺术的最高代表。唐代张怀瓘在《文字论》中说："文则数言乃成其意，书则一字已见其心。"书法可以表现人格、思想、感情。现代书法家沈尹默先生说："世人公认，中国书法是最高艺术，就是因为它能显出惊人的奇迹。无色而具有图画之灿烂，无声而具有音乐之和谐，引人欣赏，心畅神怡。"美国学者福开森认为，中国一切艺术都是中国书法的延伸。如果没有书法艺术，我们的传统文化一定会失去很多颜色。

汉字和汉字书法极简单又极复杂，不仅富含艺术美，包含了中国艺术的一切元素，而且蕴含着深刻的美学原理和哲学思想。熊秉明先生说："中国文化的核心是哲学，书法是中国文化核心之核心。"汉字和书法讲求和而不同，违而不犯，计白当黑，刚柔相济，以少胜多，追求虚实、方圆、顺逆、正反、疏密、枯润、燥湿、分合、动静、收放、提按等的恰当结合。古人把好的书法比作悬针垂露、鸿飞兽骇、鸾舞蛇惊、绝岸颓峰、临危据槁，重如崩云，轻如蝉翼，导之则泉注，顿之则山安，似初月之出天涯，犹众星之列河汉等。

中国人历来讲究书品人品统一。历史上流传下来的经典书法作品都是二者的完美结合。古代著名书法家们的爱国情操、民族气节、高尚品格、艺追超绝的事迹彪炳千秋。当然，秦桧、蔡京的字都挺好，但人品为人所不耻。

书法艺术不仅为历代中国人所钟爱，在世界上也越来越受到重视。1998 年在世界艺术之都巴黎举办的现代中国书法艺术大展上，法国前总统希拉克郑重写下一段话：在中国，书法乃艺中之艺，祖祖辈辈一直是一个民族的记忆。这种艺术表现形式在我们画与书极少融合的西方文化中，尚鲜为人知。它既使人惊诧，也使人着迷。印度前总理尼赫鲁曾对他女儿说："世界上有一个伟大的国家，她的每一个字，都是一首优美的诗，一幅美丽的画，你要好好学习。我说的这个国家就是中国。"

书法艺术是中国人的精神寄托。有学者说，人生应当有三种境界：底层是生活或吃饭境界，中间是艺术境界，最上层是天地境界。艺术包括写字作画等，有人性修复功能，可以使人摆脱一些物欲的侵扰，精神有追求，生活诗意化。人吃饱饭了，应该更多地追求艺术境界，使人性得以恢复和升华。如果艺术境界消失了，会导致最高一层天地境界消失，出现人性和人心生态平衡危机。

有人认为，自鸦片战争 100 多年来，中国基本上完成了"西化"，中国自己的传统包括书法、中医、戏剧、武术等，研习者越来越少。他的结论是，这"只能说明我们祖宗的东西大都是落后的"。这是多么浅薄而且可怜的崇洋媚外、数典忘祖的表现。

不过我们也不能不注意到，当国家逐渐富裕起来的时候，一些国人的文化素养正在出现危机，精神感官已麻木不仁。在许多地方都可以看到，大街小巷的网吧座无虚席，不少青少年沉溺于网络如痴如醉，麻将桌旁的搓麻声此起彼伏通宵达旦，而传统文化知识之少和感情之薄让人可怜。很多人对历史悠久的书法文化的欣赏兴趣逐渐淡漠，鉴赏水平日趋低下。

当然，今天有些人也在玩书法，却偏离了传统，渗透了功利气息。古人把书法看成是具有本体意义的生命存在，强调文化和书法并行不悖，强调书法是人性修为的根基，所以书法追求精到、典雅。今人却尚俗，只重视玩弄技法。许多书法作品充斥着浮躁之风，商业味太浓，俗气太浓，书卷气太少，注重装饰性，缺乏内涵，少见雅致。社会评价重官品，不重书品。有的“任笔为体，聚墨成型”，还狂傲自大，认为自己高于古人。

有学者提出一个见解：衡量一个国家的强盛程度，有三种资本：文化与灵魂，金融与经济，科技与知识。第一资本是第二、第三资本发展的基础和发展的动力。一个国家第二、第三资本不强大，一打就垮。如果第一资本不强大，则不打就垮。建设文化强国，必须建立在自身文化传统的基础上。

对待书法的态度就是对待母语的态度，直接关系到对青少年的爱国主义教育。吉尔吉斯民族作家钦吉斯·艾特玛托夫说：“民族的不朽就表现在它的语言上……一个民族的语言是奇迹，是广义的财富。”“母语的神奇魔力是不可解释的！只有从童年起就掌握和理解母语，才能使心灵装满由人民的经验而诞生的诗篇，才能使人的自豪感永不衰竭，并从先辈语言的丰富多彩的含义和节奏中，得到美的享受。”漠视写字和书法教育，也是漠视母语的一种表现。

二、中小学生出现汉字书写危机

一位俄国诗人写过这样的诗句：“在俄国，俄国失去了俄国。”

这句诗，值得我们警觉。因为我们的教育，我们的社会风气，过分地重视学习西方，轻视继承中国自己的传统；重理工，轻人文；重功利，轻素养。书法教育长期被忽视，是其表现之一。

中国传统教育十分重视写字和书法。这是中国教育的优秀传统和显著特色。与音乐、美术等美育内容相比，写字和书法教育更具有基础性、实用性、普遍性、迁延性，更不可缺少；书法所用工具、材料更便宜，也更容易普及。新中国建立初期，中小学普遍开设写字课，后来成为一种随意状态，大多数学校取消了写字课，即使在极少数开设写字课的学校里，写字教学也处在低效状态。

在 2003 年中国人民政治协商会议第十届全国委员会第一次会议上，一批著名学者大声呼吁：书法课不可少。自小学时代学点书法，便是从美育这个领域里培养人的良好素质的开始。学书法不仅是一种技能，而且培养学生严肃、认真、刻苦的习惯，培养学生高尚的审美情操，由学习书法还可以了解中国文字、历史、古典诗词……在美育课程中，书法具有音乐、美术不可替代的作用，取消了书法课也就是取消了美育的重要组成部分。

三年前，在中国教育学会和中国书法家协会联合举办的中小学生书法节新闻发布会上，我脱口说，现在很多学生写的字“惨不忍睹”。

据中国教育学会书法教育专业委员会调查，现在中小学生，乃至大学生、研究生，汉字书写情况愈来愈差，书写出现了危机，社会各方面普遍不满意。报载，2009年某大学分校对2 100名大一新生进行了首次汉字书写测试，320余名学生不及格。测评负责人形容一些学生的字迹是，“七拐弯、八拧劲，弯弯曲曲，好似蚯蚓找妈妈”。

书法教育危机还表现在，许多学生对写字好坏满不在乎。“提笔忘字”现象也日益严重，一项网上调查显示：“好多字不知道怎么写”的人数占45.2%。

中小学生出现汉字书写危机，是因为今天的社会发生了巨大变化。科学技术日新月异，中小学生学习内容大大拓宽，学习负担越来越重。重外语轻母语，鼠标代替用笔，书法教育被置于可有可无的地位。有的教师甚至半开玩笑地说：“强调让学生写好字，是不是在逆历史潮流而动？”

三、书法教育是社会主义文化建设不可缺少的内容

书法教育是素质教育的基础内容，中小学必须切实重视写字和书法教育，为每一个中小学生打下书法基础，促进学生全面发展。

要端正书法教育的思想。书法教育首先是德育，是爱国主义教育、民族精神教育、人品人格教育。练字就是练人，学写字就是学做人。教育学生从小写好中国字，长大做好中国人。书法教育要体现新课改理念，即同时注重知识技能、过程方法和情感、态度、价值观的教育熏陶。

书法学习中有丰富的教育元素，关系到德、智、体、美全面发展，可以产生育德、启智、健体、审美的综合效应。学习书法可以培养人的观察、发现、欣赏、鉴别、动手、兼顾、应变、创新等能力，可以锻炼人的意志品质，使人在浮躁的社会环境中安静下

来。清代朱和羹在《临池心解》中说："书学不过一技耳，然立品是第一关头。品高者，一点一画，自有清刚雅正之气；品下者，虽激昂顿挫，俨然可观，而纵横刚暴未免流露楮外。"一幅好的书法作品，不光表现着书写艺术，其内容、形式，以及所用物质材料和环境要求等，与文、史、地、数、理、化、生等各科都有关系。总之，写字教育是素质教育不应缺少的组成部分。

中小学书法教育目标主要是普及，不是培养书法家，而是让中国的中小学生人人能写一笔好字，并且终生对汉字汉语和书法具有浓厚的兴趣。在此基础上可能涌现出一批书法艺术家。

加强书法教育必须解决好教师问题。现在大多数学校没有书法课教师编制，也没有书法教师专业职务。书法纳入课程，需要研究书法教师的编制和职称问题。当前急需的是通过科学的培训，培养提高专兼职书法教师的书法素养和教学能力。要在校内校外组织各种书法展示活动，邀请家长和社会人士参加，激发学生的书法兴趣，同时扩大社会影响。每个孩子都应该给家里或别人写春联。组织学生参与社区书法展示，影响和带动社会的书法学习和社区文化活动。

要加强书法教育指导，提高教育效益。当前书法教学普遍存在低效甚至无效状况，存在着较多"盲区"或"误区"。许多学校创造了灵活多样的书法教育经验，要互相学习借鉴。对学生写字要进行正确的有效指导，教学评估标准要力求符合孩子的实际。

中小学生的书法教材要适合中小学生的年龄和心理特点，简便适用而不要繁琐，故弄玄虚。硬笔主要讲究实用性，毛笔要尽量讲求艺术性。现在各种组织和个人纷纷编写书法教材，未经审定即推向市场，不少教材远离课程标准，不适合中小学生使用，有的错误很多，要做好对书法教材的审订工作。师范院校要开设书法教育的课程。把书法教育列入教育督导内容，这是开展好书法教育的重要保障。

书法教育是社会主义文化建设不可缺少的基础内容。现在大家越来越认识到，科学技术非常重要，传统文化的继承和发扬同样非常重要，书法教育得到社会的广泛认同。相信在《教育部关于开展中小学书法教育的意见》的影响下，中小学书法教育一定会出现新的局面，为提高中华民族的基础素质作出更大贡献。

书法教育的实践与思考

唐广泉　王加兵

1994年，建湖县第二实验小学诞生于县城偏僻的西郊，不大的县城内外就有实小、育红、朝阳等十多所小学，在生源竞争异常激烈、素质教育暖流涌动的时刻，何以得生存，何以得发展？学校一班人认真分析了校情、师情、生情，决定从学生最基本的学习行为——写字入手，开辟实施素质教育的渠道。越是简单的越容易操作，越是大众的越具有生命力。于是，我们提出了“端端正正写字，堂堂正正做人”的目标，启动了市级科研课题《小学写字教学实验研究》，调整了校本课程结构，把写字课纳入课程规划，每天上午安排30分钟练字。2001年市教科所结题验收时，专家组成员给出了这样的鉴定：“该校的写字教学已形成鲜明的特色，学生书写端正规范，初步具有艺术美感。在推进素质教育的形势下，具有较高的理论意义和可操作性。”2002年，我校被确认为市首批写字育人特色学校。

2003年，我校新一届领导班子组建。在勾画未来蓝图的讨论中，我们认识到：写字特色改变了二实小，发展了二实小，今后，我们仍将立足写字特色，做大做强学校品牌。但是，写字教学作为特色，如果仅仅停留在写好字的层面上，只能算是学校的一个优势项目，我们必须拓展其深度，增加其厚度，必须从技术操作层面向文化层面发展，实现三个走向：走向艺术，发挥其美育功能，引导学生去发现美、欣赏美、创造美；走向经典，帮助学生领略中国传统文化的博大精深；走向态度、情感、价值观，通过书写训练培养学生良好的学习态度以及精益求精的精神。为此，我们形成了以深度挖掘、广度拓展，丰富书法教育内涵为重点的新一轮书法教育实验方案，提炼了“书华夏文明，写灿烂人生”的书法教育理念。经过探索和实践，我校写字特色逐步从技能型向艺术型、文化型转变，实现了由写字教学到书法教育的跨越。2004年，我校被确认为全国写字教育实验学校。

自从2002年市写字特色学校确认以来，我们没有停止思考探索的脚步，一直走在这条没有终点的求索道路上。近几年来，我们的工作力求实现“六个化”。

1. 氛围营造特色化

孟母三迁的故事告诉我们，人的成长需要有一个良好的氛围。作为书法教育实验学校，更需要一个翰墨书香的浓郁氛围。在被确认为市写字育人特色学校后，我们仍继续推进校园文化建设，赋予校容校貌以书法文化内涵、艺术品位。

学校的书法文化墙是校园的一道风景，我们借用校园围墙这个空间，展示各朝代书法代表作品和凝聚着深厚文化的经典成语。书法作品从殷商甲骨文开始，历经秦汉三国两晋、唐宋元明清各个朝代。选用的成语有蕴含着催人奋进的书法家刻苦练字的故事，如“入木三分”、“力透纸背”，有昭示着古代大学问家励志报国、刻苦求学精神的，如“博采众长”、“集思广益”等。

在学校办公室、教室、楼道走廊中，悬挂着名家碑帖和学生书法作品，有放大的《兰亭序》、《蜀素帖》，有精致的《灵飞经》、《圣教序》，到处散发着浓浓的墨香。为了集中展示学校的书法成果，我校于 2005 年开辟了书法作品陈列室——心画苑，300 多平方米的大厅里悬挂着 300 多幅学生的书法作品和当今书坛一些名家题赠的墨宝，墨绿的地毯、青色的方砖、柔和的灯光、修长的绿竹、横斜多姿的墨痕，古风弥漫、古香氤氲。

漫步在校园，竹林里、草地上、桃李园中，一块块石头散落其间，或刻着“清风”、“德馨”、“书韵”、“墨趣”，或写着“竹友”、“茂林”、“桃李不言”、“春华秋实”，时常令人驻足回味。

在校园景点的设置上，我们也积极丰富学校的文化内涵，让学生置身校园，就置身在浓郁的文化氛围之中。校园里每一面墙壁，每一条标语，都悄无声息地传递着文化气息，如“棋趣”、“古今对话”的雕塑小品、“中国骄傲”、“书华夏文明，写灿烂人生”的大型浮雕让人浮想联翩，油然而生传承文明、繁荣祖国的责任感和使命感。

2. 书法教育课程化

2003 年，为了更科学合理地开展书法教育，我们分别编写三类校本教材，即技能教材、文化教材、活动教材。技能教材分为硬笔和软笔两大类，为了适应不同年级的要求又细分为铅笔、钢笔、楷体、隶书、行书等几小类。文化教材有讲述书法史的《书法简史》，有描绘书法家故事的《翰海拾趣》，有介绍书法技能的《书法入门》、《碑帖赏析》。今年，我们又结合多年的实践经验，根据学生年龄特点和认知水平，对文化教材进行整合，重新编写了一套教材——《走进书法》，这套教材已由江苏教育出版社出版发行。活动教材主要是参观我县地方人文景观，如陆秀夫故居、乔冠华故居，那里的一幅幅名家题字、一块块石刻匾牌在向学生无声地讲述着伟人的丰功伟绩，学生在潜移默化中受到了感染。在省政府颁布"五严规定"以后，我们对课时的长短进行了调整，设计了大小课，大课40分钟、小课30分钟，每天保障一节写字课。另外，我们还每年出版一部学生优秀书法作品集和一本学生书法作品台历，它们既是馈赠来客和家长的珍贵礼品，又是激励学生奋发向上的好教材。

3. 师资建设校本化

"一个教师就是一本活字帖"。近几年，学校积极开展从校长到教师全员参与的书法基本功培训，还聘请省、市、县书协会员、知名书法家来校作讲座辅导，以提高教师书法教育教学的理论水平与实践能力。2007年5月，中国书法家培训中心创作研修班在我校开展培训，我校教师借此良机与广大书法名流及书法爱好者充分交流，受益匪浅。去年，我们还组建了校级书法爱好者协会，定期开展研讨活动。我们还先后多次组织教师到全国各地书法特色学校参观学习。对新调进的教师实施写字水平过关，即每周六上午到校集中练字，一个阶段后进行写字水平考核，不过关者继续训练。因此，一大批书法指导老师脱颖而出，其中祁军、李维生、何研在全国写字教学比赛中获一、二等奖，唐芙蓉在华东区写字教学观摩中获一等奖，刘秀萍、吕正芹、王端妹、谭志霞在江苏省写字教学课堂比赛中获一等奖。几年来，有一百多人次在全国教师"三笔字"比赛中获奖。

4. 书法训练科学化

2002年后，学校调整了写字课时间，把每天下午活动课后的30分钟设为写字课。2004年开始，从四年级开始进行毛笔字训练，四、五、六年级在练习毛笔字的同时，还穿插钢笔字行楷与行书的提高辅导。为了让枯燥的写字课变得生动活泼，易于理解和掌握，我们还编写了一些歌谣、口诀。每学期初举行写字课教学观摩，让所有写字辅导老师明确写字课的课堂教学模式、流程和注意事项。目前，我校写字课堂教学的基本模式是：激趣导入—读帖指导—教师范书—学生试临—师生互评—学生再练—佳作展示。为了便于年级组内的交流切磋、共同提高，我们每隔两周就会举行一次年级组内的流动观摩活动，发现典型，查找不足，互相学习，取长补短。

学校还注重特长生培养，每学年从各班抽调有一定条件的书法尖子，组建成校级书法兴趣小组，由一些书法专长教师任教，训练时间在每天活动课后的一个小时，这些学生并不规定统一的训练内容，而是根据其书写水平因材施教。

5. 书法活动主题化

（1）书法艺术周活动。艺术周主要内容有名师讲座、教师赛课、师生书法比赛、我与书法演讲比赛、书法家故事会等。通过活动，师生对书法有了更深的理解，师生的书法训练也被推向一个更高的平台。

（2）义务写春联活动。每年春节，我们都组织学生到街头为市民义务写春联，为下岗工人送春联。通过书写活动，学生进一步认识了书法可以服务社会、奉献爱心，同时激发学生的书写兴趣，培养学生对书法的喜爱之情。

（3）“墨香家庭”评选活动。我校的书法教育离不开社区、家庭的支持，同时我们的书法教育也影响着社会。在每年的“墨香家庭”评选活动中，家长们与孩子一起书写作品，上至八十岁的老翁，下至六七岁的小孩，其乐融融。

（4）竞赛评选活动。为了肯定学生的成绩、展示学生的水平、激发学生的热情，每学期，我们都要开展班级“写字小能手”、学校“小小书法家”的评选活动。我们还认真组织学生参加省考试院组织的书法考级，几年来已有四千多人次获得等级，通过率达98%以上。各级各类的比赛，更是我们书法活动的重头戏，近几年已有上千人次获奖，仅参加中国教育部艺术司组织的“全国中小学生绘画、书法作品大赛”就有五百多人获奖，学校连续七年获组织奖。

（5）与书法家联谊。为了提高师生的书法水平、艺术境界，我们想方设法邀请书法大师来我校开展联谊活动。近几年来，先后有中国书法家协会理事洪厚甜，中国书法教育委员会理事许高如，河北省书协副主席范硕，常熟书画院院长张锡庚，舒同研究会会长高福长，中日文化交流研究会理事陈梅璋，盐城市书协主席凌震、臧科等来我校指导交流。很快我们还将举办“水乡墨韵·全国百名书家作品邀请展”活动，届时将会有全国各地的书法名流前来。

6. 考核评价合理化

科学合理的评价机制是开展写字教育的动力和保障。我校依据《九年制义务教育全日制小学写字教学指导纲要》制订的《建湖县第二实验小学写字教学目标及操作评估标准》，获得省校本教材评比一等奖。学校还制定了《写字段位评定标准》、写字“两姿”目测评估标准和作业质量评价标准，书法教育走向标准化、规范化、科学化的道路。为便于评估、验收辅导老师的教学水平和教学实绩，每学期期中、期末进行考核，考核学生的书法基础知识和书写技能，分别纳入到语文教学业绩评估之中。

随着特色教育的不断做优做强做大，学校品牌和影响力日益提高，知名度不断提高，学校先后接待了来学习交流的全国各地的客人数十批，承办了中国书协培训中心书法研值班培训活动、华东大区写字教育研讨会、省农村艺术教育现场等一系列有影响的教育教学活动。2005 年 3 月，我校融廉政文化与书法教育于一体的书法展览，还应邀送省城南京展出。我校除了有千余名学生在各级各类书法比赛中获奖，曹利华、朱梦月两位同学的书法作品还被编入苏教版（国标本）教材。以书法为主题的大型综艺节目《中华文明万古风》、《中华古韵》，融琴棋书画、歌舞弹唱于一体，多次在市县艺术汇演中登台亮相。《中国教育报》、《语言文字报》、《书法导报》、《书法报》、《艺教导报》等报纸，《校园书法》、《江苏教育》、《江苏教育研究》等杂志，江苏电视台、盐城电视台、建湖电视台等媒体多次报道我校的写字教育成果。学校也先后被评为省德育工作先进学校、省体育工作先进学校、省优秀家长学校、省绿色学校、省廉政文化进校园示范点、市文明单位、市经典阅读特色学校、市科技教育特色学校、市田径项目传统学校、市语言文字规范化学校、市和谐校园等，获 20 多项殊荣。我校书法教育的成果不仅影响着校园，也影响着家庭和社区，同时还带动了城区内其他学校的发展，特别是积极创建写字特色的学校。我们积极地输出资源，与他们一起分享书法教育的经验成果。我县现有一批兄弟学校充满信心地走在了写字教学的道路上。

面对教育改革的新形势，我们当前的书法教育也遭遇着一些困惑：一是如何使书法教育上下衔接，走向持久。幼儿园是否也可以拓展书法教育，又怎样进行；孩子升入中学后，受文化氛围、学业负担的影响，又怎样保持他们对书法学习的热情。二是中国书法博大精深，作为小学书法教育该怎样选择内容，把握学习研究的尺度，尤其怎样把书法与育人有机地进行融合，需要进一步探讨。三是书法作为特色不能只体现在显性的作品或物质环境上，它如何渗透到教育工作的各个方面，包括制度的、文化的，乃至人的精神品质、思维方法，这是一个长期的、渐进的、复杂的过程，不能一蹴而就。四是作为书法特色学校，如何彰显其品牌影响力，直至形成区域优势、区域文化，这些都需要我们不断地思考和追求。

朋友们，写字教育是一条沟通过去和未来、传承文化和艺术的阳光大道，愿我们竭诚努力，成就学生、成就老师、成就学校！愿我们不懈追求，为素质教育的全面发展探索一方广阔的空间！

（作者单位：江苏建湖县第二实验小学）

我的隐忧："书法进课堂"

杨卫列

2011 年 3 月 5 日，政协第十一届全国委员会第四次会议在北京召开。与会代表纷纷建言献策，共商国家发展大计。在政协会上，全国政协委员、中国艺术研究院美术研究所所长、南京大学美术研究院院长、中国雕塑院院长吴为山呼吁：在全国中小学义务教育课程中加强书法教学，让书法重进课堂。吴为山委员甚至还建议，政府有关部门应采取措施，在中小学义务教育课程中恢复书法课为必修课，突出汉字书写在人文教育中的基础性地位。吴为山委员的呼吁和建议当然是合理的，也是很必要的。说其合理，是因为书法诚如吴为山委员认为的那样，书法"是中华文明的重要载体，是中国传统文化中最具代表性的符号"，大力普及汉字书法，可以接续中华民族传统文化的血脉。说其必要，是因为，"近年来，电脑和互联网的发展改变了人们传统的书写习惯，汉字书法的普及程度也有所下降"，"曾经作为青少年启蒙教育重要内容的书法学习，已经渐渐远去，特别是青少年一代正面临着严重的'书写危机'——中小学生的汉字书写水平令人堪忧，许多学校的'写字'课有名无实，课程往往被取消或边缘化。"不过，如果从另外的角度思考，我不禁对吴为山委员"书法进课堂"的呼吁和建议产生了深深的隐忧。

隐忧之一：孩子们稚嫩柔弱的肩膀，无力承受太多的重荷。熟悉中小学教育现状的人都知道，中国的中小学生是最累的一个群体。虽然，我们曾经一度将素质教育喊得震天响，但应试教育的现状并没有得到根本的改变。非但没有得到根本的改变，反而随着社会竞争的日益加剧而进一步加剧。虽然，我们也曾一度把减负喊得震天响，但孩子们的书包依然沉重，沉重得让孩子们吐不过气来。孩子们书包最重，孩子们身体弱小；孩子们起得最早，孩子们睡得最晚；孩子们课业最多，孩子们休息最少；孩子们奔波在家庭和学校，孩子们穿梭于补习班和兴趣班。孩子们被沉重的书包压弯了腰，孩子们被家长们的期望压弯了腰，孩子们被“什么什么必须从孩子抓起”压弯了腰。孩子们虽拥有了相对较好的物质生活，但孩子们却失去了快乐的童年，失去了少年的朝气。难怪有孩子向家长、向社会讨要自己的童年了；难怪有少年宁愿弃学打工也不愿意上学了；难怪全国人大代表、民进中央常委，北京航空航天大学材料科学与工程学院教授、航天科学与技术国家实验室首席科学家、博导张涛大声呼吁，应该出台《睡眠法》，用法律强制保护孩子的睡眠了。因此，鉴于目前的中小学的现状，吴为山委员“书法进课堂”的这番好心，未必就会带来他所期望的结果；甚至不仅不能取得良好的效果，还会在孩子们本已瘦弱的双肩上徒增一个沉重的负担。

隐忧之二：教什么？谁来教？呼吁和建议“书法进课堂”很容易，让“书法进课堂”也很容易，但要达到预期的目的决非易事。有人包括吴为山委员也都天真地认为，似乎恢复书法课为必修课就万事大吉了。其实，事情远没有想象的那么简单。第一，“书法进课堂”后，到底教什么，是教孩子们书法呢，还是教孩子们写字？是教毛笔书法呢，还是教硬笔书法？按吴为山委员的定位，书法“是中华文明的重要载体，是中国传统文化中最具代表性的符号”，书法可以接续中华民族传统文化的血脉，那么，“书法进课堂”之后，自然是要教授孩子们书法啰，自然是要教孩子们毛笔书法啰。不过，问题又来了，教孩子们书法、教孩子们毛笔书法就必然要与古代法帖联系在一起，而一旦与古代法帖联系在一起，孩子们就必然要面对识“繁”的新任务，而识“繁”势必又会增加孩子们额外的课业负担；另外，由于毛笔作为实用书写工具早已退出历史的舞台，各种各样的硬笔也早已替代毛笔成为中小学生的实用书写工具，因此，如何将孩子们平时的毛笔书写训练快速转化为硬笔书写就是每一个书法教育者不得不面对的课题。再有，由于国家的强制性规定，中小学生无论是作业，还是考试，都必须使用规范字，因此，如何将孩子们平时毛笔书写训练中书写的繁体字快速转化为规范字也同样是每一个书法教育者不得不面对的课题。而这些问题的解决也并非轻而易举的事。但如果这些问题解决不了，书法教学的成果最终也可能会化为乌有。第二，谁来教？根据中国社会科学院发布的2009年《人口与劳动绿皮书》公布的数据（到2020年我国义务教育阶段在校生总量比2008年减少1 800多万，减幅达11%左右）推算，2008年，中国义务教育在校生人数为1.6亿（现在，估计也少不了这个数）。我们姑且就以这个数作个参照，按一个书法教师带300个学生计算（这够多的了吧），义务教育阶段共需要书法教师53万之多。那么，这么多的书法教师从何而来呢？从各高等院校的书法专业的毕业生中抽取（据有关资料介绍，近几年，每年报考书法专业的考生也只不过2 000左右）？让中国书协会员、省市书协会员兼职？且不说各高等院校的书法专业的毕业生愿不愿意当教师，愿不愿意到广大的农村或中小城市的中小学任教，也且不说中国书协会员、省市书协会员是否都愿意做兼职教师，是否都能胜任书法教学，即便这一切都不是问题，把各高等院校的书法专业的毕业生和中国书协会员、省市书协会员加在一起也远远不能凑够这53万。当然，让中小学语文教师或美术教师兼课倒是可以解决师资问题，但他们是否具有兼代书法课程的素质呢？从目前的现状来看，不要说让他们兼代书法课，就是让他们兼代写字课，够格的恐怕也是屈指可数！如果再按照国家的相关要求，开设必修课必须配备专职的教师的话，那么，书法教师的缺口更是不知有几何！

总而言之，吴为山委员“书法进课堂”的呼吁和建议，听起来很美，但实施起来难度不小，除非素质教育真正在中小学落到实处，除非我们拥有足够的、合格的书法人才，除非这些足够的、合格的书法人才都愿意投身于广大的农村或中小城市的中小学从事书法教育教学，除非这些书法教师能够在短期内提高中小学生的书法水平，并能将中小学生的书法水平快速转化为规范的、实用的书写能力。否则，在这个功利和实用至上的当代社会，书法即便进入了课堂，即便成为了必修课，也难免会像以前的选修课“写字”那样被“边缘化”，或形同虚设的！

（作者系安徽省书法家协会会员）

文化修复的艰巨

——《我的隐忧:“书法进课堂”》读后

孟会祥

读过杨卫列先生的《我的隐忧:“书法进课堂”》之后,心里不能平静。“书法进课堂”这件事情,许多地方都提过、做过。据我所知,河南曾经把书法列为必修课,而且出版了数套书法教材,供各地学校自由选用。我自己也在2003年及其之后两年,参与过教材的编写工作。当时,书法课要学毛笔书法,要接触繁体字和经典法帖,是共识,也是规定,无须再议。而我们在编写时,也曾经讨论过,书法是作为技法课,还是作为素质课的问题。经过反复琢磨,还是把书法课定位在素质课上。既云素质,也就是让学生在义务教育阶段,了解书法这门艺术,对书法史、文字史,有个粗浅的认识。当然,书法的涵义,蕴蓄于技法,它是技迈乎道的,让学生对书法感兴趣,就离不开技术。所以,还是分年级对楷书、行书的技法,作了一些介绍。最后,9册教材,大致上让学生知道中国文字的衍变史,知道书法是一门艺术,知道一些古代书法家的故事,知道一些经典法帖,使学生对于书法,尝鼎一脔。而于技法,则略知楷书、行书的写法,选的字帖,是《孔子庙堂碑》和《兰亭序》,无甚特色,但不会养成习气。约略间,也有点“来吾导夫先路”的旨意,至于学生日后是否喜欢书法,甚至是否成为书法家,那是书法课所不能担荷的任务,只能“修行在个人”了。这些考虑,时至今日,想起来还让人豪情不减,也确实觉得是切实可行的。起初,教材还收到一些反响,编写方也组织过老师培训;当时大概六七套教材,“海阔凭鱼跃”,各有其“势力范围”,总之是感觉播下些书法种子的。这在河南这个文化大省、书法大省,尤其令人欣慰。

恰好,我家乡的一些学校,有选用我参与编写的教材的,不免有师长、同道、后昆出于礼貌称赏。然而随后,也便听说不少学校并未让学生修这门“必修课”,甚至,有些学校根本没有把教材发给学生。其原因,与其说是无师资,还不如说这门课毫无功利作用。升学不考,校间不比,学生课业本已沉重,何必再加个书法自寻烦恼?况且，学生即使能写几个毛笔字，也派不上什么用场。至于“移人情性”、“陶冶性灵”，甚至“延年益寿”的作用，谁能看得到？因此，不二三年后，也便没有下文，声渐不闻也久矣夫。听说，其他几套教材的浮沉，也大致如是。还有一些省份，例如广东，前几年书法进课堂抓得更紧也更切实，据说还有中考加分的政策。现在情况如何，不清楚。毕竟，自古以来，功利是第一要务。舍却功利，寸步难行。转念想到读书之可贵，大抵始于汉代，旧有的贵族政治体制被打破，而平民读书，通六经、习律令，可以为吏。而做官，对于中国人来说，无宁是最高的理想抱负。唐代兴科举，书也是考察科目，自然受重视，现在，说不清什么是为吏之学，书法当然更无足轻重。假若公务员考试，书法为必试科目之一，何需书法界人呼吁！人们自然趋之若鹜。然而公务员确实不需要善书，这就是时移世易，变化是必然的。

其实，书法进不进课堂，大约也不会灭绝。进不进课堂，关涉到对书法的态度：是把它作为一种艺术形式，只需一部分职业书法人掌握；还是作为一种文化形态，让所有的人都知其梗概。就书法在中国文化中的担当来说，无疑，我是多么希望人人都知道书法，不拘深浅，能够写几笔。书法是那么纯粹、那么简洁、那么中国，它是最有中国特色的艺术，最能表达中国人的空间意识和思想感情。它没有现实的功利，然而通过文字，也通过千年积淀的“法”，血肉相连与中国人的宇宙观和人生观。我相信，有它没它，是不一样的。

近世中国，积贫积弱之余，不少先哲开眼看世界，寻找救国救民之道，或归罪于中国文化，甚至主张废除汉字。嗣后由于种种历史原因，动辄折腾传统文化，以致道术中断，人心游移，影响之巨会越来越让人体会得到。也许，有朝一日，中国终将成为世界第一经济体，到那时，如果我们中国人再看中国人，处处都是地球村的规格，成为“标准人”，是否就真的无愧于世界民族之林？且夫生活，口体之欲固然重要，而文化艺术的润泽，也许同等重要，没有风度地富足，何足贵耶？况且，没有文化艺术的支撑，也将终究面临危殆。譬夫道德与良心，即社会评价体系和自我评价体系，且不说我们有没有做到“毫不利己，专门利人”、“全心全意为人民服务”，即传统的仁爱忠恕，是否做到了？子曰：“己所不欲，勿施于人。”假使企业和个人信受奉行，大概就不会有“蒜你狠”、“豆你玩”，更不会有三聚氰胺和瘦肉精。近日，日本地震，中国抢购食盐，吾国吾民，居然就是这样的风度？温家宝说：“房产商应该流着道德的血液。”孔子像被竖在了天安门广场，大概就意味着文化的修复。当然，文化修复是一个巨大的工程，书法不过是其中一项而已。它不是文化修复的主干，至少是一种助缘，不可轻看。

如果以文化修复的角度看待书法，“进课堂”虽难，必为之。正如素质教育，提了多少年，仍未收全效；书法进课堂，更不可能一蹴而就。种种困难，如何克服，自当集思广益耳。

（作者系《书法导报》副总编辑、河南省中国书法院副院长）

教育部　新闻出版总署　国家发展改革委 国务院纠风办关于加强中小学 教辅材料使用管理工作的通知

教基二[2012]1号

各省、自治区、直辖市教育厅(教委)、新闻出版局、发展改革委、物价局、纠风办：

近年来，中小学教辅材料市场在满足中小学教学需求的同时，也出现了一些问题，影响了正常的教育教学秩序。为切实减轻中小学生过重的课业负担和学生家长的经济负担，规范中小学教辅材料的使用，现就加强中小学教辅材料使用管理工作通知如下。

一、建立健全教辅材料评议推荐办法。省级教育行政部门会同新闻出版行政部门、价格主管部门加强对教辅材料使用的指导，组织成立教辅材料评议委员会，对进入本省中小学校的教辅材料进行评议，择优选出若干套进行公告。各地市教材选用委员会根据当地教育实际和教科书使用情况，按照教科书选用的程序，从本省教辅材料评议公告中，一个学科每个版本选择1套教辅材料推荐给本地区学校供学生选用。

教辅材料评议委员会要包括中小学教师、校长、教研员和新闻出版等方面相关专家，确保其专业性和代表性。教辅材料的评议推荐要做到机会均等、过程透明、程序公正。教辅材料编写人员和被评议的教辅材料出版人员不得参加教辅材料评议推荐工作。

二、合理确定评议推荐的教辅材料范围。教辅材料评议推荐的种类主要是与本省使用的中小学教科书配套的同步练习册，根据他人享有著作权教科书编写出版的同步练习册应依法取得著作权人的授权，也可根据教学需要评议推荐寒暑假作业、初中和高中毕业年级考试辅导类教辅材料。评议推荐教辅材料的学科和年级由省级教育行政部门确定。经评议公告的教辅材料，严格执行国家有关定价政策(具体办法另行下发）。免费提供教辅材料的地方可自行确定使用教辅材料的种类和范围。

三、认真做好教辅材料自愿购买和无偿代购服务。学生购买教辅材料必须坚持自愿原则。任何单位和个人不得以任何形式强制或变相强制学校或学生购买任何教辅材料，不得进入学校宣传、推荐和推销任何教辅材料。若学生自愿购买本地区推荐的教辅材料并申请学校代购，学校可以统一代购，做好服务，不得从中牟利。其他类教辅材料由学生和家长自行在市场购买，学校不提供代购服务。

四、严格规范教辅材料编写行为。教辅材料主要编写者必须具有相关学科教学经验和熟悉相关教材；各级行政部门、负责实施考试命题、监测评价的单位不得组织编写学生有偿使用的同步练习册、寒暑假作业、初中和高中毕业年级考试辅导类辅材料。鼓励有条件的单位和学校组织开发面向中小学教师和学生的教学辅助资源，免费提供使用。

五、大力加强教辅材料使用监督。省级教辅材料评议公告报教育部备案，抄送新闻出版总署、国家发展改革委、国务院纠风办。地市教辅材料推荐结果报省级教育行政部门备案。教科书编写者编写的同步练习册将作为教育部对教科书使用情况评估的重要内容。各级新闻出版行政部门要加强对中小学教辅材料质量和非法盗印的监督检查，保证出版质量。各级价格主管部门要加强对教辅材料价格管理。各级纠风部门要对教辅材料的管理和评议推荐工作实行严格监督。各有关部门要建立健全信访举报等有效机制，拓宽监督渠道。

对于违反本通知规定，强制或变相强制学校或学生购买教辅材料、不按规定代购、从代购教辅材料中收取回扣的单位和个人，由上级教育行政部门责令其纠正违规行为，给予通报批评，并追究有关人员的责任。

此前与本通知规定不一致的，以本通知为准。省级教育行政部门应根据本通知精神，结合当地实际，制定本省教辅材料使用管理的实施意见。

中华人民共和国教育部　中华人民共和国新闻出版总署

中华人民共和国国家发展和改革委员会　国务院纠正行业不正之风办公室

2012年2月8日

把不合法质量差的教辅堵在校门外

——教育部有关司局负责人解读《关于加强中小学教辅材料使用管理工作的通知》

近日，教育部、新闻出版总署、国家发展改革委、国务院纠风办联合下发了《关于加强中小学教辅材料使用管理工作的通知》。记者就有关问题采访了教育部有关司局负责人。

问：下发这一《通知》的背景是什么？

答：2001年，针对当时教辅材料存在的问题，新闻出版总署和教育部联合下发了《中小学教辅材料管理办法》。《办法》颁布以来，教育部和相关部委采取了诸多措施，包括建立七部委联席会议制度，积极进行治理，在一些方面取得了一定成效。

但教辅材料市场也出现了很多新情况、新问题，主要表现在种类繁杂、价格虚高、市场混乱、使用缺乏规范。这些问题引起了社会各界的高度关注。为落实教育规划纲要精神，经认真调研，广泛征求了教育行政部门、中小学校、出版部门等的意见，提出了新的治理措施。

问：教辅材料使用管理的主要思路是什么？

答：一是标本兼治，疏堵结合。既要把不合法的、质量差的教辅材料堵在校门之外，也要为学生自愿购买教辅材料提供必要的专业指导和服务。

二是以省为主，因地制宜。《通知》要求各省级教育行政部门要根据本省教育教学实际合理确定评议推荐的教辅材料范围，确定本省配备教辅材料的学科、年级、种类和具体程序。

三是齐抓共管，综合治理。教辅材料管理涉及编写、出版、发行和使用等多个环节和多个部门，需要建立综合治理分工合作机制。教育、新闻出版、价格、纠风主管部门分别负责对教辅材料编写、出版、印制、发行、价格、评议、代购等环节进行管理，齐抓共管，形成合力。

问：组织评议的教辅材料的主要范围是什么，选用程序是如何规定的？

答：组织评议的教辅材料种类主要是与本省使用的中小学教科书配套的同步练

习册，也可以评议寒暑假作业，还可以评议初中和高中毕业年级考试辅导类教辅材料，具体评议哪些种类由各省根据本地需要自行确定。

为加强对教辅材料使用的指导，《通知》要求建立健全教辅材料评议推荐办法。省级教育行政部门要会同新闻出版行政部门、价格主管部门组织成立教辅材料评议委员会，对进入本省中小学校的教辅材料进行评议，择优选出若干套进行公告。

各地市教材选用委员会根据当地教育实际和教科书使用情况，按照教科书选用的程序，从本省教辅材料评议公告中，一个学科每个版本选择 1 套教辅材料推荐给本地区学校供学生选用。

教辅材料评议委员会要包括中小学教师、校长、教研员和新闻出版等方面相关专家，确保其专业性和代表性。教辅材料的评议推荐要做到机会均等、过程透明、程序公正。

同时，为加强监督，要求省级教辅材料评议公告报教育部备案，地市教辅材料推荐结果报省级教育行政部门备案。

问：《通知》对学生购买教辅材料有哪些规定？

答：《通知》特别强调学生购买教辅材料必须坚持自愿原则，任何单位和个人不得以任何形式强制或变相强制学校或学生购买任何教辅材料。如果学生自愿购买本地区推荐的教辅材料并申请学校代购，学校应做好统一代购服务，不得从中牟利。学生和家长个人自行选择的教辅材料，学校不提供代购服务。

对于违反本通知规定，强制或变相强制学校或学生购买教辅材料、不按规定代购、从代购教辅材料中收取回扣的单位和个人，由上级教育行政部门责令其纠正违规行为，给予通报批评，并追究有关人员的责任。

问：《通知》对教辅材料的编写作了哪些规定？

答：《通知》对教辅材料的编写者主要提出了三点要求：一是强调了教辅材料编写者资质，要求教辅材料的主要编写者必须具有相关学科教学经验和熟悉相关教材；二是切断利益链条，禁止管理或能影响学校的利益相关单位组织编写，要求各级行政部门、负责实施考试命题、监测评价的单位不得组织编写学生有偿使用的同步练习册、寒暑假作业、初中和高中毕业年级考试辅导类教辅材料；三是鼓励有条件的单位和学校组织开发面向中小学教师和学生的教学辅助资源，免费提供使用。

（来源：中国教育报 2012－02－24）

上海：上海首建“中小学生学业质量绿色指标体系”

2011年10月27日，经过随机抽取的来自上海18个区县的6.5万名四年级和九年级中小学生参加了“学业质量监测”。这意味着上海基础教育首开先河，率先探索构建“中小学生学业质量绿色指标体系”，将改革的重心直接切入内涵之核——评价。

从2003年起，上海就率先参加了教育部基础教育课程教材发展中心开展的“学业质量监测”，不仅帮助教育行政部门科学真实地了解课改实施后的教学成效，而且通过数据的分析改进政策与改进教学。在8年合作的基础上，此次，上海市教委与中心深度合作研制地方版“绿色评价”体系，这在该中心主任、教育部基础教育二司巡视员朱慕菊看来，是部市合作的重要成果，也是一次很有价值的先行探索。它是直接指向学生健康成长的重要指标，有利于发挥科学的教育评价的正确导向作用，树立全面的教育质量观。同时也有利于引导区县、学校开展全面质量观指导下的教学与评价，减轻学生的课业负担，促进学生全面发展。

就“绿色指标”体系的价值和意义，上海市教委副主任尹后庆指出：一是有利于政府从宏观层面把握教育质量的真实状况；二是有利于发挥评价的导向作用；三是有利于构建教育内部“标准—教学—评价”的循环系统。这样的体系将不仅针对时弊，为减轻学生不合理的课业负担提供科学依据，而且将为课堂教学水平的改进与提升、为区域教育的专业领导提供参考和支撑。

附：上海市教育委员会关于《上海市中小学生学业质量绿色指标（试行）》的实施意见

各区县教育局：

为贯彻落实国家和上海市中长期教育改革和发展规划纲要等文件精神，推进实施国家教育体制改革试点项目《改革义务教育教学质量综合评价办法》，进一步提升本市义务教育教学质量，上海市教育委员会决定实施《上海市中小学生学业质量绿色指标（试行）》（以下简称《绿色指标》，见附件），现提出如下实施意见。

一、试行《绿色指标》的必要性

（一）深化教育内涵发展的客观要求。试行《绿色指标》有利于发挥科学教育评价的正确导向作用，引导区县、学校、家长和社会树立全面的教育质量观，丰富学业质量评价的内涵，引导区县、学校开展全面质量观指导下的教学与评价活动，减轻学生课业负担，促进学生全面发展。

（二）优化教育管理的应有之义。试行《绿色指标》有利于市、区（县）两级政府全面把握教育质量的真实状况，完善教育教学决策，提升教育管理科学化水平，引领上海基础教育创新发展。

（三）建立良好教育生态的有效保障。试行《绿色指标》有利于构建教育内部"标准—教学—评价"的良性循环系统，指导学校建立以校为本、基于过程的教育质量综合评价体系，引导全社会树立正确的教育质量观，营造有利于学生健康成长的良好氛围，促进教育质量持续提高。

二、《绿色指标》的主要内容

（一）指标内容：包括学生学业水平指数、学生学习动力指数、学生学业负担指数、师生关系指数、教师教学方式指数、校长课程领导力指数、学生社会经济背景对学业成绩的影响指数、学生品德行为指数、身心健康指数以及上述各项指标的跨年度进步指数共十个方面。这些指标将在使用过程中不断发展和完善。

（二）测试对象：本市义务教育阶段中小学生（含非本市户籍学生）以抽样的方式确定参测学生名单。2011 年参测对象为四年级和九年级学生。

（三）测评手段：学业测试（小学生测试语文、数学，初中生测试语文、数学、外语、科学）、问卷调查（学生、教师、校长）、学生体质健康监测等。

（四）测评时间：2011 年的学业测试和问卷调查时间为 10 月 27 日。以后每年的具体测试和调查时间另行确定。

（五）考务要求：根据每年的《上海市中小学生学业质量绿色指标测试实施手册》要求，开展好各项考务工作。

（六）结果呈现：2011 年的学业测试和问卷调查结果将以上海市中小学生学业

质量总体分析报告和各区县中小学生学业质量分析报告形式呈现。以后将根据形势发展和现实需要,逐步探索更加合适的结果呈现方式。

三、试行《绿色指标》的工作要求

(一) 分工合作。试行本市义务教育阶段中小学生学业质量《绿色指标》工作由上海市“改革义务教育教学质量综合评价办法”项目组牵头,市教委基础教育处、教研室负责与相关部门的联络协调。市教委基础教育质量监测中心负责与教育部基础教育课程教材发展中心的日常联系,参与学科测试工具的开发、学业质量数据的分析、撰写学业质量分析反馈报告、制定学业质量测试评分标准、组织人员培训等工作,完成区县测试结果的反馈。市教委基础教育处、教研室和市、区县两级招生考试机构共同做好学业质量抽样测试考务组织工作,区县教育局提供相关支持。区县教师进修院校参与区县学生学业质量数据分析和撰写报告等工作。上海市学生体质健康监测中心收集学生体质健康数据。各部门在承担各自职责的同时,要加强信息沟通,增强工作合力。

(二) 完善保障。试行《绿色指标》所产生的费用由市、区县教育行政部门共同承担。市教委承担系统引进、测试命题、统一抽样学生的测试和师生问卷、试卷批阅、人员培训、专家指导、平台构建、全市学业质量分析报告等产生的费用;区县教育局承担区域内考务和区县学业质量分析报告等费用,区县因自愿增加学生样本而产生的费用也由各区县教育局解决。各相关部门选拔业务精干、能力突出的干部和科研人员参与试行工作,逐步形成一支具有先进评价理念、掌握评价专业技术的质量监测和评价队伍。

(三) 严肃纪律。各区县和学校要严格按照抽样资讯组织学生学业测试和师生问卷调查,坚决杜绝替换学生或非正常缺考,坚决杜绝妨害测试和调查工作正常有序进行的各类因素,确保样本的准确度和参与率,确保测试和调查的客观性和有效性。一旦发现有关部门在操作中出现违规现象,将予以通报并严肃处理。各相关部门要及时反映在组织相关测试和调查中的问题、困难和建议,以便进一步完善工作制度。

(四) 及时总结。要通过试行《绿色指标》,构建区域教育质量综合评价体系,引导学校全面落实课程标准,在过程性评价中密切关注学生兴趣、态度等因素,逐步建立以校为本、基于过程的教育质量综合评价体系。要及时反映在试行《绿色指标》中形成的有效做法和经验，以便在全市交流和推广。

在执行过程中如有意见建议，请与市教委基础教育处联系。

上海市教育委员会

2011年11月8日

中小学生学业质量绿色指标项目概览

一、学生学业水平指数

学生学业水平指数包含学生学业成绩的标准达成度、学生高层次思维能力指数以及学生学业成绩均衡度。其中学生学业成绩均衡度包括总体均衡、区县间均衡和学校间均衡三个方面。

（一）学生学业成绩的标准达成度

学生学业水平标准是依据课程标准，确定学生在某一学科、某一阶段应该掌握的基本内容与核心能力的标准等级。

学业成绩的标准达成度指的是学生在各学科达到合格水平以上的人数比例。标准划定时采用了国际上广泛应用于学业能力测试和水平考试等领域的安哥夫（Angoff）法和书签（Bookmark）法的方法。

（二）学生高层次思维能力指数

在关注学生标准达成度的同时，也要关注学生的高层次思维能力。高层次思维能力主要包括知识迁移能力，预测、观察和解释能力，推理能力，问题解决能力，批判性思维和创造性思维能力等。

（三）学生学业成绩均衡度

学生学业成绩均衡度包括总体均衡度、区县间均衡度和学校间均衡度三个方面。

1. 学生学业成绩总体均衡度

学业成绩总体均衡度指的是上海所有参测学生学业成绩总体差异的大小。各学科的学业成绩采用多种现代统计测量方法（如罗序（Rasch）模型和多维分步计分模型）进行分析的结果。

2. 学生学业成绩区县间均衡度

学业成绩区县均衡度是指上海各区县之间学生学业成绩差异的大小，是通过多层线性模型统计分析得到的。

3. 学生学业成绩学校均衡度

学生学业成绩学校均衡度指的是各学校之间学生学业成绩差异的大小，是通过多层线性模型统计分析得到的。

二、学生学习动力指数

学生学习动力指数主要有四个方面，分别为学生学习自信心、学习动机、学习压力和学生对学校的认同度。

（一）学习自信心

历年大规模测试数据分析显示，学生学习自信心与学生学业水平呈现明显的正相关。学习自信心主要通过调查学生对个人学习能力的评价、尝试解决困难问题的意愿、对取得优异学习成绩和完成学习目标的预期等问题，采集学生问卷数据，对数据进行统计分析得到的结果。

（二）学习动机

历年大规模测试数据分析显示，学生内部学习动机与学生学业水平呈现明显的相关，内部学习动机能够很好地预测学业成绩。内部学习动机的测量包含学生对学习本身的兴趣、对于学习目的和意义的认识等问题；通过采集学生问卷数据，进行数据分析得到的结果。

(三) 学习压力

历年大规模测试数据分析显示,学生过重的学习压力和学业质量之间呈现着某种负相关。学习压力主要调查学生在学习过程中产生的心理负担和焦虑,通过询问学生做作业量的多少及难易、考试次数的数量以及学校公布成绩、考试之前的感受来调查学生所承受的学习压力的情况。学习压力是通过采集学生问卷数据,进行数据分析得到的结果。

(四) 学生对学校的认同度

历年大规模测试数据分析显示,学生对学校的认同度与学生学业成绩存在正向的预测作用,学生对学校的认同与学生的学业成绩存在正相关。

学生对学校的认同度主要指学生对学校的认可程度,包括学生的同学关系、是否愿意参加学校集体活动、是否喜欢学校以及在学校是否会感到孤独等问题。学生对学校的认同度是通过采集学生问卷数据,进行数据分析得到的结果。

三、学生学业负担指数

(一) 学业负担综合指数

历年大规模测试数据分析显示,学业负担的增加并不是提高学习成绩的简单办法,学生学习时间的增加与学生学习成绩之间没有明了、简单的关系,更多的学习时间并不一定带来学生更好的学习成绩。通过调查学生的睡眠时间、做作业时间和补课时间来反映当前学生的学业负担。学业负担指数是通过采集学生问卷数据,进行数据分析得到的结果。

(二) 学业负担分项指数

1. 睡眠时间

教育部明确要求切实保证义务教育阶段学生每日有不少于 9 小时的睡眠时间。

历年大规模测试数据分析显示，与睡眠时间较多的学生相比，睡眠时间较少的学生更容易产生注意力不集中的现象，降低学习效率，学生的学业成绩并没有随着睡眠时间的减少而提高。

2. 作业时间

历年大规模测试数据分析显示，小学生每天做作业时间为 1 小时左右，中学生每天做作业时间为 2 小时左右，学生的学业成就水平明显高于基本不做作业或做作业时间过长的学生。做作业时间包括来自学校教师布置的当天要完成的书面作业和来自家长布置的作业（如家教或者课外辅导班）。

3. 补课时间

历年大规模测试数据分析显示，学业成绩与补课时间之间并不是存在着明显的关系，补课时间的增加并不一定意味着学业成绩的提高。补课时间包括学校要求到校补课时间和家长要求的补课时间（如家教或者课外辅导班）。

四、师生关系指数

历年大规模测试数据分析显示，师生关系与学生学业水平呈明显的正相关，师生关系对学生学业成绩有明显的正向预测作用。

师生关系的调查主要包含教师是否尊重学生，是否公正、平等地对待学生，是否信任学生等。师生关系指数是通过采集学生问卷数据，进行数据分析得到的结果。

五、教师教学方式指数

历年大规模测试数据分析显示，教师教学方式与学生学业成绩有着明显的正相关，良好的教学方式能够对学生的学业成绩起到积极的影响。教师教学方式分为教师自评和学生评价两个方面。

（一）教师对教学方式的自评

教师对教学方式的自评主要有三个指标，分别为因材施教、互动教学和探究与发展能力。它们是通过采集教师问卷数据，进行数据分析得到的结果。

(二) 学生对教师教学方式的评价

学生对教师教学方式的评价是通过采集学生问卷数据，运用统计方法得到的结果。问卷内容主要包括教师是否进行情境教学、鼓励学生动手实践等问题。

六、校长课程领导力指数

历年大规模测试数据分析显示，校长的课程领导力对教师教学和学生学习有着重要的影响。

校长课程领导力的调查分析包含三个方面，分别为课程决策与计划、课程组织与实施、课程管理与评价。校长课程领导力指数是通过采集教师问卷数据，进行数据分析得到的结果。

七、学生社会经济背景对学业成绩的影响指数

父母受教育程度、父母职业、家庭文化资源等综合为学生社会经济背景。学生社会经济背景与学生学业成绩结合起来，分析家庭对学生学业成绩的影响指数，反映学校教育的作为。该指数是通过采集学生问卷数据、运用多层线性模型进行统计分析得到的结果。

八、品德行为指数

良好的品德是个人成长、终身发展的基础，更是其成为社会有用之才的重要条件。学生的品德塑造是否成功，真正反映了学校教育的成功与否。主要包括学生的理想信念、公民素质和健全人格三方面，通过热爱祖国、自尊自爱、尊重他人、有诚信和责任心、遵守公德以及拥有关怀之心、公正之心等具体指标，以采集学生问卷数据方式，进行数据分析得到的结果。

九、身心健康指数

学生的身心是否健康，关系到民族整体素质能否提高，关系到国家的未来与兴衰。学生的身心健康水平主要通过调查学生生理、心理和情感等指标来反应。身心健康指数是通过《国家学生体质健康标准》测试数据库采集学生问卷数据和学校行政部门的调查，进行数据分析得到的结果。

十、进步指数

历年大规模测试数据纵向比较显示，许多地区不仅学生的学业质量有所提高，而且在影响学业质量的一些关键因素也取得了明显的进步。进步指数包括学习动力进步指数、师生关系进步指数、学业负担进步指数等。

建立科学的中小学生学业质量评价系统

中国教育学学会副会长　张民生

教育质量是基础教育发展的核心问题，是衡量一个国家和地区基础教育发展水平的核心指标。今天，我们正处于国际竞争日趋激烈、科学技术迅速发展的时代，提高教育质量具有深远的战略意义。

建立学生学业质量评价体系是对基础教育质量进行有效管理的基础，世界上许多国家，都在这方面进行了积极的探索和实践，建立了国家和地方两级的教育质量评价反馈和指导改进系统。美国早在 1969 年，教育部国家教育统计中心就设置了全国教育进展评估机构（NAEP），布什政府提出的提高教育质量的核心目标——“不让一个孩子掉队”（NO CHILD LEFT BEHIND），其中加强教育质量评价与分析就是一个重要举措。英国政府于 1992 年成立了教育标准办公室

(OFSTED),又通过整合建立了一个独立于行政体系之外的全国质量分析体系,对全国的公立学校实施质量评估;而1997年成立的教育证书与课程管理局(QCA),则负责制定国家课程和各种教育证书标准,组织统一的教学水平评价。除了美国和英国外,日本、韩国,以及我国香港、台湾等地区也都建立了自己的教育质量评价、分析和保障体系。与此同时,国际性的大型教育评价项目也积极展开,如国际学生阅读、数学、科学素养评估(PISA)和国际数学和科学评测(TIMSS)就是为有效评价学生的学业成就而设计开发的跨国评价系统,并产生了世界性的影响。

在全国新课程改革深入推进的过程中,学生的学业质量问题越来越成为教育系统和社会公众普遍关注的问题:其一是如何评价新课程实施的效果;其二是如何引导全社会建立新的学业质量观。因此,建设学生学业质量的科学评价体系,建立配套的诊断、反馈与指导改进系统就成为推进课程教材改革,保障学生学业质量不断提高的基础性工作。

为此,教育部基础教育课程教材发展中心,于2003年启动了“建立中小学生学业质量分析反馈与指导系统”项目,项目旨在依据课程标准建立学生学业质量的标准,并进行大规模测试,同时通过问卷了解影响学生学业质量的关键因素。由此,该项目不仅能按新课程要求科学真实地了解新课程实施后的教学成效,而且能通过数据的分析改进政策与改进教学。项目开展至今,先后对上海、江苏、甘肃等6个省市和近20个地市进行学业质量测试,共有约335万人次的学生参加了学科测试和问卷调查,约15万名教师和1.2万名校长参加了问卷调查,在2009年还进行了义务教育阶段三年级和八年级的学业质量状况的全国常模测试。上海市从一开始就参加了项目的创立与发展,初步建立了上海中小学生学业质量的数据库。

作为主要负责人之一,我感到该项目经过8年不断的实践和探索,在大规模测试数据和全国常模的基础上,已首次在国家层面建立了一套以义务教育课程标准为依据、以能力为导向的学生学业质量评价、分析、反馈和指导体系。

学生学业质量诊断和评价是一种低利害的测试,其测验性质是基于课程标准的水平测试,测验工具的研发需将课程标准转换为可操作的测量标准,再通过制定命题框架、命题指南、编制试题、试题修订完善、预测试、审查、组卷、形成评分手册等过程，完成测试准备工作，然后通过测试获得数据。基于标准的评价在数据解释上有十分丰富的内涵，能甄别出影响学生学业质量的诸多因素及其与学业水平的相关度。

影响学生学业质量的因素是多方面的，采用先进的统计分析技术对探讨影响学生学业成绩的区县层面、学校层面、班级层面以及学生个体层面的因素进行综合分析，可为有针对性地改善、提高教育质量提供实证的依据和建议。这一系统的建设弥补了我国没有专业的和全国规模的学业质量评价的空白，对国家基础教育能力建设发挥了重要作用。

建立中小学生学业质量评价、分析和反馈体系有利于整体把握学业质量的水平，有利于促进缩小地区间、学校间学业质量的差距，是实现教育公平的基础；基于科学测试和分析反馈基础上的学业质量的评价，有利于各级教育行政部门掌握学业质量的状况，以及影响学业质量的关键因素，从而有针对性地提出学业质量提高的政策与措施。通过学业质量的评价，可以使得各级教学研究部门了解学生学习中的优势和不足，从而有针对性地展开教育教学研究和培训，以改进教学和提高质量。通过学业质量的评价，有利于教育信息的透明和民众参与，引导全社会建立正确的教育质量观，也有利于规范学校的教育教学行为、建立对学业质量的管理系统。

建立学生学业质量评价、分析、反馈和指导系统是一种专业性和研究性都很强的系统工程，这一研究涉及到课程教学、教育评价、教育测量、教育统计、教育政策和教育技术等多个学科领域。这一课题的开展，推动了这一系列学科开展更深入的理论研究和应用研究，也极大地促进了相关专业队伍的成长。

随着国家《教育规划纲要》的颁布，我国基础教育的改革与发展进入了一个新阶段，全面提高教育质量，促进教育的内涵发展成为当前的重要任务。以学生学业质量的评价为切入口，全面关注学生的健康成长，引导建立正确的质量观，建立教育质量的保障体系，对于促进基础教育的均衡发展、实现教育公平有着重大作用。

但是，目前普遍存在的统考统测和以追求中考、高考升学率为导向的教学、考试，偏离了课程改革的方向和课程标准的基本要求，考试命题脱离课程标准，过于依赖个人经验，缺乏对教育测量学的深入研究和应用；考试结果用于排名、甄别和选拔，加剧了竞争。在此压力下，中小学生很难有发自内心的求知欲，很难有对学校的归属感。过重的学习压力，不仅使学生的睡眠时间得不到保证，近视率不断增长，而且导致学生产生焦虑，严重地影响身心健康。正如欧盟《学生学业成绩分析报告》中所指出的，“尽管较强的竞争性可能会在学习成绩上带来收益，但在学生的动机和心理健康方面却会付出代价。这些代价从长远来看会有一些不可预见的负面影响，如对学生的终身学习”。

2010年，上海市教育委员会承担了国家教育体制改革试点项目“改革义务教育教学质量综合评价办法”，在与教育部基础教育课程教材发展中心进行前期合作的基础上，共同研究、提炼出了一系列影响学生学业质量的关键因素，如学习动力、师生关系、学业负担等，据此构建了以关注学生健康成长为核心价值追求的指标体系，现已命名为学业质量的“绿色指标”体系。这一指标体系旨在引导全社会保护青少年的健康成长，引导教育部门科学地管理教学，引导学校和教师遵循教育规律，形成实施素质教育的良好秩序和环境。

学业质量“绿色指标”分为学生学业水平指数、学生学习动力指数、学生学业负担指数、师生关系指数、教师教学方式指数、校长课程领导力指数、学生社会经济背景与学业成绩的关系指数、学生品德行为指数、身心健康指数以及上述各项指标的跨年度进步指数。

学业质量的“绿色指标”，并不是全面衡量教育质量的完整指标体系，而是直接指向促进学生健康成长，克服教育时弊提出的。该指标体系在使用过程中将不断地得到发展和完善。

“绿色指标”体系的推行将为各级教育行政部门、教研部门和学校了解学生学业质量的基本状况和重要影响因素，提供实证的依据；为教育决策提供重要参考；为提升学生学业质量提供诊断和改进建议；从而引导全社会树立正确的质量观，促进学生的健康成长。

为了每一个学生的健康成长

——上海市义务教育阶段绿色指标解读

上海市教委教研室主任　徐淀芳

教育质量主要源于学校的办学、教师的教学、学生的学习，因此，教育质量评价不仅是内容领域多样，而且是评价主体多元。多样、多元评价的科学性，体现在评价标准、测量工具（试题、试卷、量表、问卷）、评价过程、分析解释等与课程标准的一致性上。注重标准和实证，是提高教育质量综合评价有效性、可靠性的基本途径。

上海教育的内涵发展已经不再是"均贫富"的阶段，而是政府所提供的教育资源，通过学校专业化的劳动，创造性地转化为能让学生切身感受到的教育服务。这就迫切需要我们在正确处理"课标—教学—评价"、"课程—课堂—学生"之间的一致性关系的基础上，在教育教学内部建立一个合理的良性循环系统。通过基于标准的评价"创造适合于学生的教育"，实现评价促进改进、旨在完善的功能，使"为了学习的评价"的观念深入人心。

学业质量综合评价（绿色指标体系）是基于课程标准的学业质量测试与背景问卷相结合的评价。主要是宏观层面政府部门对教育质量的综合分析，提供的是客观数据（成绩＋问卷）和相关性分析。

学业质量测试的对象为小学三年级和中学八年级学生。测试科目三年级为语文、数学，八年级为语文、数学、英语和科学。

学业质量评价不仅包括学生在基础知识、基本技能方面所达到的水平，而且还包括时代发展所要求的中小学生所必备的搜集处理信息、自主获取知识、分析与解决问题、交流与合作、创新精神与实践能力等核心素养。

学业质量评价还使用学生、教师和校长问卷对学生学习背景信息、教师教学相关情况及学校管理相关内容等进行调查。学生问卷的内容包括学生基本情况、学校环境、学习压力、师生关系、学习动机、自信心、学习方法等。教师问卷的内容包括教师基本情况如学历、任职经历、职称；教师对课程的看法；教学策略和方法；对学校管理的看法；面临的困难；教育观和教师专业发展等。校长问卷的内容包括学校硬件条件、校长办学理念和教育观、校长的学校管理方法等。

学业质量测试的命题有规范、严谨的程序：依据标准编写3倍于正式测试需要的试题；组织约3千名学生参加试测；数据组对试卷进行分析并反馈各命题组；命题组进行调整，形成正式卷和备用卷；聘请教师对试卷的题量、难度进行评估；进行实测了解试卷难度、题量和新颖程度；聘请省级考试院的专家对试卷进行评审；依据专家/教师/学生反馈意见进行调整。

基于标准的学业质量测试，对学习能力发展水平的等第标定，采用安哥夫法(Angoff)和书签法(Bookmark)。三年级学生的学业状况划分为A(优秀)、B(合格)、C(没有达到课程标准的基本要求)三个水平；八年级学生的学业状况划分为A(优秀)、B(良好)、C(合格)、D(没有达到课程标准的基本要求)四个水平。

学业质量测试结果的分析与解释主要从以下六个方面来进行：一是选用正确的分析方法，分析三年级和八年级学生在各测试科目上的表现，客观解读数据；二是关注学生学业质量的纵向发展变化；三是从学业和非学业的角度，综合分析学生、教师和校长等各方面因素；四是学生学业质量的差异(区域、学校、班级)；五是采用多层线性模型的分析方法，研究影响学生学业质量的不同因素；六是关注学生学业质量及其相关因素的历史纵向解释。

教育部课程发展中心"建立中小学生学业质量分析、反馈与指导系统"项目组，基于5年来的探索及2009年全国常模测试，初步提炼出了学业质量综合评价的绿色指标体系。主要指标包括：学生学业水平指数、学生学习动力指数、学生学业负担指数、师生关系指数、教师教学方式指数、校长课程领导力指数、学生社会经济背景对学业成绩的影响指数、学生品德行为指数、学生身心健康指数、跨年度进步指数。

以下对2010年上海市五区的测试数据，从"绿色指标"角度对数据进行的分析。

学生学业水平指数包括：学生学业成绩的标准达成度指数(标准达成度在全国常模中的相对位置)、学生高层次思维能力(主要包括知识迁移的能力，预测、观察和解释能力，推理能力，问题解决能力，批判性思维和创造性思维能力)指数、学生学业成绩均衡度指数(总体均衡度指数、区县间均衡度指数及学校间均衡度指数)。

2010 年学生学业成绩的合格标准达成度指数如下（星号越多，表示达成度越高）（同类地区指的是北京和上海）：

学科	上海五区	同类地区全国常模	全国常模
小语	★★★★★	★★★★★	★★★★
小数	★★★★★	★★★★★	★★★☆
中语	★★★★★	★★★★☆	★★★
中数	★★★★★	★★★★☆	★★★☆
英语	★★★★★	★★★★★	★★
科学	★★★★	★★★★☆	★★★

2010 年上海学生学业成绩总体均衡度指数如下（星号数越多，表示差异越小）：

学科	上海五区	同类地区全国常模	全国常模
小语	★★★★★	★★★★	★★★
小数	★★★★★	★★★★☆	★★★
中语	★★★★☆	★★★★☆	★★★☆
中数	★★★★☆	★★★★☆	★★★☆
英语	★★★★☆	★★★★	★★☆
科学	★★★★★	★★★★☆	★★★☆

学生学习动力指数主要有四个方面：一是学生学习自信心指数；二是学生学习动机指数；三是学生学习压力指数；四是学生对学校的认同度指数。

2010 年上海学生学习自信心指数如下（星号数越多，表示学习自信心越强）：

学段	上海五区	同类地区全国常模	全国常模
小学	★★★★	★★★★★	★★★★
中学	★★★	★★★	★★

学生学业负担指数包括：学业负担综合指数（睡眠时间、作业时间、补课时间）和学业负担分项指数。

2010 年上海学生学业负担综合指数如下（星号数越多，表示学业负担越轻）：

级数	小学			中学		
	上海五区	同类地区全国常模	全国常模	上海五区	同类地区全国常模	全国常模
★	52.2	73.7	23.6	95.4	90.9	54.3
★★	38.1	15.8	30.7	3.8	9.1	23.3
★★★	8.2	10.5	28.5	—	—	13.5
★★★★	0.7	—	11.7	—	—	6.7
★★★★★	0.7	—	5.5	0.8	—	2.2

师生关系指数反映教师是否尊重学生，是否公正、平等的对待学生，是否信任学生等。师生关系指数是通过采集学生问卷数据，进行数据分析得到的结果。

2010 年师生关系指数如下（星号数越多，表示学生对师生关系的评价越好）：

学科	上海五区	同类地区全国常模	全国常模
小语	★★★★★	★★★★	★★★
小数	★★★★	★★★★	★★★
中语	★★★★	★★★	★★
中数	★★★★	★★★	★★
英语	★★★★	★★★	★★
科学	★★	★	★

教师教学方式指数包括：教师对教学方式的自评指数（因材施教、互动教学、探究与发展能力）、学生对教师教学方式的评价指数（是否进行情境教学、鼓励学生动手实践等）。通过采集教师问卷数据和学生问卷数据，进行数据分析得到的结果。

2010 年上海学生对教师教学方式的评价指数如下（星号数越多，表示学生对教师教学评价越好）：

学科	上海五区	同类地区全国常模	全国常模
小语	★★★	★★★	★★
小数	★★★★	★★★★	★★
中语	★	★★	★★★
中数	★★★	—	—
英语	★★★	★★★	★★
科学	★	★★	★★

校长课程领导力指数包括：课程决策与计划指数、课程组织与实施指数、课程管理与评价指数。

2010 年上海校长课程决策与计划指数如下（星号数越多，表示教师对课程决策与计划评价越好）：

学段	上海五区	同类地区全国常模	全国常模
小学	★★★	★★★	★★★
中学	★★	★★	★★

学生社会经济背景对学业成绩的影响指数是把父母受教育程度、父母职业、家庭文化资源等综合为学生社会经济背景，学生社会经济背景与学生学业成绩结合起来，分析家庭对学生学业成绩的影响指数，反映学校教育的作为。

2010 年学生社会经济背景对学业成绩的影响指数如下（星号数越多，表示学业成绩受家庭背景因素的影响越小）：

学科	上海五区	同类地区全国常模	全国常模
小语	★★★	★★★★	★★★★
小数	★★	★★★★★	★★★★
中语	★★★	★★★	★★★★
中数	★★★	★★★	★★★★
英语	★★★	★★	★★★
科学	★★★	★	★★★★

品德行为指数是通过采集学生问卷数据，进行数据分析得到的结果。良好的品德包括热爱祖国、自尊自爱、尊重他人、有诚信和责任心、遵守公德以及拥有关怀之心和公正之心。

学生身心健康指数是通过采集学生问卷数据和学校行政部门的调查，进行数据分析得到的结果。学生的身心健康主要通过调查学生近视率、肥胖率、身体素质及幸福感等指标来反应。

跨年度进步指数包括：学习动力进步指数、师生关系进步指数、学业负担进步指数等。变化的结果分为五级，分别用 -2、-1、0、1、2 表示。0 表示基本稳定，-1 或 -2 表示下降趋势，1 或 2 表示上升趋势。数值越大，趋势越好。

在对学生进行学业质量综合评价研究与实践的基础上，我们还要积极探索对学校和教师的评价，并与学业质量综合评价一起，形成市区宏观层面多样、多元的教育质量综合评价。同时，把宏观层面教育质量综合评价的技术与方法，迁移到学校，探索以校为本，基于标准和过程的教育质量综合评价体系。

重庆市教育委员会
减轻义务教育阶段学生过重课业负担
深入推进素质教育十项规定

为贯彻落实《国家中长期教育改革和发展规划纲要（2010—2020年）》、《重庆市中长期城乡教育改革和发展规划纲要（2010—2020年）》精神，深入推进素质教育，全面提高教育质量，切实减轻义务教育阶段学生过重课业负担（以下简称"减负"），促进学生生动活泼学习，健康快乐成长，为学生终身学习与发展奠定基础，办人民满意的教育，特作如下规定：

一、严格执行课程计划。学校要按照《重庆市义务教育课程计划》，开齐课程，上足课时。中小学每周开设4节体育课，合理安排大课间体育活动，保证学生在校期间体育锻炼时间每天不少于1小时。一、二年级每周安排2节写字课；三至九年级每周安排1节写字课；一至六年级每周安排音乐、美术课各2节（或艺术课4节）；七至九年级每周安排音乐、美术课共3节（或艺术课3节）；三至九年级综合实践活动课按课程计划上足课时。任何学校不得增减课程和课时，严格按教学计划组织教学，不得提前结束新课。

二、控制学生在校学习时间。学生上午上课时间，小学不得早于8:30，中学不得早于8:00。学生下午上课时间不早于14:00（边远山区学校可酌情调整）。严禁教师"拖堂"或采取其他方式挤占学生课间休息时间，严禁组织学生上早自习、午自习，严禁强迫走读学生上晚自习。寄宿制初中每天晚自习时间不超过2课时，晚自习不得上新课或集体辅导。保证小学生每天不少于10小时、初中生不少于9小时的睡眠时间。

三、提高课堂效率，严禁违规补课。进一步转变教学观念，加强教学研究，提高课堂教学效率。转变教师教学方式和学生学习方式，倡导启发式、讨论式教学，鼓励学生自主学习、合作学习、探究学习，确保学生在课堂内达成学习目标。学校不得占用节假日和休息时间组织或者变相组织学生集体补课，不得将校舍、设施设备等租(借)给社会机构和个人举办各类补习班、培训班，严禁在职教职工举办或者参与学生有偿补习活动，严禁组织、介绍、强迫或变相强迫学生参加有偿补习活动。

四、合理布置与指导学生作业。一、二年级不留书面课外作业，三至六年级每天课外作业总量原则控制在 1 小时以内，七至九年级每天课外作业总量原则控制在 1.5 小时以内。教师必须切实履行自主设计作业、合理布置作业、批改作业及反馈指导的职责，优化作业内容，创新作业形式，提倡布置口头性、差异性作业，注重作业的实践性、探究性。教师不得布置大量机械重复的作业，不得布置午间作业，不得以任何理由惩罚学生做作业。

五、控制学生考试次数和难度。一至六年级只能组织期末考试(考查)，七至九年级只能组织期中、期末考试(考查)，由学校或年级组织命题和实施。小学毕业考试由学校自主命题，自行举行。初中毕业生学业暨普通高中招生考试由市教委统一组织命题。所有考试试题都不得超出课程标准要求，严格控制考试试题难度。严禁以质量抽测等名义举行任何形式的区域性、全员性、全科目的学科统考或诊断性考试。学校不得举行或变相举行入学考试或其他形式的入学测试。

六、保证学生参加课外活动和社会实践活动。学校要建设好音乐、美术、科技、劳作、图书(阅览)及实验室等各种功能室和体育场馆，按标准配齐设施设备。要加强实验、实作等课程内容的教学。每天下午课后安排 1 节课外活动，组织学生参加体育、艺术、科技、生活技能训练、礼仪训练等课外活动及社会实践活动，培养学生创新精神和实践能力，确保每位学生在义务教育阶段掌握两项体育技能、一项艺术特长，培养一项科技爱好。任何学校和个人不得挤占学生参加课外活动和社会实践活动的时间。

七、规范学生教辅材料使用。要发挥教师的教学能动性和教材的核心作用，一、二年级严禁使用教辅材料，三至六年级提倡不使用教辅材料，七至九年级主要学科坚持“一教一辅”，其他学科一律不得使用教辅材料。鼓励学校开发校本辅导材料。严禁任何单位和个人组织学生统一购买教辅材料。

八、加强学生竞赛活动管理。义务教育阶段学校不得组织学生参加学科奥林匹克竞赛。严格控制学生竞赛活动，任何单位组织以学生为对象的竞赛活动必须报教育行政主管部门审批，未经批准，不得擅自举办，也不得组织学生参加。学生参加各类竞赛、考级的成绩，不得作为入学、分班和评优评先的依据。

九、坚持素质教育评价导向。教育部门不得对学校和教师下达升学人数、升学率或者其他类似指标任务，学校不得以任何形式公布学生的考试成绩，不得按考试成绩对学生排名。不得以升学率、学科考试成绩作为评价学校、教师和学生的唯一标准，不得炒作、宣传学校升学率。建立健全以素质教育为导向的学校质量标准、以发展为导向的教师能力标准、以“学习、实践、创新和主动适应社会”为导向的学生能力标准，建立和完善学校自律、教育部门监管、家长和社会参与的质量评估体系。小学学期、学年成绩实行“等级 + 评语”评价，初中学业成绩采取“等级 + 综合素质”评价。

十、强化督导与责任追究。市教委、市政府教育督导室将开展“减负”专项督导。区县教育行政部门要建立“减负”责任制，建立“减负”投诉、督查和责任追究制。对违反“减负”规定的学校和个人，予以批评教育，责令整改；情节严重的，当年评优评先、晋职晋级一票否决，责任人年度考核定为不合格；情节特别严重，影响特别恶劣的，校长予以撤职。市教委对管理不力、违规行为屡禁不止的区县，将予以通报批评，限期整改，并追究相关负责人的领导责任。

2011 年 9 月 2 日

三、新探索

"减负"，上海的接力行动

——2009—2011年上海区域素质教育推进报告

沈祖芸

近年来，我国的基础教育始终面对着负担过重的舆论压力，上海的实践体会是，减负不是简单的数字增减，而要一方面以规范办学来制止违背教育规律的做法，另一方面要激发区县和学校的活力和创造性，通过提高教育品质和教学效率使各项行政举措得以有效"落地"，并转化成校长和教师的创造性实践，从而实现减负增效。

为了进一步推进素质教育的贯彻落实，体现两级政府的责任和激发基层活力，2009年起，上海市教委着重"以区域推进素质教育"为重点，搭建平台，以"成熟一批，推介一批"的思路，分批宣传各区县如何从区（县）情出发，因地制宜地创造出符合教育规律，体现素质教育精神的区域经验。通过每学期的若干区域素质教育推进，上海的基础教育改革已呈现"百花齐放"的生动局面和"你追我赶"的竞争态势。

这些区域的改革举措精彩纷呈、特色鲜明，同时也集中体现出四方面的共性特点：一是各区的改革举措并非"一时之举"，而是在长期实践探索的基础上提炼而成，既有响亮的承诺，又有扎实的抓手；二是各区改革举措均聚焦教学、聚焦教师，着力突出"有效"；三是各区都以学生的成长作为改革举措是否取得成效的衡量标准，强调关注学生的全面发展，强调给教育教学过程注入丰富而多元的内涵，"以学生发展为本"的理念开始转化为具体实践；四是各区都开始关注社会资源的充分利用和家校关系的和谐建设，让家长、社会监督和参与学校办学，一起呵护学生成长，成为共同的选择路径。

静安区：杜绝无效负担　倡导"经历"育人

承诺：教学"堂堂清"，小学低年级不带书面作业回家

□ 开展学习生活质量常态化调查

□ 重视学情分析，实施有效作业和有效辅导

□ 推行丰富经历的“N项体验行动”，开具学生“健康运动处方”

素质教育的实施是一个综合的、复杂的社会问题，但作为教育工作者却负有不可推卸的责任和使命。长期以来，静安区教育局以“减负增效”为突破口，推动区域内各级各类学校展开实践研究，并初步形成了以“素质教育为目标”的“轻负担、高质量”的学业成就观。

学业成就的提升，必须以学生身心健康发展为前提；必须从取得学业成就的过程方法、投入产出等相关因素加以综合认定；必须重视个性化教育、体现个性化特征，让每个学生、每所学校都在原有基础上取得进步。这是静安区教育工作者形成的共识。

新学期来临之际，该区向社会郑重承诺：重视学情分析，精心设计作业，有效做好辅导，力争教学“堂堂清”，小学低年级不带书面作业回家。

该区教育局局长陈宇卿表示，调研显示，目前教师对课堂的掌控“涛声依旧”，学生的基础和需求对教师教学设计的影响微乎其微。由于教师对学生的学习基础、心理需求、发展潜能关注度不够，无法对学生的学习状况作出科学评断，更无法创生出有利于其个性发展的学习条件。课堂中教与学脱离的现象较为严重，是导致学生过重学业负担的原因之一。

提高教学有效性是减轻负担，推进素质教育的重要策略。为此，静安区教育局提出“抓两头”：一是要求教师在上课前精心做好“学情分析”，强化“为学生而教”的思想；二是要求教师进行“作业设计研究”和“有效辅导研究”，目标指向学生个性发展。

陈宇卿说，做好“学情分析”，就是要求教师备课时，分析所学材料在教材中的位置、特点、重点和难点，把握学生学习这些内容前具备了哪些基础，会出现哪些困难，班级学生存在的差异以及教师原有经验等。另外，对学生的学习基础、需要和可能的分析，区教育局还将提出具体化、系统化、显性化的要求，从而提高各科教学的有效性。

作业的布置与批改作为教学过程的重要环节，已经成为教师关注的焦点之一。教学实践中大量不必要的作业量是使学业负担加重的原因之一，这与教师对作业不加选择不加设计和不加研究有关。为此，静安区从去年起，每学年集中两次对教师进行“作业设计研究”的培训，要求教师布置作业必须经过精挑细选，要求教师不布

置无效或低效作业，在布置作业前自己必须先做一遍。陈宇卿说，我们提出“坚决不把教辅材料作为学生必备的学习手册”，鼓励部分学校的部分学科开始尝试根据学生的实际情况设计个性化的可选择的作业。同时，通过每学期的综合督导、专项督导、常态调研对全区教师进行作业布置的督查，并要求各校逐步建立作业布置的自我监控体系。

在此基础上，静安区还将进一步完善已开展四年的“学生学习生活质量常态化调查”。调查以“课业负担重不重”、“心理压力大不大”、“睡眠时间够不够”、“是否喜欢学校生活”等为主要内容，不仅关注到学生学习生活的客观现状，而且对学生在学习过程中的兴趣、动机、情感、态度等也给予了充分重视和全面考察。调查的结果成为反映学生发展状况和考量教师教学和学校办学情况的重要指标。

杜绝无效负担，倡导“经历”育人。为突破课程学习内容的单一指向，关注学生在人文科学道德等诸多方面的经历体验，关注其在校内外生活的多样性，静安区还将在本学期建立“中小学生需要经历的 N 项体验活动”项目组，从发展学生科学素养、人文素养、体育素养和公民素养等方面入手，利用各种社会教育资源，设计种种体验活动，使之趋于课程化，做到有目标、有内容、有步骤、有重点、有评价。另外，该区还将进一步实施“中小学生‘健康运动处方’实验项目”，组织并指导学生根据“健康运动处方”开展科学锻炼。

徐汇区：减负少加法增效多乘法　严禁触红线坚决守底线

承诺：提升效能“八举措”，关注学生“三字经”

☐ 教学质量绝不以牺牲学生体质为代价，对落实体育课表“动真格”

☐ 消灭较差课、减少一般课、增加优质课

☐ “一课一练”不进课堂，精选精编学生练习

通过承担市教委重点课题《新课程实施的区域推进策略改进研究》为纽带，徐汇区聚焦内涵发展，已形成“千军万马”参与课堂教学改革实践研究的局面。在以科研为引领的推进过程中，该区创建融德智体为一体的大课堂，坚持减负增效“少做加法，多做乘法”的基本思想，促进学生的全面发展。

减负要少做加法，就必须从“认真执行课时计划”这一看起来“小儿科”却又是最基础的环节抓起。“我们要求教师树立起‘不随意调整课时计划，把德育活动有机融入课堂，就是减负；不依赖加课、补课提高课堂教学质量，就是减负；在把体育课、实验课和社会实践活动还给学生之后，依然保持原有高水平，就是减负’的观念。倡导每个教师上好每节课，向45分钟要效益、要质量。”该区教育局局长王懋功向记者介绍了正在全区推行的“减负质量观”。

为此，徐汇区今年将组织学科骨干教师建立“学科德育”基地，开展学科德育的“百题研究”，探索学科德育的有效途径，通过骨干教师的示范，帮助教师提升落实三维目标的教育能力，从而有效提高德育的针对性和实效性。为增强课堂教学的有效性，今年该区将启动示范性学校“学科高地”建设工程，以此作为引领课堂建设的标志，组织领军人才和学科带头人开展学科教学规律的研究，探索符合素质教育思想的课堂教学基本规律，并把提高“非考试课”的质量作为提高教育质量的突破口加以研究。为确保增强学生体质，该区提出“教学质量绝不以牺牲学生的体质为代价”。区教育局在连续两年对全区中小学校“三课二操二活动”情况进行“飞行检查”的基础上，今年将开展专项督查，对落实体育课表“动真格”。

增效要多做乘法，就必须从遵循科学规律的研究，提升教育有效性上入手。王懋功介绍说，全区要把师德建设落到实处，增强与教学质量正相关的师生和谐、生生和谐的有效作用，减弱与教学质量负相关的大运动量作业的负面影响。今年区教育局将加大对班主任工作的指导，发挥“班主任带头人”的示范作用。为提升每个教师的课程执行力，教育局将继续组织对学科教学内容的统整，提倡教师“为了教好一本书，自己多读几本书”；针对课业负担过重的顽疾，区教育局将组织力量研究并改进教学方法。王懋功说：“我们必须认识到，高质量的教育方法‘千千万万’，机械的方法是超负荷大剂量的‘训练’，而科学的方法必然是轻负担的有效教学。”

近年来，徐汇区坚持“不碰红线，确保底线，争取出线”的考核原则，制定并实施了促进各个各类学校持续发展的学校年度绩效考核和评价制度。该制度包括以“红线”和“底线”为保障的制约机制，以“出线”为导向的动力机制，以各级各类学校按比例考核的评价机制、以综合评价和专项奖励相结合的考核机制，有效促进了素质教育纵深的可持续发展。

据王懋功介绍，对于规范教育收费、教育经费管理等必须严禁的“红线”指标采取一票否决；对于教师师德建设和学生犯罪率等必须实施的“底线”指标要求不折不扣；而对于推进有难度、突破有起色的“出线”指标则激励学校积极投入，并根据学校实际实现特色发展。今年，该区教育局将在原有工作的基础上，重点推出提升效能“八举措”和关注学生“三字经”。具体如下：

第一项举措是关注学生自主发展，促进“三养成”，即学生思想行为、学习习惯和学习方法的养成。

第二项举措是认真备课上课，课堂教学体现“三侧重”，即侧重规范、侧重过程、侧重反思。

第三项举措是加强“推门课”的检查，提升课堂教学有效性的“三目标”，即消灭较差课、减少一般课、增加优质课。

第四项举措是节假日不上课，平时上好“三类课”，即常规的新授课、复习课和讲评课。

第五项举措是每天体锻活动一小时，执行课时计划确保“三种课”，即确保体育课、开足实验课、丰富活动课。

第六项举措是“一课一练”不进课堂，精选精编学生练习，并强调学生作业“三类题”，即精讲例题、精选习题、精编试题。

第七项举措是因材施教，教学要求满足“三类生”，即关爱学困生、面向中间生、提高优秀生。

第八项举措是促进学生个性发展，做好兴趣发展“三个有”，即人人有项目、班班有团队、校校有特色。

卢湾区：整合区域资源，还素质教育时间与空间

承诺：帮助学生实现“我的时间我做主”

☐ 调整课时安排，确立每周五为“创新实践活动日”

☐ 优化评价方式，培育健康科学的质量文化

☐ 找准突破重点，倡导百花齐放的校园创意行动

学生的课业负担为何总是减不下来？创新人才为何无法脱颖而出？素质教育的推进为何总是举步维艰？卢湾区教育局局长唐海宝的回答是，“因为我们始终不敢破釜沉舟地真正还素质教育以时间和空间，很多时候我们不敢调整课时，不敢打开校门，不敢给学生更多的自主权利，这样素质教育自然无法阔步向前。”

新学期伊始，卢湾区教育局在统一思想的基础上，决定“向时间叫板，为素质教育腾出空间”。该区将整合区域内的社会资源，调整课时安排，确立每周五为“创新实践活动日”，腾出半天，让中小学生走出课堂、走出校园，开展自然科学与人文社会科学并举的素质教育创新实践活动，帮助学生实现“我的时间我做主”。这也是该区贯彻落实前不久召开的上海市校外教育工作会议的一项实质性举措。

区域面积堪称“袖珍”的卢湾区，却集聚着融海派文化与历史传统于一体的丰富的社会资源，尤其是富有深厚自然科学底蕴的上海市科学会堂和极具人文社科实力的上海市社会科学院都在辖区之内，这些社会资源早在多年前就与该区不少中小学展开深度合作，开展内涵丰富、形式多样的科学教育特色活动。据唐海宝透露，从本学期起，卢湾区将智慧调整课时安排，充分利用每周五的“创新实践活动日”时间，突破固有教育体制和机制限制，整合社会资源和家长资源，发挥区青少年活动中心的枢纽作用，让每个学生动起来、想起来、创造起来，激发每个学生对自然科学、社会科学和人文科学的浓厚兴趣，旗帜鲜明地为区域推进素质教育刻下“科学教育”特色烙印。

“让科学探究与课堂同行，让创新梦想与生活相伴”。在每所学校都动起来的“普及”基础上，该区教育局还将与区科协、区人保局共同联手依托上海市科学会堂英才俱乐部设立“卢湾区创新后备人才培育中心”，建立“区青少年活动中心科学与人文实验基地”、“向明中学创造教育实验基地”和“卢湾高级中学生命科学教育实验基地”等三大主题基地，为对科学产生浓厚兴趣的青少年搭建学习、体验、展示的平台。与此同时，为保障该项目的开展，区教育局决定每年投入专项资金 200 万元，区科协和区教育局也已聘请来自“院士中心”、市社科院和 183 个科技类专业协会的专家教授，以及来自全市实验性示范性高中的资深科技辅导教师加盟带教专家队伍。

除了以整体推进科学教育为特色外，卢湾区还将围绕“还素质教育时间与空间”的思路，优化评价方式，培育健康科学的质量文化。所谓健康科学的质量文化，就是要将“以学生发展为本”作为出发点，深入了解“学生所喜欢的教师和学校”。本学期该区将通过智慧型教师的评选与推介，推动师生关系的和谐和智慧型课堂的生成。

素质教育的落实一方面需要区域整体推进，另一方面更需要每所学校从不同的校情出发，抓准各自的突破重点，寻找切实减轻学生过重学业负担的不同路径。为此，卢湾区还将倡导每所学校展开校园创意行动，让素质教育的推进呈现因校制宜百花齐放的景象。

闸北区："减负"成为学校和教师考核的重要指标

承诺："减负"不力情节严重者一票否决

□ 邀请学生、家长和社区参与测评，参与监控

□ 校长不能"唯分是图"，要引导教师优化教学策略

□ 将优质成果转化为教师教学行为"基因"，为经验增值

新学期伊始，为进一步推进区域教育质量的提升，有效破解制约素质教育推进的瓶颈问题，闸北区教育局已将"减负"纳入义务教育阶段中小学的考评体系，确保教学质量的提高和课业负担的下降。

闸北区教育局局长顾筱璞告诉记者，本学期开始，切实减轻学生过重课业负担，不仅纳入学校办学考评体系，而且将作为其中一项重要考核指标，对校长、教师和学校提出具体要求。校长是"减负"的第一责任人。校长不能"唯分是图"，而要确立正确的办学观、质量观和绩效观，要了解学生的课业负担，要引导教师不断优化教学策略，建全和完善学校教学常规管理的各项制度，提高课程领导力。"减负"考评还面向一线的每一位教师：对违反教学规律、教学不认真、效益低下、学生反响强烈、家长不满意的教师要进行严肃批评，对于经过教育仍无改观的教师，将按有关规定进行处理，直至调离教师岗位。对于"减负"不力的学校，在学期和年度考评中将实行一票否决。

据了解，该区的"减负"考评内容，将不仅涉及课后作业，更对提高课堂教学质量和效率、从根本对"减负"的全过程提出"量化"要求。任何学校和教师都不得任意增减课程和课时，语数外等考试学科，不得挤占音乐、美术等非考试学科的课时。教师备课不能照搬教参，反对照本宣科。在课堂上，要采取多种方式激发学生的学习兴趣和求知欲望。凡是布置给学生的课后作业，教师必须事先认真做一遍；对于各种

公开出版的练习材料，必须结合学生实际，在进行必要的增删、调整和重组之后才能成为教师教学的辅助工具。课后辅导要有针对性，加强对学习困难学生的个别辅导，严禁大面积补课。区教育局将定期通过问卷调查、学生测评、家长和社区打分等方式和途径，对学校“减负”工作进行监控。

推行“减负”考评，最终目的是引导所有教育者重视学生课业负担问题，潜心提高教育效能，促进学生素质的全面发展。闸北区还将组织专家深入课堂听课指导，手把手帮助老师提高教材处理和教学环节设计的能力，提高课堂教学效益；通过政府购买服务，帮助有需求的学校引入其他学校的优秀办学成果；通过组织培训和实践操作，将优秀成果逐步转化为教师的教学行为，帮助教师解决教学经验积累和增值问题。

黄浦区：从“成长需要”出发让学生喜爱自己的学校

承诺：满足不同个性学生对教育的发展需求

□ 创设尊重的氛围，研究学生的“喜欢”

□ 满足个性化需求，为学生提供特色选择

□ 改变培训模式，倡导做学生喜欢的教师

长期以来学生一直在“被要求”让教师喜欢、受学校欢迎，部分学校尚未真正考虑受教育主体的感受。“教育是为了学生一生的幸福”，黄浦区教育局局长王伟鸣表示，学生是否喜欢学校？是否感到幸福快乐？这不仅成为摆在教育工作者面前的现实命题，更是成为当前教育教学改革的关注重点。

新学期伊始，黄浦区作出了进一步推进素质教育的郑重承诺：树立“成长比成功更重要”的理念，满足不同个性学生对教育的发展需求，从“成长需要”出发，让学生喜爱自己的学校。

（一）研究、尊重并引导学生的“喜欢”

喜欢是一种发自内心的情感体验，是一种获得精神成长的原动力。王伟鸣认为，一所学校要让学生喜欢，至少包含几个方面：第一，要有喜欢的课程。在现阶段，学校教学的主要形式还是课程化的教学，要让学生喜欢学校，至少有部分课程或一门学科让他喜欢。第二，要有喜欢的人——老师和同伴。有些学生特别是低年级的学生，他所表达的喜欢的课，其实质是喜欢这门课的老师或对这门课有共同爱好的同伴。第三，要有喜欢的活动环境。学校的办学特色、丰富的实践活动和独特的校园文化环境，也是学生乐学爱校的重要方面。

基于这样的基本认识，黄浦区从新学期起，鼓励区域内的每所学校从多方面入手研究、探索、实践学生的“喜欢”。首先，努力营造尊重学生的宽松氛围，创设平等的新型师生关系，让学生愿意、能够、敢于表达自己的真实想法。其次，采用科学研究的方法，采取大样本、长周期、对学生来说是自然的或不知觉的调查研究法，积累大量数据并从中提炼出“学生喜欢”因子，力求得出趋近真实的结果。第三，开展深入细致的观察分析。通过对长期校园生活的跟踪，从学生喜欢看的书、喜欢唱的歌、喜欢的运动、喜欢的明星、喜欢的活动等各个不同侧面来观察研究学生的喜好。

（二）创建特色，让学生喜欢学校

教育底蕴深厚、教育资源丰富、老校名校云集，是黄浦教育的特色。近年来，该区确定了创办与区域经济社会发展水平相适应的、以“精、特、优”为标志的都市型精品教育的发展目标，使得区域内每一所学校基本实现优质均衡发展：以“共同体”为载体，充分发挥3所市级示范性幼儿园的示范、辐射、引领作用；发挥4个“教育协作块”的主导、引领作用，推动了小学校际联动与团队合作；优化教育“协作链”机制，发挥了实验性示范性高中的示范辐射作用和“协作链”初中的主观能动性，形成自主发展、自我提高的新机制。

随着内涵发展的不断深入，黄浦区愈发清楚地认识到，要让学生喜欢学校，学校自身必须要有吸引学生的特色。为此，新学期起，该区明确指出，学校要坚持特色发展，每校都要形成特色学校建设目标。特别是高中，不同学校按各自的特点、水平和可能，强化自己的特色，使高中学校之间减少同质竞争，为学生提供特色选择。通过不同的办学特色，满足不同个性特长学生的选择性教育需求。

在形成学校特色的过程中，要注重培育学生团队，让学生拥有个性得以充分发展的天地。学校要为学生提供自由的空间，让学生发挥创造性，让学生做自己喜欢的事，培养学生的合作精神、团队精神和组织能力。

（三）充分选择，让学生喜欢课程

学生之间存在差异，也有个性化的需求，满足学生个性化的选择是优质教育的重要标志，也是增加学生从成功思考中获得快乐可能性的有效途径。为此，黄浦区将从新学期起，鼓励学校探索如何为学生提供丰富的选择性课程的有效机制。在三类课程中，最大限度提供可供选择的课程，让学生有选择地学习，使不同的学生都能选择到适合自己发展的、感兴趣的课程。同时，在此过程中培养学生学会选择的能力。

个性化课程、个别化实践越丰富，学生个性化需求越能得到满足，学生对学校的喜欢度也就越高。为满足学生个别化的实践需求，该区将着重加强基础性实验环节和实验员队伍建设，由区教研室对实验员进行业务培训与管理，提高实验员的业务水平。力争通过一段时期的努力，建设一流的、具有探究和创新价值的实验、实践环境，满足学生个性化的设计、制作加工、试验等实践需要。

与此同时，从下学期开始，该区还将计划用三年时间建设区域性的共享课程，建成网上课堂。今后，区域内所有学生将足不出校，便可跨入各个学校、不同老师的课堂，实现课程的充分共享，同时，这也将成为教师们研修、学习、交流的专业平台。

（四）激活动力，让学生喜欢教师

真正实现教育的优质均衡，关键在于教师。有研究表明，对教师喜爱或信任与否是让学生乐学或厌学的重要原因之一。教师整体水平的提高，既要靠“硬功夫”，也要靠“软环境”。“硬功夫”就是要提高教师的教学水平和教学技能，而“软环境”就是要通过人文关怀，让教师体验成就的快乐。为此，黄浦区将从三方面入手整体提升区域内师资队伍质量。

首先，“名师工作室”蹲点中小学。丰富的名师资源通过“名师工作室”的运作机制，已发现、孵化、培养了一批具有潜力的教师后备力量，并成为黄浦教育的一个亮点。从9月1日起，黄浦区实施第三轮（第一轮以研究为主，第二轮以学习为主，第三轮以蹲点为主）的11个名师工作室，17位特级教师和69名名师工作室学员，将采取新的运作机制，深入12所中小学（每校平均涉及三门课），指导教学，指导教师，发挥特级教师及其团队的作用。在课堂教学实践中，既提高被指导学校的教学水平，又锻炼名师工作室学员。按已制定的计划，蹲点学校还将每学期调整一次。

其次，提高教师教学技能的精致化程度。从新学期起该区将改变传统的教师培训模式，以典型课例为教材，精致化地听课、评课、上课，全面参与，全员互动，让教师们在教学中学会教学，提高课堂教学水平，提高课堂教学效率，以期用最少的时间达到教学目的。

第三，倡导做学生喜欢的教师。当前，教师面临着很大的压力，而教师的工作只有是在轻松愉快的环境下进行，才能取得良好的效果，才能激发教师的创造性，才能使教师从内心迸发对学生的爱，关注教师的情绪，让教师在快乐体验成就将成为新学期的重要工作。

长宁区：激发学习兴趣　体验快乐成长

承诺：从优化课程入手，减负不减质，增效更增值

- □ 小学设立每周一天“快乐拓展日”
- □ 高中形成跨学科糅合“主题轴”
- □ 引导学校关注特色和教师专业成长

“减负不减质，增效更增值，让每个学子在基础教育阶段掌握更多知识、拥有更多经历，点亮更多智慧”，这是长宁区在新学年伊始向社会作出的郑重承诺。为了这个承诺，该区从优化课程入手，推出了一系列素质教育新举措。

（一）“快乐拓展日”，挖掘阅历的厚度

经过半年多深入调研，长宁区在广泛听取学校教师、学生、家长和社区建议后，正式确定：自 9 月 1 日起每周三为全区小学“快乐拓展日”。“快乐拓展日”当天上午以基础型课程为主，下午则以学生自主选择的主题式、体验式、探究式课程活动为主。

每周三将成为“长宁小学无作业日”，所有年级均不布置书面回家作业，取而代之的是主题式“长作业设计”。所谓“长作业”，就是对教师当天布置的作业无需第二天就交，而是需要通过在一段时间亲身体验来完成的综合性作业。比如，在愚一小学，教师布置了一道题，要求学生了解“家庭水电煤一周使用情况”，并设计一份节能

环保的可行性方案。这样的“长作业”让学生在实际生活中学会应用数学知识，达到学以致用。这种多样化的作业设计既是课程内容、年级序列、教师资质、评价方案等方面的综合呈现，也是整合学校、社区、家长等各方资源的个性指向，目的在于使学生“学修一体”，在体验更多社会角色中，掌握知识，增长智慧。目前，该项工作已在愚一小学、江五小学、长宁实验小学等7所小学中先行试点。

一天无作业，是否意味着四天加作业？面对这样的疑问，长宁区教育局局长贾炜表示，虽然在方案设计上明确规定其他四个学习日不应额外增加作业量，但在实际操作过程中需要学校、家庭、社会的共同努力。为此，长宁区在推出“快乐拓展日”时，一方面要求每所学校制定较为详细的学校总课程计划和“快乐拓展日”活动方案，做到规划引领、分步推进、有序实施；另一方面，通过班队会、家长会、家长告知书、学校宣传栏等途径，向学生、家长、社区宣传“快乐拓展日”课程活动，并制定了翔实的学生和家长建议书，引导学生学会合理安排自己的学习时间，转变学习方式，发现学习优势，提高学习效率；引导家长明确“短作业”与“长作业”的关系、学业负担与学习效率的关系、知识获得与能力发展的关系、自主学习与合作交流的关系，以及课堂学习时段与快乐拓展活动之间的关系等，促使家长转变教育观念，成为孩子快乐学习、健康成长的后援力量。

同时，“快乐拓展日”活动将着力开发和有效利用社区资源，拓展学生学习空间，体验社会角色，着力培养学生的学习力、创造力和合作能力。

（二）“主题轴”课程，增加创新的强度

如果说“快乐拓展日”统整了小学阶段拓展型和探究型课程全部课时，让小学生获得成长的快乐体验，那么高中“主题轴”式学生综合素质课程群的构建则是引导区域内高中形成鲜明特色，提高学生学习力、创造力和协作力的重要途径。贾炜告诉记者，在知识经济时代，高中生只有拥有了好奇心和求知欲，才能真正实现自主、有个性的发展，而现实生活中“万校一书”的课程体系和“万人一面”的培养方式恰恰扼制了学生的学习兴趣，因此创建重基础、多样化、有层次、综合性的课程结构是高中内涵发展的题中之义。

所谓“主题轴”，即精心选择并组织与学生“个体社会化过程”密切相关的社会性

主题的核心概念(即“轴”),以此为基本构架,整合人类学、经济学、地理学、历史学、哲学、政治学、宗教和社会学等学科内容,以及人文科学、自然科学中适当的内容。“主题轴”中的“主题”是因校而异的,每所高中可以根据学科优势或学生特点确定不同的主题,比如复旦中学以“文化”为主题、市三女中以女生教育为主题等;而“轴”既是一种联系纽带,将多学科或跨领域的知识加以糅合,使其具有相当的整合性,再由这几个主题轴“成组”构成一个相对完整的课程模块,同时“轴”也是一种运作方式,以若干个主题轴为核心,课程内容由浅至深,呈螺旋式发展。

值得一提的是,这样的课程体系是基于学校自身发展特色的校本课程体系,它促使所在学校的学生获得学科知识迁移的机会,增加学科综合学习的经验,发展跨学科的知识理解和运用能力。同时,“主题轴”理念的引入,也针对了当前部分高中研究型课程“形同虚设”的现状,使得研究型课程既能得到有效落实,又赋予了不同类型高中一定的弹性空间。另外,通过“主题轴”校本课程体系构建,为教师教学理念和行为方式的转变助力,提高教师对于学科核心知识的总体统揽与跨学科整合能力,并在与大学专家合作中,更新和优化学科教师的专业知识,改良教学方式,优化学习方法,提高教学效益。

(三)关注教师成长,拓展能力的宽度

无论是小学“快乐拓展日”的实施,还是高中“主题轴”课程体系的建立,都需要通过教师的教学活动来实现,因此,教师的能力提升与专业成长就显得尤为重要。为此,长宁区教育局在“问诊”的基础上,制定了全区性的教学基本规范。教学基本规范指的是对教学展开的基本流程进行分析,从中归纳与提炼出能提高教学有效性的教学基本行为,而教师的教学行为又分为“不可接受状态、可接受状态和理想状态”三种。该区要求,“不可接受状态”是指连上课的基本要求都无法实现的教学行为,这是红线,教师不可触碰,并作为评判教师基本素养的标准。“可接受状态”是实现教学有效性的最基本要求,这是底线,它将作为整体推进区域教学质量的基本要求。“理想状态”则是上线,通过总结优秀教师的教学经验,作为激励教师奋发有为,追求卓越的目标,从而实现长宁基础教育的可持续发展,提升长宁基础教育的品质。

据悉,该区还将在总结前一阶段区域教师“刚性流动”试点经验的基础上,进一

步完善师资队伍准入、培养、流动、考核、任期等方面的制度框架，为不同教龄的教师设计给予专业支撑的职业发展规划，并计划通过每年一次的教师专业素质与能力测试，确保长宁师资队伍的整体水准。

与此同时，“快乐拓展日”和“主题轴”课程体系都将成为提升校长课程领导力的重要举措。校长课程领导力是对学校课程的总体统揽能力。长宁区通过这两个实施载体，旨在促使校长领导教师创造性地实施课程，全面提升教育质量的能力，包括构建课程文化、优化课程结构、规范课程设计、开发课程资源、提升课程执行力等。

杨浦区：创新让每一所学校充满生机

承诺：为中小学生搭设步步关爱的成长阶梯

□ 与高校合作办学，开辟一片“创智”天地

□ 与学段无缝衔接，寻找一方成长“绿洲”

□ 与小学组团推进，引入一池资源“活水”

从“老工业基地”到“知识创新区”，随着区域功能定位的“华丽转身”，高校云集、资源丰富、积淀深厚的杨浦教育正积聚着一股迸发的能量。2009新学年伊始，该区宣告依托高校，实现资源共享，着力培养中小学生创新精神和实践能力，并在各学段“衔接”上做文章，履行“为中小学生搭设步步关爱的成长阶梯”的庄严承诺。

（一）创新试验，开辟一片“创智”天地

开学第一天，上海财大附中“基础教育创新试验区实验基地金融实验室”隆重揭牌，上海市教委会同杨浦区、上海财经大学领导等出席仪式。与此同时，上海理工大学附中的“机器人实验室”也将作为服务全区基础教育创新试验的基地对外开放。这标志着杨浦区创建“上海市基础教育创新试验区”工作全面启动。

与此同时，地处新江湾城的同济大学一附中依托同济大学环境管理学院，把“节能减排，营造绿色校园”作为总课题，努力追求学校与社区环境的和谐共生，同步发展。为此，该校已与同济大学相关实验室建立密切联系，部分具有国际水准的实验室将成为该区基础教育创新试验实验基地面向中小学开放。

在葛剑雄教授的协调下，复旦大学图书馆的丰富馆藏资源正成为杨浦区特级教师、学科带头人和部分优秀学生的学习资源。开学伊始，复旦大学图书馆为师生们颁发图书借阅证并授予部分电子图书的使用权限。上海市青少年科学院沪东分院正在积极筹划用于研究性学习的自动化仿真实验室一期工程，并与区域内高校频繁沟通，签订了可用作中小学科学、劳技等课程实训基地的正式协议。

近年来，“大教授进小课堂”，在杨浦区中小学校中已不是新鲜事。葛剑雄、王德峰、陈思和、骆玉明、丁光宏等一批知名教授的通识教育系列讲座使莘莘学子大开眼界；“小课堂搬进大学堂”令许多学生有幸成为名校实验室的“常客”，部分学生还拥有了师从大学博导进行研究性学习的经历。在校本课程建设中，将高校的特色优质课程资源移植过来，开设高中启蒙课程，建立专业衔接机制，如杨浦高级中学邀请高校学者、专家带领高中学生进行研究性课题的研究，取得了出色的成绩；同济大学派出专业教师到同济一附中，为中学生开设基础德语、三维动漫设计等课程；上海理工大学把机器人、计算机专业等课程，向高中年级选修课延伸。自上海市教委命名杨浦区为上海市“基础教育创新试验区”以来，该区以更加理性、有序和有效的方式探索并深化与高校合作办学的试验。

记者从该区制订的“基础教育创新试验区三年规划”中看到，联合高校开展课程建设、科教创新服务平台建设、师资队伍以及开展评价改革等构成了基本内容。复旦附中、交大附中、同济一附中、上理工附中、财大附中、体院附中等一批具有历史文化和办学特色的大学附中在与高校合作办学中将更加有为，而控江中学、杨浦高级中学等一批区域优质教育资源也将力求拓宽教育创新思路，探索合作办学的新途径。以上海市青少年科学院沪东分院为平台的科技教育创新试验将把科学普及教育和科技创新后备人才的培养有机结合，最大限度地整合区域范围内的科技教育资源，为更加广泛的区域提供高质量的科技教育服务。

作为“基础教育创新试验区”，杨浦区把创新型教师培养放在非常重要的位置。为此，该区教育局分别和复旦大学、华师大、上师大及上海体院等多家高校签订协议，尝试通过有针对性的培训强化教师的创新意识，提升教师的创新能力。如上海师范大学教育学院与杨浦区教育局合作举办小学科学教师学科专业知识培训，以充分利用上海师范大学优质资源，提升杨浦区科学教师的整体水平。

该区教育局局长王平告诉记者，基础教育创新试验，绝不是仅仅提供少数竞赛尖子生，而是着眼全面提升学生人文精神和科学素养的基础上，为社会培育尽可能多的创新型后备人才。

（二）幼小衔接，寻找一方成长“绿洲”

为了不让孩子输在起跑线上，越来越多的家长让孩子在学前就开始大量识字，奥数、英语正逐渐侵蚀占据孩子的游戏时间。一味拔高起步阶段学习的难度与要求，匆匆地追赶学习进度，却无暇关注孩子学习兴趣的激发与习惯的养成。杨浦区直面幼小衔接教育中种种问题，针对教育现实的症结，开展《区校联动、幼小结对——区域整体推进幼小衔接》实践性课题，以课题引领实践，积极践行“遵循儿童身心成长、认知发展的规律”、“让课程适应、促进儿童成长发展”的教育理念，提出“让孩子快乐轻松上小学”的幼小衔接要求。在幼小跨学段的协作探索中回答：如何设置、调整、实施园校课程以适应孩子发展的需求？如何打破学段壁垒，合幼小教师之力，实现孩子跨学段后心理、行为等多方面的平稳过渡？如何帮助家长缓解心理焦虑的情绪，建立积极的亲子互动关系，营造良好家庭氛围，让孩子顺利渡过其人生中的第一次转折……

短短一年间，幼小衔接实践迈出了坚实的一步。区域推进着重就建立幼小衔接工作机制，开展跨学段教师培训，优化衔接期幼小课程的实施、开展家庭教育指导等进行深入探索。杨浦区落实《上海市小学一、二年级课程调整方案》的文件精神，结合区域实际，进一步优化一年级课程实施：开设一年级综合活动课程，以兴趣培养、习惯养成为重点，具化、细化，梳理成“行为观测点”，以综合主题为载体，以游戏活动为主要实施形式，落实行为观测点培养目标，帮助孩子逐渐适应、顺利过渡。制定形成《杨浦区一年级学习准备期实施方案》，汇编学校具体实施案例，推进了区域的整体探索；与此同时，对一年级基础型课程，特别是语文、数学、英语学科，进行了难度降低、进度放慢的适度调整。结合学科特点，梳理习惯养成要点，对听、说、读、写、问等习惯，进一步具体化、序列化，由易入难，循序渐进，学科统整、渗透，积累养成。此外，该区进一步将准备期课程的要求拓展延伸至一年级一年。为做好学习准备期，该区建立专题网站，集聚智慧，共享资源，邀请了本市医学专家为小幼教师做“幼小衔接期孩子认知特点、身心发展规律”、“衔接期儿童常见的心理与行为问题”的专题报告，开展全区小幼教师“学习准备期”、“入学预备期”的培训，开辟网上专题论坛，接受家长“幼小衔接”在线咨询。区本化的管理使各校的起步有章有法，校本化的实施又使学校课程个性鲜明、多姿多彩，“衔接”成就了学生的精彩起步。

该区教育行政部门牵头，组织区域内13所小学、13所幼儿园结对，开展跨学段的试点协作，选择衔接难点问题重点攻关。如幼小学生学习方式衔接、心理适应、规则意识建立与培养的衔接实践等。控江二村小学与控江幼儿园的教师结对，定期互研互访，了解彼此学段的培养目标、特点、课程要求、实施方法。在共同的办学特色——科技教育中探索有效衔接的结合点，控二小学在一年级综合活动课程中设计了“科学探究”板块内容，通过科技活动和科学小实验，培养学生探究精神和实践能力。通过看一看、做一做、玩一玩，使学生对身边的科学现象产生好奇心，形成个体学习的经历和体验。学校建立了“探索教室”，依据“科学探究”板块课程内容，精心设计操作台、实验角、生物园、展示板等活动区角，为孩子创设探究实践的环境，提供有效活动材料。

（三）组团联盟，引入一池资源“活水”

自2005年起，杨浦区已先后成立了打虎山路第一小学、杨浦小学、控江二村小学、上理工附小等四个小学教育集团，以“促进均衡、辐射品牌、资源共享、提升内涵、特色共建”为基本思路，以区域内名校为核心校，联合几所学校组建“教育集团”，通过名校引领，资源共享，集团内的校际互动合作，促进集团各成员学校的共同发展。发挥名校品牌效应，进一步扩大区域内优质教育资源的示范和辐射，提高集团学校的整体办学效益，让优质教育惠及杨浦的莘莘学子。

2009年4月，该区教育局将进一步深化教育组团式实践，组建由上理工附小、水丰路小学、水丰路小学分校、长白二村小学分校、内江二村小学等5所学校构成上海理工大学附属小学教育集团，实施“名师统筹，资源共享，优势互补”的策略。从这个学期开始，上理工附小教育集团根据实际情况，先在集团内试点推行水丰路小学、上理工附小的校本特色课程《生活与德育》、《心理健康教育》，共同分享两校的课程成果，统一课程设置，制定大课表。水丰路小学、上理工附小两校将派《生活与德育》、

《心理健康教育》课程教师，到集团内其他学校开展游教活动，每月两次送教上门，帮助各校有效地实施课程。开展集团内特色课程培训，并由水丰路小学、上理工附小准备相关年级的教材课件、教学计划、教学进度和教学建议，与其他学校共享。

教育机制的创新，给教育带来了发展，为学校注入了动力，为百姓创造了福祉。自2005年创建第一个教育集团开始，每一个教育集团的诞生都是一次决策的创新。

其一体现为以名校带动薄弱学校。以名校的品牌和质量效应辐射带动薄弱学校的办学水平提升。控江二村小学每年派遣4位优秀教师到集团内的控二分校，进行为期3年的送教，通过优质教师资源的“输血”和“造血”，激活整个集团联盟体的机能，提高教育质量。

其二体现为集约化、规模化、科学化的教育创新管理。以组团式管理，提高学校竞争力和教师生命的活力。杨浦小学教育集团在实践中，围绕“有效教学”主题，实施师资联培、教研联动、课程连锁的管理，为杨浦今后进一步推进教育改革提供更广阔的思路。

其三体现为教育集团管理模式的多样性。四个教育集团的管理模式不是一成不变的，而是根据不同时期不同对象的情况，一切依据实践需要进行。打一小学教育集团历经了4年的组团式发展后，由多法人的教育联盟体运作模式，更替为独立法人的管理模式，将集团内的鞍山小学、打一二分校整体并入打一小学，使名校大门越开越大。这所名校几年来一直坚持不招收任何择校生，为学校招生地段的每个学生提供全公益的教育服务。教育的均衡、公益、公平得到了进一步显现。

如今，杨浦区的小学教育组团式发展已初具规模，四个集团16所学校共9 869名学生，占了全区44所小学在校生总数的三分之一之多。以四所名校为核心，带动集团内学校共同追求高品质发展的效应初现，同时也使学校文化得到互相渗透，教师群体获得共同发展，课程资源实现充分共享，办学个性得以有效彰显。

金山区：品牌引进与本土培育共生共融

承诺：城乡一体，办每一所“家门口的好学校”

□ 引入品牌资源，力争“建峰填谷”

□ 组团联合共建,增强“造血”机能

地处远郊的金山区在新农村建设的社会背景下,已经实现了从硬件建设向内涵发展的跨越,“最漂亮的建筑就是中小学校”已经成为金山老百姓引以为豪的成果。目前,加快内涵发展,提升学校品质,逐渐成为老百姓的新诉求。在新学年来临之际,金山区教育局向社会承诺:在城乡一体化进程中,办出每一所“家门口的好学校”。

(一)引入优质品牌:提升底部、筑造高地

为实现中心城区优质教育资源更好地辐射郊区农村,从2007学年起,市教委组织开展了农村义务教育学校委托管理工作。这项工作突破了现行体制机制下学校人、财、物等资源难以跨区域流动的瓶颈,推进义务教育阶段教育的均衡发展。

金山区参与第一轮农村义务教育学校委托管理工作的有吕巷中学、廊下中学、兴塔中学。经过两年的共同努力,三所学校在学校管理、教师发展、教育教学效果等方面都取得了一定的进步。自今秋起,该区接受委托管理学校的数量再增三所,其中一所九年一贯制学校和两所小学。管理形式上,既有支援学校选派优秀管理人员担任校长,全面负责受援学校工作;也有选派副校长分管教学工作。委托管理的内容上更具针对性。该区教育局局长蒋志明表示,经过市区学校优质教育资源的注入,教委教育经费的投入,会改变这些相对薄弱学校的面貌,提升金山教育的底部。

2009年8月,金山新城教育园区基本建成。该教育园区将充分展现园林化、生态化的教学环境,使建筑与绿化环境融为一体。美丽的环境呼唤着优质教育的引入。9月,金山新城教育园区将迎来金山新城幼儿园、金山小学、金山初级中学。教育园区规模将达到初中部28个班级、小学部30个班级、幼儿园部15个班级。这三所学校将以机制创新的崭新面貌入驻教育园区。

首先,区内托管——罗星幼儿园托管金山新城幼儿园。罗星幼儿园是区内唯一一所上海市示范幼儿园。本着“一切为了孩子,为了孩子一切”的宗旨,办园质量不断提高,在社会上享有极高声誉。而金山新城幼儿园刚成立,依托罗星幼儿园管理后,它将在资源调配、师资队伍建设等方面得到优质学校的切实指导。金山新城幼儿园的成功“上市”,在一定程度上解决了入园高峰所带来的入园难问题以及老百姓对优质、公平的学前教育的追求需要与现有优质教育资源严重不足的矛盾问题。

其次，创建品牌——原金山区临潮小学与徐汇区上海小学共建新“金山小学”。为了进一步实施教育的品牌战略，扩大优质教育资源，创新学校管理运行机制，金山区教育局和徐汇区教育局经协商，采用教育品牌输出的方法，管理金山区临潮小学，并将其更名为金山小学，由徐汇区上海小学品牌输出。徐汇教育局推荐有学校管理经验的校长，由金山教育局聘任。徐汇教育局鼓励上海小学向金山小学输出教育资源，负责提升金山小学教师专业发展，提升校本培训的质量。在蒋志明看来，品牌输出式的两校共建，必将使原本教学质量稳定，教学管理有序的临潮小学进一步提升其在区内、乃至市内的知名度。

第三，创设特色——徐汇中学与原平乐中学合作共建金山初级中学。徐汇中学特色课程中的最新亮点是 2008 年 9 月启用以应用生物实验为主的“生命科学创新实验中心”，学校通过实验中心的实践，探索一条科技创新人才的培养模式。而平乐中学是一所年轻的学校，近几年学校在“理解”中崛起，不仅形成了先进的“理解教育”哲学思想与行为方式，积淀了充满理解与爱的学校文化，而且教育教学质量迅速提高，各项成绩在区内均名列前茅。被市有关领导誉为“上海市初中教育改革的成功范例”。两校共建后，平乐中学将更名为金山初级中学，力求使学校在原有理解教育的基础上，实现科技创新的突破。

在金山新城教育园区内，三所原本优质的学校以各自不同的方式追求内涵发展。蒋志明告诉记者，这样的机制创新强调提升教育质量，使得教育规模与质量、效益达到有机的协调统一。

(二) 组团联合共建:资源共享、增强机能

从 2009 年秋起，金山区经过区内统筹安排，首创“城乡初中区域联合共建”的组团合作发展形式，以增强自身的“造血”功能。“城乡初中区域联合共建”是指:部分区域内城区初中与乡镇初中结成联合体，侧重师资交流、教学管理等“软实力”的合作建设。

联合体由四所初中组成，即罗星中学、西林中学、兴塔中学、新农学校(初中部)。设立联合体校长会，由五人组成:教育局统筹协管 1 人，四所学校的校长，设总校长 1 人，由特级校长费建中担任。在基本维持原学校管理体制的基础上，实施“四个不

变”：人事隶属关系不变，学校内部行政管理权限不变，划片招生区域不变，学校内部分配机制不变。

联合共建的主要目标是通过借助罗星中学、西林中学的优质资源，提升兴塔中学、新农学校（初中）的教学质量，从而使罗星中学保持全区公立初中的前列，西林中学争创乡镇初中的前列，兴塔中学、新农学校明显进步。

在推进过程中，该区将实施四校教师流动制。优秀、骨干教师定期（一至三年）支教，加强教学管理和课堂教学；部分需要培养或需要提高的教师进行跨校挂职学习、跟班进修，适当调整部分学科的师资结构。开展统一校本研修，即统一教师培训，统一教研活动，统一专题研究。实行统一教学管理。“教学管理团”由各校副校长、教导主任及骨干教师组成，统一教学管理模式，统一教学进度，统一命题、问卷及评价；“教学指导团”由四校各科骨干教师组成，加强薄弱学科的诊断与指导。举行联合教育活动。每学期举行一次以主干学科教学活动为主，兼顾体艺科卫等德育类活动的联合行动。充分发挥教育资源共享的作用。经常开展合作、互助、交流项目及活动，共享优质的教育资源。新学期起，罗星中学将派出语文、数学、英语各一名骨干教师，西林中学派出数学、英语教师各一名分别前往新农学校、兴塔中学支教，而新农学校、兴塔中学也将选派若干名教师分别前往上述两所学校跟岗学习。

普陀区：关注每个孩子的学习生活品质

承诺：以多样化的教育促进学生多样化的发展

- □ 以建设区域课程体系为聚焦点
- □ 以优质师资柔性流动为支撑点
- □ 以办好每一所“家门口的特色学校”为着力点

摆脱功利性的思想，“关注每个孩子的学习生活品质”是普陀区确立的工作重点，它包含关注学生的个性化学习需求；关注学生学会学习；要关注学生的学习体验；要关注学生的生活经验等四个方面。该区教育局局长李学红认为，“关注每个孩子的学习生活品质”就是要让学习生活真正能促进学生的知识世界、社会生活世界和心灵世界的丰富和成长，其聚焦点是课程，支撑点是教师，着力点是学生个体发展。

(一) 聚焦点:构建区域综合素质课程群

为了满足学生多样化的需求,提供具有丰富性、选择性和实践性的课程,普陀区正逐步构建和不断完善区域课程体系。区域课程开发主要是基于“利用区域资源、传承人文传统”的基础性价值,“回归生活世界、学会实践创新”的实践性价值,“促进个性发展、实现全面提升”的终极性价值。

以提升学生综合素质为导向,普陀区已构建了四类区域课程:价值导向性课程系列。一是“伟人教育”系列课程,不断完善“领袖伟人课程”,如小学《邓爷爷,我爱您》、初中《手拉手,奔小康》、高中《谋发展,求和谐》;不断开发“科学家伟人”系列课程,如小学《我眼中的科学家》、初中《品读院士》、高中《科学、人生》。二是“红色寻访”系列课程,充分利用普陀区作为上海工人运动发源地之一的区域资源,研发《沪西英魂》、《红色热土》地区教材,让学生“知普陀、颂普陀、爱普陀”。

民族传统文化课程系列。一是传统民族节庆系列,让学生在了解春节、清明、立夏、中秋等民族节庆活动中,了解传统文化;二是传统民族技艺,让学生在剪纸、茶艺、赛龙舟等活动中,体验传统文化;三是传统民族风俗,让学生在包粽子、做香囊等活动中传承传统文化;四是中华农耕文化课程系列,利用该区鲁汇学农社会实践基地的资源,研发《中华农耕简史》、《农耕文化常识读本》、《五谷专题简介》等教材,让学生体验农耕文化、拓展学科知识、提升实践能力。

行为礼仪课程系列。开发《现代公民读本》,明确行为规范和公民人格;整合我区各校行为礼仪课程,开发《礼仪美育》课程,将审美教育基础理论与中学生礼仪风貌的养成教育结合为一体,塑造学生优雅的礼仪风貌,提高文化品位。

创新技艺课程系列。开发《智能机器人》、《创新思维,创新制作》等课程,了解技术的发展及其应用对人类生活和科学的深刻影响,正确认识和理解技术与文化、伦理和社会等问题,让学生在动手操作、思维创新中,提升实践能力,培养创新精神。《陶艺》、《拓拓版画》等课程,培养学生的观察力、想象力和动手能力,进行审美教育、创新教育。

在四类基本区域课程的基础上,普陀区还形成多元化开发、多层次推进、多样化实施的规范机制。一是组织、提升、招标,多元化开发:组织开发模式,协调各方,集中力量,自行开发;提升整合模式,对学校的较成熟的课程进行整合、提升和完善,实现区域共享;招标审定模式,规划区域课程方案并确定所要开发的课程,以公平竞争为前提，进行招标，经审定成为区域课程。二是选用、改造、创造，多层次推进，以立足学生、服务学校为原则，开发校本课程能力较弱的学校可采取选用区域课程方式；有一定开发能力的学校对区域课程可进行校本化改造；鼓励有条件的学校针对自身传统和办学目标进行特色课程构建，形成办学特色，对其中的一些课程，区域组织力量进行提升，实现区域共享，丰富区域课程。三是逐步构建网上共享课程，多样化实施，用几年的时间，逐步建成网上共享课程，让课程可以跨时空充分共享，增加课程的选择性，满足学生的个性化需求。

区域课程系列，既体现了全面推进素质教育的价值追求和区域特色，又为学校提供了可选用和借鉴的课程系列，更为学生提供了具有丰富性、选择性的课程体系。

（二）支撑点：实现优质师资柔性流动

高质量的师资队伍是提高学生学习生活品质的支撑点，提升教师才能真正发展学生。为此，我们的举措是：

如何有效提高教师专业化水平？如何不断激发教师发展的内驱力？对此，普陀区创设了各类教师梯队成长的途径，构建骨干教师的发展序列，让教师差异成为发展动力。目前，已形成了特级教师工作室领衔人、学科带头人工作室领衔人、区高级指导教师、教学（教育）能手、教坛新秀等序列，并制定相应的专业标准。区内的全体教师都可以依据自身的资历和能力，在区骨干教师的发展序列中找到自身的定位和努力目标。通过梯队达标升级、层次滚动发展，有效激发了教师专业发展的内驱力，也使不同层次的教师得到最适宜、最充分的发展，使教师在异步发展中实现整体提升。

与此同时，教师队伍的结构性矛盾，优质教师资源配置不均衡，是制约教师队伍发展的“瓶颈”。如何实现优秀教师“一校所有”走向“全区共享”？普陀区一是组建团队，明确任务。组建了区教师专业发展专家顾问团、特级教师、学科带头人、区教育学院教育教学研究人员和高级指导教师五大“教师专业发展指导团队”，并对各类教师专业发展指导团队的工作目标和任务作了明确的界定。二是强势“走教”，“他校”辐射，由区教育局根据各方所需和区域教育均衡发展的总体布局，建立工作室基地，基地均设在“他校”，积极引导特级教师、学科带头人工作室领衔人、高级指导教师等区域高端教师除了做好本校的工作外，要有 1/4 左右的时间走出本校，“异地”

带教，到最需要专业引领的学校、教研组、教师中去，以学科领域为纽带，以不同学校教师的聚集为形式，以一个学科领域的走强为目标，交流互动、实践研究、辐射经验、共享资源。让指导教师由“单位人”变成“系统人”，实现区域优质师资的“柔性流动”。三是行政推进，机制保障，区教育局统筹资源，集中人、财、物全面保障教师队伍建设，为提高优质教师资源“流动”积极性，区教育局奖励工作室领衔人、高级指导教师工作津贴，奖励“输出”名师的学校“优质资源共享金”，设立工作室研究经费、基地学校管理经费，同时给予输出学校“教师编制”优先等特惠政策，让越来越多的校长把能让自己学校的优质教师资源与他校共享，作为自己学校的义务与荣誉，逐渐打破“校际间”人才壁垒。此项计划每年投入约一千万。

（三）着力点：办好每一所“家门口的特色学校”

“关注每个孩子的学习生活品质”着力点是每个孩子的个体发展。办好每一所“家门口的特色学校”是吸引学生、满足学生个性发展需求的重要举措，办出特色、办出品位也是学校内涵发展的重要内容。为此，普陀区将加强分类指导，建设特色学校，形成高中多元化格局，并通过合作、联办、承办，特色辐射，让老百姓的家门口都有一所拥有特色项目的中小学校。

李学红向记者解释高中的分类指导思路，对市实验性示范性高中，通过发展性评估，以实验项目引领办学，创建和深化办学特色。如曹杨二中不断深化“文理相通、人文见长”的办学特色；晋元高级中学在信息化的背景下，不断探索“选择教育、走班制、套餐式”的教育模式。对区实验性示范性高中，通过特色项目展示，培育和逐渐形成办学特色。如甘泉外国语中学继续培育“日语见长，多语发展”的办学特色；长征中学积极打造“长征精神在长征”的特色品牌项目。对普通高中，鼓励学校依据学校文化传统和办学目标，形成学校发展的优势项目，倡导特色办学。如上音安师附中积极构建音乐特色课程体系；桃浦中学逐步形成法制教育特色品牌。这样减少同质竞争，倡导错位发展，为学生提供选择，形成高中多元化发展格局。

与此同时，普陀区还将依托高校、依托高中、依托国内外教育优势，通过合作、联办、承办等方式，形成“特色辐射链”。主要做法是，在内涵上做到三个关注：一是关注文化的相承，如曹杨二中附属学校的办学理念“人文求善、科学求真”，与曹杨二中“文理相通、人文见长”的办学理念一脉相承，因此要求附属学校也要进行这样的文化相承和对接。二是关注“特色课程链”的建设，如曹杨中学和曹杨中学附属学校的礼仪美育、头脑OM、手球、合唱等课程相衔接，有助于学校特色项目的形成，因此要求高中也要进行这样的特色课程辐射。三是关注“特色项目链”的衔接，如金沙江路小学、梅陇中学、曹杨二中女足一条龙的建设，取得很好的效果，培养了大批足球人才；晋元中学和华师大四附中的管乐一条龙建设，培育了学校特色项目。从机制上保障特色辐射：一是加强附属学校建设，通过高中、大学承办初中、小学的方式，实现特色辐射；其次是加强园区建设，以二中园区建设为契机，使园区内学校办学特色衔接，共享文化资源，共建特色课程；三是加强“桃浦地区基础教育协同发展联合体”、“西部学校优质教育资源圈”建设，通过组团联盟，形成“协作链”，实现特色的孵化和辐射。这样让优质资源产生“再生”的能量，以多样化高中建设带动中小学活力因子，让家门口都有一所拥有特色项目的中小学校，让百姓都在家门口就能享受优质教育资源的惠及。

虹口区：课堂，梦想开始的地方

承诺：教育为每个孩子幻化一道成长彩虹

□ 营造心灵相通的“温馨课堂”

□ 创造乐学善教的“情趣课堂”

□ 打造规范优质的“有效课堂”

虹口区以“彩虹，绘就梦想课堂”为核心理念，以课堂为载体，着力通过师生关系的重建营造“温馨课堂”；通过创新教学方法、落实“减负增效”创造“情趣课堂”；通过加快课程改革、优化课堂管理打造“有效课堂”，积极探索提升素质教育的新方法和新途径。

（一）营造心灵相通的“温馨课堂”

虹口区教育局局长王立强认为，要使教学真正符合青少年学生的发展需求和特点，教师就要“回归童年”，要站在学生的角度看待问题、思考教学模式。所谓“彩虹”就是架构起老师与学生心灵相通的桥梁。通过“温馨课堂”的建设，重塑师生关系，营造“教”与“学”的良好氛围。

在开展对师资队伍调研和分析的基础上，虹口区进一步加强对教师的培训和辅导。以营造“温馨课堂”为总体要求，积极转变教师观念，着力构建和谐校园。一是进一步开展各类培训和研讨。积极组织各校德育负责人、全体教师参加相关培训和辅导。继续开展“温馨教室”建设专题研讨会、座谈会、征文、演讲等，通过营造热烈的氛围，促进广大教师提升认识、转变观念。二是进一步关注教师的心理健康。面对诸多压力，教师的心理健康往往又得不到应有的重视和关心，直接导致教师在课堂教学中、在与学生的交流中出现问题和障碍。因此，我区将教师的心理健康工作纳入到教师队伍建设的重要方面。由区德研室、区心理健康教育研究中心等牵头，将进一步对教师进行系统心理辅导，提升广大教师的心理健康水平。同时，继续探索和推广教师团体心理辅导的新模式。三是进一步增进师生间的互动交流。根据现今学生的习惯特点，利用现代化网络信息手段，进一步增强师生间的交流和沟通。如一些中小学教师在学生经常上的网站注册，在网络上就学习、生活、情感等各方面问题与学生、家长进行交流；还有很多校长、教师通过自己的个人博客与学生进行“零距离”的沟通，都起到了很好的效果。

要建设温馨的教室，还必须加强科学而理性的心理健康教育。为此，虹口区将继续注重学生人文关怀和心理疏导，积极开展各类学生免费心理咨询活动，特别是在考试和假期前后，继续发挥心理疏导和干预的作用。二是进一步推进“温馨教室、和谐校园”建设。在总结和推广相关学校经验的基础上，继续深入开展“温馨教室、和谐校园”的建设。如虹口区第三中心小学以“热爱生命，促进儿童健康成长”为宗旨，形成的“幸福课堂”、“阳光课间”、“温馨家庭”的心理健康教育模式；曲阳四小以“发展性心理辅导与小学优质教育”课题为指导，形成的“发展性心理辅导”的理念和方法等等。三是进一步营造关爱学生的社会氛围。按照“示范辐射、整体联动”的工作思路，搭建起课内与课外、教育与指导、咨询与互助紧密结合的工作框架，建立起覆盖区、校、班级纵向三个层次和社会、社区、学校、家庭横向四个层面的“立体网络”式的青少年关爱体系，确保青少年学生在

"温馨的社会大课堂"中健康成长。

（二）创造乐学善教的"情趣课堂"

虹口教育始终强调"课堂是属于学生的"这一教育教学理念，倡导教师的课堂教育教学应该寓教于乐、寓教于情、寓教于趣、寓教于意。"师有情、生有情，师生才会有情；教有趣、学有趣，教学才会有趣；教有意、学有意，教学才有意义"。因此，新学期中，该区将进一步积极倡导"意在情趣"的教育模式，着力打造"情趣课堂"，让所有学生都会学、乐学、爱学。

首先，创新教育教学方法。进一步利用多种学生喜闻乐见的教学手段激发学生的学习兴趣，如虹口区第一中心小学推进"玩中求知，趣中长智"的课堂游戏教学，通过各种课堂游戏，在活跃课堂气氛基础上，培养学生思维、动手能力和团队协作精神；又如海南中学开发了影视教学模式，编辑了 5 600 多集、10 万多分钟历史影视资料片，极大地激发了学生对历史学科的学习热情，有效提升了学生的爱国主义情操和历史人文素养。此外，进一步利用现代网络和电子设备，继续开发和应用网络教研、"电子学案"等新技术，提升教育教学成效。

其次，激发自主探究能力。进一步通过鼓励学生自主学习和探究"变要我学为我要学、我爱学"。如 2008 年开始，该区组织江湾镇街道区域内的学校开展"乡土文化资源探究活动"。在一年多的时间里，学生们自主设计、调查、研究并最终确定了《江湾——中医之乡》、《关于江湾地区抗日事件所存遗址的研究》、《被遗忘的历史——立达学园》等课题，极大地提高了学生们的自主学习的能力和兴趣。在此基础上，该区还将进一步整合校内外资源，开发和优化研究型、探究型的课程和项目，全面激发和提升学生的自主学习热情和能力。

第三，落实"减负增效"举措。当前，一些学校在办学理念和教学方法上还存在一定的偏差，造成学生课业负担依旧比较重，不利于素质教育的全面推进，使得学生对学习丧失了"兴趣"和"情趣"。因此，虹口区将进一步强调和要求教师以提高课堂效率为核心，努力帮助学生将"知识消化在课堂上，将问题解决在学校里"。同时，继续总结和推广虹口区第三中心小学"8 点钟到校"和华东师大一附中实验中学"分层递进教学法"等的经验，减轻学业压力、提高教学的针对性和有效性。2010 年，教育行政部门还将进一步加强政策引导和监督。例如，提出义务教育阶段不进行全区性学科统考统测，各学校不得组织或参加联考和月考，每学年学业质量监控不得超过1次等。此外，进一步加强全区中小学生作业情况调研和监测，开展“增强作业有效性，提高教学效率”系列工作，进一步加强学校对作业环节的管理，提高教师作业设计的能力。同时，全区还将进一步强调“减负增效”不只是学校的事情，需要家庭、社区、学校、政府共同协调和努力，要通过有效的“减负增效”举措，留给学生更多的自主时间和空间，确保学生能够真正有“情趣”地学习。

（三）打造规范优质的“有效课堂”

近年来，虹口教育系统紧扣基础教育课程改革这一重要任务，引导全区中小学校牢固树立正确的办学观念和教学理念，关注课程、聚焦课堂。今后该区将继续通过有效的课程改革，进一步推进各类项目建设，提升教育教学质量，着力打造规范优质的“有效课堂”。

首先，发挥课题引领作用。结合区域特色，在前期相关课题研究成果以及大量项目实践的基础上形成全区性的三大课题，即：教育部规划课题《创设“以人为本”的学校教育教学制度的区域研究》，市科研课题《教学改进与提高课堂效益——虹口区区域推进初中教学的实践研究》和《区域性推进小学促进教师发展，提高教学有效性的实践研究》。三个课题皆由区教育局主要领导和分管领导领衔，全力推进相关课程教学的研究，以此作为加强课程改革、提升各项教育教学工作的重要指引。

其次，推进各类项目建设。进一步整合各方资源，设计并实施多个为基层一线教育教学服务的工作项目。如在2009年全面实施并完成学校年度课程计划的基础上，2010年将实施每个学科的年度课程计划项目。此外，继续开展中学课堂教学质量听课项目、名特教师进初中项目和校际集体备课“范式教案”项目、小学课堂教学飞行调研项目和校际教研共同体建设项目等等，进一步加快学校课程改革，推动学校教育教学质量的有效提升。

第三，加强和优化课程管理。继续整合和优化拓展类、专题类和主题类等三类课程建设。该区要求各校制订和完善符合学校特点的、体现时代特征的教师教学工作基本要求和管理制度，包括备课、上课、作业、个别指导、命题、考试、质量分析等各个环节，要求教师努力遵循课改理念、合理设计教学、精心设计教案和作业，提高每一堂课的教学质量。此外，要求各校积极探索师生有效互动、共同发展的新型教学关系，创设民主、平等、和谐、宽松的教学环境，优化教与学的过程，运用多种教学资源有效进行教学，注重信息技术与课程的整合，注重学生的实践、参与、体验、合作与探究，关注每一位学生的个性发展，充分调动学生的学习积极性，培养学生良好的学习习惯，形成优良学风。

嘉定区：为学生发展插上隐形的翅膀

承诺：提供富有人情味的教育公共服务

□ “市场家访”让阳光没有照不到的角落

□ “点面结合”将科技创新意识植根心灵

□ “培训菜单”把教研培训教学融为一体

素有“教化嘉定”之美誉的嘉定区，近年来着力于创造学校、家庭、社会共同推进教育事业发展的大环境。新春伊始，该区给“创新”注入丰富的内涵：创新教育机制，优化创新模式，培养创新人才，是区域层面推进素质教育的思路。该区教育局局长毛长红认为，唯有用创新的思维来推动发展，用改革的精神推动改革，才是教育内涵发展的必由之路。

（一）“市场家访”，政府公共服务意识的体现

嘉定地处上海北郊，属城市化进程中的人口导入区，是外来务工人员密集区，目前义务教育阶段公办学校接纳流动人口子女 2.5 万多人，结合街镇区域规划，全区已申办纳入民办教育管理的学校有 15 所。该区强化政府公共服务意识，通过加大政策支持和扶持力度，鼓励多部门参与管理和加强规范指导等“多管齐下”的方法，办好农民工同住子女学校。

该区经过调研发现，民办农民工子女学校的校长有多种类型：公办退休的老校长，外地退休校长，原举办者任校长。不同来源的管理层在学校管理的把握上参差

不齐，导致教学质量也各不相同。为此，该区聘请在学校管理或教育教学等方面有丰富经验的老同志组成民办农民工子女教育咨询组，定位于“诊断、指导、促进”，以“点面结合，统筹兼顾，突出重点，注重实效”为原则，在学校管理和教育教学方面的指导。

在加强管理的基础上，为争取家庭和社会的支持力量，嘉定区依托全市首个区域性家长委员会，创造了新型的“市场家访”模式。嘉定区真新小学地处城郊结合部，由于地方经济发展，轻纺市场、曹安商贸城、汽配城等大型商场的日益发展与完善，真新地区来沪务工的人数直线上升，来沪务工子女就学人数也日益提高。该校的孩子有80%来自外地，大部分孩子的父母都在轻纺市场里做生意。

现实给学校传统家访模式带来的挑战是：原先采取上门家访的方式达不到效果，因为这些家庭流动性大，经常搬迁，有的家长觉得居住环境不好不欢迎老师上门，有的家长工作太忙、早出晚归，老师上门很难见到面，和他们家里的老人又很难沟通，不能形成共识。

真新小学对家访形式不断地反思、调整和加以改革，确立了“市场家访”这一为家长更好的提供教育服务的新思路。

具体而言：一是成立“市场”家委会。通过校方与市场管理部门进行沟通交流，由市场管理人员、学校负责人、家长代表等组成“市场”家委会，设立办公室，制定每半月一次办公制度，共商教育大计。二是制定“市场”家访制度。因“市场”家访有别于传统的登门家访，首先要考虑到市场的情况，以不影响家长经营为准则，以不给家长添“负担”为基准，实行“见缝插针、伺机而行”式动态家访制度。三是开辟“市场”教育宣传栏。在市场大厅里，开辟教育宣传栏。通过宣传家庭教育先进事例、张贴学生喜报等形式，营造浓厚的育人氛围。四是实行“市场”家访双向评价机制。通过双方的交流互动，实行教师对家长的评价，颁发“学习型家长”、“风趣幽默型家长”、“最具亲和力家长”等“市场”家访家长章，同时设立“市场”家访教师金、银、铜章，使教师积极投入到争章活动中，又是学校评选“我心目中好老师”的考核标准之一。五是创编德育校本教材。通过搜集、整理家长们的创业经历，汇编成德育校本教材。合理利用家长资源对学生进行思想道德教育，让学生懂得父母创业的艰难、工作的艰辛，从而树立正确的人生观和价值观。

（二）“点面结合”，将科技创新进行到底

近年来，嘉定区结合汽车城科普资源优势和青少年科技节、科技周等活动项目，以创建国家环保模范城区为契机，探索区域开展青少年科技创新机制。青少年科技论坛、区青少年绿色车模动力竞速和创意设计竞赛、未来汽车城创意模型设计赛等富有浓郁乡土气息的科普活动，注重普及与提高相结合，较大限度地发挥了现有教育资源的整合作用，提高了全区青少年科技创新的综合素质，形成了区域亮点。

嘉定区青少年科学院成立于2005年，由区科学技术委员会、区教育局委托青少年活动中心负责管理，致力于青少年科学研究院运行模式的研究，积极探索青少年科技人才培养的有效机制。目前，科学院已有15名小院士，聘请了7位科技专家担任导师；聘请了上海市光学机械研究所、上海市核协会、上海市遗传协会、嘉定区气象局、嘉定区农学会和嘉定区园艺学会作为研究院的支持单位；聘请了嘉定气象局、水稻种植基地、哈密瓜种植基地、新品种蔬菜种植基地等作为科学院的实践基地。区青少年科学院通过专题研修、实地考察、科学沙龙、专家咨询、课题研究、集训参赛、项目支持等方式为优秀科技特长学生搭建了良好的成长平台。

嘉定区青少年科技教育已经形成了“阵地健全、活动普及、星星闪耀”的格局。该区已启动以“普及科技教育，提升创新能力”为主题的青少年科技创新工程。提出以学生发展为本，用三年时间实施科技创新人才“百、千、万”培养计划（三年内培养50名区级明日科技之星，100名明日科技希望之星，1 000名科技小能手，10 000名参与科普传播活动）。要求全区中小学都要做到科技教育普及化、制度化、规范化，建立科普教育评估机制，搭建开放式青少年科技创新人才培养平台，使更多青少年能够参与到学校的科技活动中去，让学校科技教育能够向普及延展，涌现更多的科技小明星。

新学期起，全区各中小学幼儿园健全学校科技教育保障体系，学校科技教育将被确保纳入课程体系，打造富有创新精神的科技辅导员队伍等将成为进一步创建科技创新教育环境的重要举措。

与此同时，要将科技创新进行到底离不开创新型教师团队的支撑，为此，该区将发扬2009上海教育年度人物之一的嘉定二中蔡文学团队精神，鼓励各校形成相互激励、互助共进的创新型教师团队。

同时，区教育局将以加强创新型团队建设为目标，开展“创新发展型”团队（党支部、工会、团委）、个人（党务干部、师德标兵、青年教师）评选活动，充分发挥党组织在树立正确教育观和人才观、培育素质教育典型、加快课程实施创新工作中的互动作用。

（三）“培训菜单”改变了教研员和教师的专业生活

课程与教学的变革是一项长期而艰巨的工程，嘉定区提出了稳健变革的理念，从区域实际出发，从课程实施创新、科研引领等入手，发挥区教师进修学院教学研究枢纽的作用，以提升教研员课程指导力为抓手，促使教学质量在渐变中谋求质变。

毛长红认为，区教师进修学院不但是探索课程与教学的研究机构，也是提供课程与教学专业指导的服务机构，必须创新教师进修学院的工作方法，提升教研员的课程指导力，才能有效提高每所学校的教学质量。

为此，该区进修学院在教师专业化发展能力的培训中，聚焦课堂教学改革，拓展办班形式与内容，突出培训的主体性。在进行学科培训中创造性地运用“菜单式”的培训模式为教师提供培训的选择空间，打破了学科的界限，教师可以根据自己的需要跨学科选择课程参加培训。教研员首批提供了培训菜单 74 项，2009 年，嘉定组织课程评审委员会的成员对所有项目进行复审，目前已全部挂在教师培训网上供教师选择。“十二五”期间，嘉定教研员提供的菜单内容更丰富，形式更多样，选择的空间更广阔。

“菜单式”培训的关键在于教研员的素质。为了提升教研员课程与教学指导力，嘉定积极探索“研训教一体”的运行，探索出“提炼主题，实践反思，研讨培训，发展个性”的主体模式，形成了“确立主题，教学实践，研讨交流，培训提高”和“个性设计，互动研讨，引领帮扶，反思建构，系列研究”等体现学科特点、教师个人工作特色的各种变式，从而使“研训教一体”的实践上了一个新台阶。“研训教一体”教师教育模式的实践，丰富了区域教师培训的内涵，加强了教研员亲历课堂实践后的课程指导力，提高了培训效果，更好、更快地促进了教师的专业发展。

除此之外，自 2007 学年开始，该区还相继启动了中小学校学科教学诊断项目，委托区中学教育咨询中心为全区学校提供学科教学咨询；为教育局提供相关学校、教师、学科教学诊断报告，提出课堂教学和师资配备等改进对策。教育咨询中心本着“点面结合，统筹兼顾，突出重点，注重实效”的原则，关注教师成长，为教师专业发展寻找对策；在从事教育教学咨询工作的过程中，有意识地推进学校教研组、备课组的课程实施力度。嘉定根据学校特点，兼顾地理位置，将若干学校编为一个教研片，分片开展教研活动，做到“有效推动，着眼于区域提升；实效活动，聚焦于教学效能；高效联动，关注于问题解决”，有效地缓解了全区层面教研活动次数少、交流不充分的问题，实现资源共享。

宝山区：均衡优质是素质教育推进的首要重任

承诺：让优质教育资源惠泽每一个学龄孩子

□ 多形式联建促进教育整体均衡

□ 让外来务工同住子女同享优质

□ 创新教学管理与师资流动机制

作为人口大量导入、城乡一体加速的宝山区不可避免地带来区域内教育发展的不平衡。首先，区域内教育资源布局明显不平衡，淞宝、张庙等城区教育优质品牌集中，办学水平、教育质量逐步与中心城区接轨；大场、顾村、杨行等地区加速城市化，教育资源布局和配套建设任务重，教育管理力量相对薄弱；而罗店、罗泾、月浦等主要为农村区域，教育相对落后。其次，区域内经济发展的不平衡直接导致教育投入的不平衡，农村地区社会人文环境相对落后，学校办学水平低，推进素质教育难度大。三是进城务工农民数量激增，2002 年时全区义务教育阶段农民工学生数达 2 万人，而 2009 年这一数字已突破 5 万人，对教育资源以及整体推进素质教育带来挑战。这一切都决定了促进均衡，缩小城乡差距是宝山区推进素质教育的首要重任。

近年来，宝山区委、区政府高度重视教育均衡发展，不断加大教育投入，加强对农村地区办学困难学校的扶持力度，显著改善农村中小学的办学条件，实现了全区所有初中、小学硬件设施的标准化和基本统一。2005 年以来，全区教育财政拨款从 9.4 亿增加到 2009 年的 15.7 亿，尤其是农村地区教育财政拨款从 2005 年的 2.4 亿增加到 2009 年的 5.03 亿，实现翻番的目标。目前宝山农村地区教育设施已进入全市一流水平，人均面积和教育用房面积均高于我区城区学校。

（一）多形式联建促教育整体均衡

在加大投入的过程中，宝山区不断优化教育的资源配置，因地制宜地提出了"品牌战略、区域模式、组团推进、多元发展"十六字发展策略，实施区域联动，推动组团结对，引进优质资源，实施教师交流，优化资源布局，促使学校共同发展。该区先后设置了五大教育实验区；依托上海大学、华东师大、上师大，打造上大地区优质教育链，合作举办基础教育学校；组建了行知中学教育集团、吴淞中学教育集团、上大附中教育集团、一中心教育集团；重组一中心、实验小学、广育小学等品牌学校与邻近小学资源，并组建了15所九年一贯制学校，实现了先进教育管理理念和优秀教师队伍融合发展，满足了家长对优质教育的需求。

2010年是上海世博年，也是宝山区统筹城乡一体化发展的关键时期，该区在参与世博、服务世博中实现素质教育的整体推进。宝山将进一步创造条件，展开多形式多样化的学校联建。主要包括：一是实施跨区域的城乡教育联建。打破区域划分的界限，由区内行知中学、吴淞中学、上大附中、罗店中学、宝山中学五所学校分别与农村初中学校建立教育联建体，成立联建体管理委员会，制定联建体发展规划，逐步实现各学校的教育行政策略、特色资源和教学方法的共享，推动教师交流和专业发展。二是实施区域内资源整合式的学校联建。由区域内的品牌学校与周边学校进行资源整合、兼并重组，建立新的学校，按年级段设校区，低年级在一个校区，中高年级在一个校区。这种联建，注重资源的整合，实现教育理念、教育管理、教师资源的全面融合，打破两校的概念，实质就是完完全全的合并，不是仅有一个资源扩大的形式。三是实施两种办学体制的学校联建。为进一步提升农民工同住子女义务教育质量，由公办学校帮带一所以招收农民工同住子女为主的民办小学，由公办学校派出副校长到民办小学主持教学工作，派出骨干教师支教送教或带教民办小学教师，两校联合开展教研活动，促进教师专业发展。

（二）让外来务工同住子女同享优质

宝山是人口大量导入的区域，仅外来务工同住子女就达5万多人。作为教育惠及民生的重要工作，该区采取政府履责、社会参与、多方协作的办法切实保障进城务工农民工同住子女同享优质义务教育。截至目前，宝山区域内的义务教育阶段农民工同住子女全部进入公办学校或以招收农民工同住子女为主的民办小学就读，享受免费教育，提前一年实现“三年行动计划”目标。

政府履责。一是教育局要求公办中小学挖掘潜力扩大招生规模，吸纳大部分外来务工人员同住子女就学，目前，全区3.4万外来务工人员同住子女在公办中小学就读。二是鼓励各镇兴办专门招收外来务工人员同住子女。宝山区庙行镇还斥资一千万，扩修建了通河四小，解决当地外来务工人员同住子女就学。

多方协作、社会参与。区教育局和各镇齐心协力，鼓励镇下属有经济实力的公司举办“民办学校”，逐步将原来在简易学校缴费就读的外来务工人员同住子女“接收”过来。至2009年9月，各镇举办的“民办学校”共计16所，接纳学生1.6万人，实现了外来务工人员同住子女全部免费接受义务教育。对“民办学校”，区镇两级政府按每生每年2 500元的标准下拨教育经费，镇教委通过选派干部、规范课程、教师培训、督导检查等措施，力争较快地使其办学走上规范化、科学化的轨道。

除了普通学校外，一些成人学校、培训机构也加入了教育农民工子女的教育行列。如罗店成人学校就有专门的外来务工子女初中班，招收学生达400多名。

为体现义务教育是政府提供的公共服务产品的理念，今年起，宝山区还将对以招收农民工同住子女为主的民办小学进行规范管理、完善条件、师资培训，并通过公办优质学校的带领，将其纳入正规的管理与评价体系，以提升这些学校的办学水准。

（三）创新教学管理与师资流动机制

宝山区认识到，要使教学效益最大化，必须提升教育教学的有效性，而其中教学管理与教师质量至关重要。为此，该区力推教学精细化管理，努力实现减负增效。一抓精细管。抓好区、区域校际、学校三个层面的教学精细化管理架构，加强课程和教学管理。二抓精细教。以实施“国家课程校本化”推进计划为抓手，以促进学生有效学习为目标，开展课程的二次开发，进行基于促进学生学习的教学设计，抓好“三个案”，即教案、学案和习案。三抓精细学。严格落实课程计划，精讲精练，切实减轻学生的作业负担，严格控制教学质量监测次数，一至三年级不实施质量监测，四、五年级每年最多进行一次质量监测，且实施抽样监测。

师资队伍是重要保障，为此该区尝试开展教师柔性流动机制，推进教师资源的均衡配置。目前，该区抓住实施绩效工资改革的有利时机，探索教师柔性流动的三种模式。一是协议流动制，对于学校无高级教师聘任指标而自身具备聘任资格，愿意签订协议到农村学校履行服务期的优秀教师，可以使用农村学校高级教师聘任指标，实现教师流动。二是联校流动制，各种形式的联建学校根据自身的实际，制定方案，实现教师在联建体内优化配置。三是学区流动制，发挥学区在教师资源配置上的积极作用，结合绩效考核，推进教师流动。

尽力聚力借力形成合力

——浙江省建立健全机制为中小学生减负

苏　婷　张学军

2011 年 6 月 21 日是个星期二，又逢浙江省绍兴市建功中学的“家长开放日”。这一天，学校所有班级和课堂全都“敞开”大门，欢迎家长们坐进自己孩子上课的教室，了解孩子的学习进度。除了这项制度，建功中学的其他减负工作也都是制度化的：校园网定期公布课程表、作息时间表，通过“周课表实施情况登记表”和每学期的问卷调查，接受家长监督评估。

建功中学并非“孤军作战”。减负，是浙江全省从 2010 年 8 月以来打响的一个大战役。日前，记者随教育部新闻办组织的采访团在浙江看到，各地各学校都在由内到外地尽力、聚力、借力，形成合力，真心实意为学生减负。

一、来真格的，真抓真减：检查组进行减负集中检查

前不久，绍兴市中小学教师职称评审工作进入了终评程序。就在这个节骨眼儿

上,“有几位申报高级职称的教师,在评委那里得了零分。被否决的原因,是他们搞有偿家教。”市教育局局长陈国阳说,“教师评高级、评先进时,都要首先向社会公示,搞有偿家教是有报必查,一票否决。”

有偿家教,已被视为加重学生学习负担的一只“黑手”。对其严格治理,是浙江推进减负进程中的一项内容。2010 年 8 月末,浙江掀起了一场减负“风暴”:省教育厅印发通知,提出了严格开设课程、严格控制学生作业量、严格控制补课、严格规范考试管理、严格确保学生休息和锻炼时间、严格规范招生秩序的“六个严格”。

同时,浙江要求建立“六项制度”,健全减负的工作机制,意在以有力的保障措施形成长效的减负机制。“六项制度”包括:初中毕业生学业考试试卷质量评估制度、中小学生体质健康情况通报制度、加重学生课业负担责任追究制度、课业负担征求意见制度、教学活动安排公示制度和家校联动制度。

全省上下联动,加强宣传,营造声势,强化督查,严抓落实。温州市分别面向教师、学生和家长发出 3 封倡议信,积极争取家长的理解和社会的支持,广泛参与监督。在杭州,168 名特级教师与党员教师一起,率先郑重签下了“不做有偿家教”承诺书。绍兴市提出,恪守各门课程开齐开足、学生每天在校一小时体育锻炼活动、学生有足够的睡眠和休息时间这“三条底线”。义乌市则把减负工作与年度考核等结合起来,实行“加重学生课业负担”一票否决制。

真心减负,就得来真格的。2010 年新学期开学,浙江省教育厅 7 位厅领导带队分赴全省 11 个设区市,着重检查减轻中小学生过重课业负担的落实情况。2011 年春,省教育厅又组织了 11 个检查组进行减负集中检查。以这样的“阵势”对一项工作进行督查,“这是前所未有的第一次。”一位省教育厅干部说。而在该省各地,专门的举报电话和电子信箱纷纷设立,接受师生、家长和社会监督。“所有这些,都表明了真抓、真查、真减的决心。”浙江省教育厅厅长杨希平说。

二、精简课时,集体“裁军”:全省范围内调整教学内容

2011 年 6 月中旬,中考刚刚结束。参加了当地中考命题的宁波市北仑区科学课

教研员刘信态告诉记者，当地今年早些时候颁布的中考考纲，已经把减负的要求充分体现了出来。

在考试命题时，都严格按照考纲范围操作，绝不能跨越删掉的“红线”内容。他所说的减负要求，是指全省范围内的调整教学内容。对这一集体“裁军”的效果，刘信态十分肯定。

据浙江省教育厅副厅长韩平介绍，新课程改革的实施，总体推动了全省教育教学水平提高，但也有一些初中教师反映，目前学科教学内容过多，教学要求也过高。尤其是科学课，很多教师都觉得课时不够，规定的内容上不完。

去年新学期，省教育厅在广泛听取意见的基础上，于 11 月发文，确定对全省初中部分学科的课程标准和教科书教学内容及要求进行适当调整。如语文，将一些课文调整为略读内容，对有的课文不作教学要求；数学、英语学科的部分内容调整为选教内容或不作教学要求，等等。最终，他们对初中 6 门课的内容和要求进行调整后，有超过 270 个课时的内容不再作教学要求或调整为选教内容。其中，华师大版《科学》有近 1/5 的课时得到调整，浙教版《科学》调整的内容也超过 1/10。

“一直以来，为了教学的‘万无一失’，教师对所有知识点都会‘死抠’，生怕学生考试时有闪失。这样，假如教材上的要求是个点，到了下面就要被打成洞，难免要加重学生负担。”教育厅一位有关人士说。

宁波市东海实验中学高级教师王国锋告诉记者：“内容精简后，给了教师变革教学的时间与空间。同样一课内容，可以这样教，也可以换个方式教。”

华东师大版的《科学》调整后，一学期减掉了 60 多课时。过去“一个萝卜一个坑”地安排课时，教师们在课堂上必须紧赶慢赶才能讲完。精简课时后有了时间，减掉的那部分知识，虽然少了考试压力，可并没有被忽略，而是通过拓展补上了，比如在学习“土壤”时，教师会把更多精力放到地方课程或体育活动上；学习“小孔成像”，阳光好时，把学生带到操场上观察和实验……这种探究和拓展，既增加了趣味，学生也学习到了更多的知识。

集体“裁军”还体现在各地统一步调的务实减负上。以绍兴市的做法为例：一是减少考试次数。严格按照省教育厅的规定，小学只在每学期末进行一次全校或全年级性记录成绩的学科考试；初中每学期只进行期中、期末两次全校或全年级性记录成绩的学科考试。二是减少在校时间。严格控制学生每天在校活动时间总量，规定中小学早上到校的最早时间为初中7:50，小学8:20；中午保证学生至少有1.5小时的自主活动时间；傍晚静校的最晚时间，初中为17:00（夏季为17:30），小学相应提前半小时。取消初三周六上午半天的补课，并率先统一取消高一、高二一些节假日的补课。三是减少中考科目课时。做到统一课程标准，统一综合实践活动和地方、学校课程的课时与内容。

三、减加并行，博弈未止：让学生在减负基础上快乐成长

“一直听别人说初三很累，可我非常幸运，一路走过来并没感觉到。”绍兴市建功中学初三毕业生孟余婕，因为喜欢设计进了特色班，因为出色被推荐免试上高中，所以她很“潇洒”地度过了这个时段。

现在的校园生活累不累？爽朗的初一学生吴佩文回答记者：“我们在学校中午有半小时午休，你必须休息，不准干别的。课间休息，不出去都要被老师‘轰’到外面去活动！”

保持合理负担，让学生感到读书、学习是件快乐的事，并因而保持持续的后劲，就是教育的成功。从这个意义上说，减轻负担的功夫，也体现在“加”的艺术上。

走进宁波市北仑区淮河小学，童话意境般的“阳光城动漫农庄”里，在农庄花卉区、农具展览馆、蔬菜瓜果种植区、家禽饲养区、蔬菜大棚区里活动的小学生们，个个脸上都带着灿烂的阳光。很难想象，这所诞生仅7年的城郊接合部学校，曾因交通不便、生源不优、师资不够等原因面临困境，现在却因打造“阳光城”综合实践活动、儿童动漫创意等一系列活力课程而远近闻名。

宁波市教育局副局长陈文辉介绍，该市中小学以加强学生社团活动为基础，全面开展了以“体育、艺术2+1项目”为突破口的素质教育，并逐步形成以“全员参与、多项选择、区校联动、教体结合、资源开放”等为特色的课外文体活动体系。这一经验不久前在中央电视台《焦点访谈》曾经亮相。

宁波象山县中小学开展的“成长俱乐部”活动，通过学生自主报名、家长建议、教师筛选，力求让所有学生都能“选自己喜欢选的，学自己喜欢学的”。而活动时间是从课内“挤”出来的，以课内带课外，给学生留出了解社会、动手实践、健身娱乐的时间，使学生在减负的同时真正提高自身综合素质。

绍兴市建功中学校长周如健坚持在减的同时做好“加法”，提高增效的内动力。他引导大家聚焦课堂，让学生在教师有效教学方法的引领下，轻松应对教学难点，让教师在轻负高质的途径与方法的探索上有新的增长点。同时，学校通过多种社团和比赛活动，使学生在减轻课业负担的基础上快乐成长，培育可持续发展的良好素质。

韩平告诉记者，几个月来，浙江各地的减负努力已初见成果，但一些深层次问题还横亘眼前：

——一些地方和学校还没有充分认识到课业负担过重对中小学生的危害性，担心减负会吃亏，有的还在变着法子搞“上有政策，下有对策”。

——由于历史原因，教师的结构性矛盾依然非常突出，导致初中英语、数学、科学，小学的语文、数学等学科有超规定课时现象；由于有些学校场所、设施、设备及技能科师资短缺等原因，如体育、信息技术、综合实践等学科，仍存在无法开足现象。

——减负后，特别是初中晚自修停止后，家长对孩子的要求并没有降低，并想方设法找教师为孩子补课。由于没有明确的法律依据，也难以有效取证，目前各地教育行政部门在管理和处理教师有偿家教过程中，觉得比较棘手。

——减负后，校外培训机构异常火爆。而这些机构有教育部门审批的、有工商部门审批的、有社会保障部门审批的，还有民政部门审批的或共青团部门审批的，质量有高有低。有些校外培训机构还存在严重的安全隐患。

刘希平认为，在目前情况下，减负无疑是一场博弈。要把这个老大难问题、这个教育的顽症解决得好些再好些，“至为重要的是大家一起行动起来，一起坚持下去”。

学本课堂为轻负优质奠基

——深圳市南山区沙河小学推进课堂变革记实

房超平

2011年4月14日，深圳市南山区教育局举行“减负承诺”专题会议，沙河小学汪洪校长向学生家长代表和社会各界作出庄严承诺，明确表示该校将严格做到区教育局“五零一控”的“减负”要求，即零教辅——在教育行政部门规定的范围之外，不订购任何教辅材料，教师不向学生及家长推荐任何教辅材料（课堂拓展性阅读材料除外）；零家教——学校没有参与有偿家教的教师，没有教师参与社会培训机构组织的家教活动；零补课——节假日及休息时间，学校不安排任何形式的补课（鼓励教师对个别学习困难学生利用学校场所免费补课）；零排队——不对班级和学生进行成绩排队，不公开班级和学生的成绩；零体罚——没有一例体罚或变相体罚学生的行为；一控——严格控制学生书面作业数量，小学一至三年级不留书面家庭作业，四至六年级平均书面家庭作业量每天控制在1个小时以内。自此，这所以外来务工人员子女为主要生源的城中村学校成为深圳市南山区首批“减负承诺”试点学校。这样的底气缘于该校长达7年的学本课堂变革实践。“其实，在减负承诺实施之前，孩子每天都能在一个小时内完成作业，剩余的时间可以练练琴、唱唱歌、与家长谈心。看到孩子的童年这么快乐，我们家长很开心。”六(3)班张彧的家长告诉记者。

一、让学生成为课堂的真正主人

在深圳市南山区举行的一次课堂文化建设现场会上，沙河小学三年级语文老师丘锐组织的《仁慈的力量》一课，让与会者耳目一新。

这堂课包含6个环节：学生组织课前准备，课前预习检查及汇报，小组朗读展示，分组讨论阅读感受，分组展示讨论情况，拓展学习成果，总结提升。下面是学生的精彩发言片段：

学生甲：请同学们把关注的目光投向第二段，我从“你瞧着”这三个字看出了北风非常瞧不起太阳的神情，我还从“眨眼的功夫”这里知道了时间非常短暂。

学生乙：文中不用“拿”，不用“取”，偏偏用了一个“扯”字。“扯”的意思是非常用力地拉下来，更体现出风的粗暴。

学生丙：我很喜欢太阳，所以写了一首赞美太阳的小诗。我猜行人也会和我一样这样赞美太阳：太阳啊太阳，你是我们的第二个母亲。你把温暖给予了我们。小草因为你而快乐地成长，云朵因为你而自由地飞翔，蘑菇因为你而快快地钻出土壤……

学生丁：我觉得前面的同学分析得都很全面，我想用我的朗读来表现出北风的骄傲自大（朗读）。

接着，学生争先恐后地进行表情朗读，课堂达到了高潮……

课堂上，在平等、和谐、民主、自信的交流中，孩子们训练有素、引经据典、妙语连珠，令人惊叹不已。整个课堂教学过程中，除了提出问题、恰当点拨外，教师没有多少语言，学生自始至终都是主角，发言之大方，用语之得体，对话之精彩，彰显了沙河小学深度推进课堂变革的成效。许多带着挑剔目光前来观摩的南山区优秀教师，在听完这节课后，毫不吝惜地留下溢美之词：“这是文化的大餐，是充满魔力的课堂。”一些校长甚至感言：“这不是作秀的课堂，看得出是原汁原味的，不是假的！”

“这是我校在中国教育科学院韩立福博士指导下自主研发的‘问题导学’模式结出的丰硕成果。”谈及课堂变革的成效时，该校汪洪校长兴致勃勃地说，“问题即要求解答的题目或需要研究解决的疑难和矛盾。我们认为，将这个概念放在‘课堂教学现实’中就包含了两个维度的具体含义：一是知识性问题作为教学活动中一种常用的基本手段，用来引领师生共同探求，激发学生学习兴趣、锻炼学生思维过程、催发学生语言表达能力、历练学生情感意志，而且能通过师生之间、生生之间、师生与文本之间的对话，使师生一起发现、探讨、创造性地解决认识性任务。二是非知识性问题作为影响课堂教学效益的关键因素，能够缩小教育理想境界与课堂生活现实衔接差距的各种可能的切入点或支点。基于此，我们明确提出‘问题导学’教学模式，试图转变教与学的方式，调整师生地位和关系，尝试利用问题作为优化影响课堂教学诸多因素的手段、切入点、支点，激发教师的创造才能、主导作用。”

接着，汪洪校长向记者介绍了该校问题导学模式的六大主要特征。一是强调

“问题”意识。对学生而言，通过问题进行学习，问题就可以看做是学习的动力、起点和贯穿学习过程的主线。同时，通过学习来生成问题，学习过程就可以看成是发现问题、提出问题、分析问题和解决问题的体验过程。对教师而言，作为基本教学手段，问题可以看做是教学的动力、起点和贯穿教学过程的主线。同时，通过教学来生成问题，教学过程可以看成是寻找教学突破口、研究教学支点的研究过程。这就必然会调动师生两方面的积极性。二是围绕以“学”为本。以学为本要求教师必须尽快地让学生自己活动起来，去获得知识，去解决问题，把可以托付的教学任务托付给学生，这样就能激活学生的学习主动性。三是基于先学探究。鼓励学生提前主动去活动、去实践，在实践体验中去感受、去领会，坚持“未做不学”、“未学不教”、“学后定教”，努力让学生主动“动”起来，使学生课前带着问题“看”、发现问题“思”，课上带着问题“听”、围绕问题“辨”，课后抓住问题“练”、寻找问题“究”，就会有效改变学生“课前不看书，课上机械听，课后教材扔一边”的状况。四是提倡合作学习。合作学习就是构建以生生互动、师生互动为主要特征的学习共同体，促进不同程度学生在小组内自主、合作、探究学习，共同达成学习目标，促进知识、能力、情感、态度、个性和谐发展，努力使每一个孩子都能获得进步和成功。五是重视思维觉察与生成。强调“问题意识”必然关注“学生实际发生的鲜活思维”，并对思维进行高质量的自我觉察与表达。六是注重实施策略。在具体实践中，教学必须考虑学生的年龄特征和认知特点，采取恰当的策略。该校在低、中、高年段分别采取互教互学、先学后教、先学后导的实施策略，成效颇为显著。

根据汪洪的这个设计思路，该校的问题导学模块由十个相互关联的组块组成：单元感受、个体先学、小组帮学、展示交流、情境表演、实践探究、经典训练、专题评价、整理提炼、拓展运用。学校教师可以根据学科实际和教学实际，灵活变通，适当调整。例如，语文课就把十个模块调整为单元感受、个体先学、小组帮学、展示交流、情境表演、整理提炼、拓展运用七个模块，而数学教师则把十个模块调整为个体先学、小组帮学、展示交流、经典训练、整理提炼、拓展运用六个模块。

“作为一位从事教育20余年的教师，我对教学有着深刻的体会和思考。以前，有着名师情结的我，曾经在全国各地区追随名师的足迹，他们到哪里讲学，我就尽我所能地前去学习。我也曾经到名师所在的学校蹲点学习。可是我越学越迷惘，越学越挫败，我发现他们的课是阳春白雪。多年的课堂改革实践，使我深深地体会到，学生与自己最大的不同，只不过是二者年龄上的差异而已，根本不存在‘教’与‘被教’或‘教’与‘学’的地位划分。”从该校胡梅老师的这段教学反思中，不难看到课堂变革对学校教师教育观颠覆性改变的力量。

“当颠覆性观念一旦形成，学生的存在对教师而言就会变成一种未知而全新的生命体，教师无论是思想还是心理上都已经不存在传统理念中所谓的任何优势，学生的个性、思想、生活和学习等的发生都将成为教师职业生涯中的新事物，而且这种新事物每天甚至每时每刻都在发生着变化。教师的‘教’主要仰赖于对学生‘学’的了解与琢磨，甚至因为这种仰赖，教师的许多‘教’都会变得尤其灵活且随机。在这里，学生的发展被看做一切皆有可能，教师将是学生的研究者，并伴随这种研究而与学生共同成长。教师唯一能做的选择便是，在每天从事的对学生的研究工作中学会适时且智慧的‘顺势而为’，并在每个‘顺势而为’之后，不断进行‘乘势而上’地调整与完善。”汪洪这样评价自己的老师。

根据汪洪的思路，该校数学组老师们推出了“数学整体模块自主学习法”，按照“我先学”、“我会了”、“我交流”、“我能做”4个模块对教材进行重新编排，形成了该校独特的数学学本，使枯燥的数学学习成为愉快的自主探究过程，不仅减轻了学生负担，而且使课堂质效明显提升。

二、“教学工具包”为新型课堂提供支持

小学生做到先学谈何容易，是不是太超前了？对此，沙河小学的老师用鲜活的事实作出了有力回答：学生不但会先学，而且一点也不比中学生差。该校陈春红老师告诉记者，学校研究推出的“读、划、查、问、补、记、做、背”八字学生先学指引要诀，记起来方便，用起来实在，示范、指导了几次后，学生就会用了，而且效果十分明显。

看记者有些纳闷，陈老师对学校的先学指引八字要诀做了解读。她说，读就是通读教材。不管是语文、数学还是英语，都应该认真地通读几遍教材，只有读教材才能走进文本，靠近知识。划就是在书本上划出重点。对语文的好词好句，重点段落；数学的名词结语、规律总结；英语的生字生词、语法要点，重点划出来。包括不会的

知识用特殊的记号划出来。查就是对教材上的不懂不会的知识，通过查工具书的方法，自主学习。问就是对教材上的内容的过程和结果的原因进行追问，看懂的问题写在书上，在上课交流或考别人，不懂的问题记在书上，向别人请教。补就是把书本上省略的步骤和过程补充完整，并写在书上。记就是对读书过程中学会的问题的原因，不懂的问题，个人的感受、查找的解释都记录在书本的空白处，也可以用即时贴插页记录。做就是对书本上的练习题先行自主做一做。背就是把要求背诵的内容在课前先背诵记忆。

作为一名年轻的"老教师"，王静是沙河小学课堂变革实践的先行者。但在实验初期，她却很难转过弯来，理由很简单：理念虽然先进，但不知如何操作。"学校开发的教师导学指引不仅有六大理念、十项策略，而且还有17条要素，对新型课堂流程的每一个环节都提出了具体要求，让我们茅塞顿开。比如，教师导学指引对语文前置小研究的要求是'带阅读'，即收集与课文相关的经典阅读的名言警句、观点论据的材料，便于上课时交流展示；对数学前置小研究的要求是"带例子"，即对本节课最根本的、最具体的、最简单的、最直接的问题，通过举例的方式，作为上课交流的素材。"王老师对学校的教师导学指引赞叹不已。

在王静老师的推荐下，记者认真查阅了该校教师导学指引的六大理念。这六大理念主要有，一是二维问题导学理念。即以"知识性问题"作为学习的内容主线，按照生成问题——解决问题——再生成问题——再解决问题的形式完成学习过程；以"非知识性问题"能动地调控学习过程，使学习过程更加有效、更加高效。二是师生共生问题理念，即课堂教学以学生呈现问题为主，教师呈现问题为辅，教师要在如何让学生有效呈现问题上下功夫。三是和谐对话系统理念。即教师要真正走进学生，与学生之间建立平等、民主、自由的对话关系，尽可能启发学生学习思维，鼓励学生启动教学话语，让学生学会用自己的语言表达教学话语，并帮助学生科学建立生生对话、小组对话、组间对话等多元对话系统。四是多元化情境刺激意识。即教师要根据文本教学需要和学生学习发展需要，利用一切可以利用的物质的、精神的课程资源，尽可能多地创设有效情境。同时，教师要充分发挥学生的集体智慧，创设与文本内容相关、相近的情境。五是科学规范指导意识。这种意识主要体现为两点：一是"不困不导"、"先启后导"；二是"师生相导、生生互导、组间补导"。六是全方位评价意识。即教师和学生要在真实、有效的学习情境中进行真实性评价。教师对学生评价的内容下移,不仅关注学生"学""没学",更要关注如何学,学的怎样。同时,教师要培养学生的自我评价意识和合作评价意识,提高学生自我评价、自我管理、自我监督能力。

从王老师提供的教师导学指引上,记者注意到,这个指引对导前先学、以学定教、教少学多、先做后学、问题呈现、小组合作、质疑问难、适时刺激、培养能力等十项关键策略以及学习动员、情境创建、前置作业、先学指导、能力评级等十七条行动要素做了详尽解释和说明,为全校教师有效实施"问题导学"模式提供了具体指导。

为了深度推进课堂变革,汪洪校长组织沙河小学老师以小课题研究的方式,进行了系列探索,开发了方便、实用、易操作的"教学工具包"(见下图)。

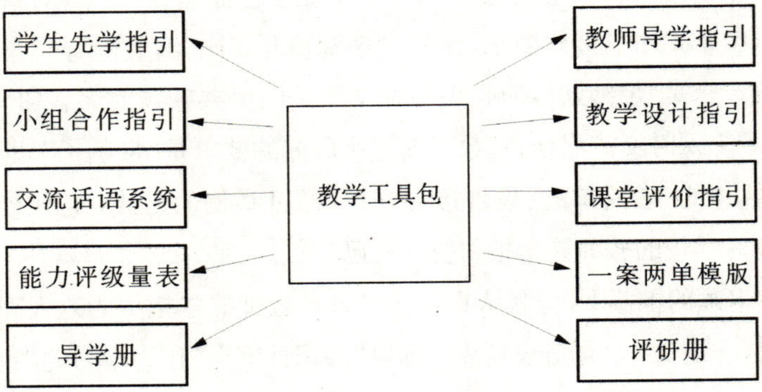

仔细阅读"教学工具包",记者发现,工具包的十个内容涉及教与学的方方面面,为学生和老师开展课堂变革提供了有效的支持工具。如小组合作指引对分组、评价、管理的原则进行了阐述,并对合作前中后的要求作出规范;交流话语系统介绍了小组讨论以及展示交流时学生话语的表达方式和示范语言;教师备课指引形象地介绍了元帅式、将军式、士兵式备课的要领和要求;一案两单模板对老师教学工具的导学案和问题评价单、问题解决单进行了规范;导学册和评研册则分别是老师编制的引导学生学习和评价的教学方案。

"'教学工具包'是个智囊箱,新型课堂变革所需要的支持工具应有尽有,不仅对教师的'导'有非常重要的参考价值,而且对新视野下的教学管理提供了新的视角。我们学校准备将这些工具带回去认真研究,并结合我校实际进行改造,供老师们学习、使用。”一名前来学习的校长兴奋地谈了自己对沙河小学“教学工具包”的看法。

谈起开发“教学工具包”的初衷，沙河小学校长助理苏但丁说，“新课程推行已经十多年了，对于老师而言，理念不是问题，重要的是实践中如何做。因此，开发实用性很强、具有实践指导价值的教学工具包就成为首当其冲的重要任务。我们在专家的指导下，针对新型课堂出现的问题进行了一系列实践研究，开发了这个工具包，虽然理论性不一定很强，但却简明扼要、易于操作，深受老师欢迎。”

三、评价变革使新型课堂如虎添翼

“这样的课堂怎样体现老师的主导作用？”“学生自己学习、讨论、交流，还要老师干什么？”在多数老师赞叹沙河小学课堂变革的同时，不免有人发出这样的疑问。

“这些疑问的背后是怀疑甚至否定的态度。为什么会有这样的态度？”汪洪校长若有所思后告诉记者：“究其原因，是因为课堂教学评价原则没有改，仍然把关注的焦点对准‘教’而不是‘学’。因此，推进新型课堂变革，必须改革课堂评价方案。”

汪洪是这样想的，也是这样做的。

在推进课堂变革的过程中，汪洪带领沙河小学班子成员和骨干教师研究制定了“学校课堂评价指引”。汪洪说，“我校课堂评价指引主要是依据以下四个基本原则。一是评学原则。即课堂教学评价聚焦学生的学。二是过程性原则。即课堂评价更加关注学生学习的过程。三是灵活性原则。即评价更加关注教师能否根据学生学习的具体情况，选择最适合学生的导学方式。四是全程性原则。即课堂评价关注点要由课堂延伸到课前的前置学习、课后的拓展性学习。”

记者注意到，根据汪洪校长的上述设想，沙河小学的“课堂评价指引”还列出了包括教学目标达成情况、前置作业完成情况、关键问题预设情况、情境创设合理情况、小组合作有效情况、质疑问难互动情况、课堂生成生动情况、自主探究学习情况、评研训练恰当情况、师生评价互动情况等十条课堂教学评价要素。其中，关键问题预设情况主要观察学生对教师设计或学生自主设计的前置作业的完成情况，以及教师对文本教材中的关键问题是否预设准确，在课堂教学中学生能够掌握关键问题并得到解决。情境创设合理情况主要观察教学情境的创设是否符合学生学习认知规律，是否激发学生的学习兴趣，引导学生积极思考，有利于学生解决问题；小组合作有效情况主要观察小组合作学习的有效性，小组成员全员参与，人人发表意见，互动交流解决问题，相互指导帮助，形成小组共识的情况；评研训练恰当情况主要观察评研内容是否精当，评研时学生是否自主总结、归纳、展示、陈述，学生能否掌握学习内容的重点难点，并用自己的语言进行分析表达。训练内容是否符合学生巩固知识的要求，要难易合适，数量合适，使学生能根据训练内容进行归纳整理，掌握知识要点。

“沙河小学的这个评价标准，主要从学生学的角度评价课堂，更加关注自主的程度、合作的效度、探究的深度和学习目标达成程度，改变了以往单纯从教的角度评价课堂的弊端。这对于推动课堂教学变革的意义是不言而喻的。”中央教科所韩立福博士对沙河小学的探索给予了充分肯定。

该校副校长王小洪告诉记者，根据学校的课堂评价指引原则，学校提出了关注先学后导、教师行为、学生活动、情境创设、课堂文化、学习效果的“六关注”课堂评价策略。“从评价策略上看，我们这个指引主要突出了以下五点：一是关注先学后导。即观察学生先学的情况，看学生能否发现问题、提出问题，适当解决一些问题。同时，观察教师能否恰当引导，帮助学生自主构建知识。二是关注教师行为。即观察教师给予了学生多少空间，教师组织学生的活动是否合理高效，能否体现学生的主体作用。三是关注学生活动。即观察学生前置学习、小组交流、小组汇报、质疑问难以及问题生成、解决等情况。四是关注情境创设。即观察教师是否创设有利于学生学习的情境，包括生活情境、静思情境、问题情境、对话情境、合作情境、质疑问难情境、媒体情境、展示情境、评价情境、练习情境、表演情境等。五是关注课堂文化。即观察教师是否构建了以学生为中心的文化氛围，主要体现为形成学生是否自主自信、主动探究、合作探究、质疑问难，是否善于思考，大胆表达，善于表达。六是关注学习效果。即课堂是否达成了事先设计的目标，学生的自主学习效果如何，这是评价的主要观察点。”王小洪解释道。

接着，王小洪给记者出示了该校的课堂评价标准表。在这张评价表中，“学生学习状态及效果”一项包括前置作业、主动探究、合作学习、互动展示、质疑问难、问题生成、评研训练及目标达成等9个要素，“教师素养及行为”一项则包括教师状态、教学机智、组织能力、教学设计、前置作业、问题意识、创设情境及现场评价等8个要素(见下表)。

沙河小学“问题导学”课堂评价指引

<table>
<tr><th rowspan="2">评价指标</th><th rowspan="2">评价要素</th><th colspan="4">评估等级</th></tr>
<tr><th>A</th><th>B</th><th>C</th><th>D</th></tr>
<tr><td rowspan="9">学生学习状态及效果</td><td>1. 前置作业。前置作业较好完成，为课堂学习做好准备。</td><td></td><td></td><td></td><td></td></tr>
<tr><td>2. 主动探究。自主学习、发现问题、独立思考、独到见解。</td><td></td><td></td><td></td><td></td></tr>
<tr><td>3. 合作学习。小组合作组织有序合理，效率高。</td><td></td><td></td><td></td><td></td></tr>
<tr><td>4. 互动展示。学生参与学习、对话展示、互动表达。</td><td></td><td></td><td></td><td></td></tr>
<tr><td>5. 质疑问难。积极想象、积极补充、敢于否定、善于批评。</td><td></td><td></td><td></td><td></td></tr>
<tr><td>6. 问题生成。在自学、合作、交流的过程中生成新问题、与作者或他人对话中产生个人见解。</td><td></td><td></td><td></td><td></td></tr>
<tr><td>7. 自主评价。学生能对自己和同学进行合理评价。</td><td></td><td></td><td></td><td></td></tr>
<tr><td>8. 评研训练。评研全面准确深刻，训练科学到位。</td><td></td><td></td><td></td><td></td></tr>
<tr><td>9. 目标达成。学习方法合理、学习效率高、达到三维目标。</td><td></td><td></td><td></td><td></td></tr>
<tr><td rowspan="9">教师素养及行为</td><td>1. 教材处理。能根据学情正确把握和处理教材，关键问题把握准确。</td><td></td><td></td><td></td><td></td></tr>
<tr><td>2. 教师状态。教学中充满热情，具有感染力，充分激发学习潜能。</td><td></td><td></td><td></td><td></td></tr>
<tr><td>3. 教学机智。准确把握学生学情、具有应变能力，因学定教。</td><td></td><td></td><td></td><td></td></tr>
<tr><td>4. 组织能力。学生的学习活动组织得高效合理，引导恰当、具有艺术性。</td><td></td><td></td><td></td><td></td></tr>
<tr><td>5. 教学设计。导学案设计合理、恰当利用教学资源、合理处理教材，正确运用教学策略，体现先学后导。</td><td></td><td></td><td></td><td></td></tr>
<tr><td>6. 前置作业。前置作业是否具有简单性、直接性、根本性、开放性。</td><td></td><td></td><td></td><td></td></tr>
<tr><td>7. 问题意识。艺术化地呈现问题，引导学生自主发现问题、提出问题、解决问题。</td><td></td><td></td><td></td><td></td></tr>
<tr><td>8. 创设情境。根据学情，创设恰当的学习情景，充分调动学习热情。</td><td></td><td></td><td></td><td></td></tr>
<tr><td>9. 课堂评价。教师能针对学生学习和活动给予适时、适度、合理的评价。</td><td></td><td></td><td></td><td></td></tr>
<tr><td>综合表现</td><td colspan="5">评价等级：
综合评价意见：
评价人：
年　月　日</td></tr>
</table>

“课堂评价指引”使沙河小学的课堂变革如虎添翼。全校老师都自觉参与到课堂变革的实践中来，就连即将退休的59岁数学老师涂建华也不甘示弱，成为这场变革的主角。“我们学校的课堂教学评价体现了以学论教的基本原则，不仅关注老师个人的业务素质和教学技能，而且更加关注学生的学习状态和目标达成，使每一位老师在新型课堂变革中都站在了同一起跑线上，对我们的课堂变革起到了有效指导作用。”涂建华老师如是说。

在谈到沙河小学课堂变革实施的效果时，南山区教育局局长曾令格给予了高度评价：“沙河小学的课堂变革体现了我区以学生为中心的课堂文化建设理念，体现了科学、民主、人文的课堂文化建设原则，基本实现了从以教为主的课堂向以学为主的课堂转型。

“享受学习，享受童年”

——新疆教育学院实验小学勇做课改的“先锋兵”

马新河

一直以来，社会各界对中学素质教育的推行和实施都给予了极高的关注，而对于小学素质教育则关注得比较少。小学素质教育该怎样实施呢？新疆教育学院实验小学这些年来，全面扎实推行素质教育，收到了显著成效。“推行素质教育，让学校尝到了大大的甜头！实施素质教育，才是切实为学生减负的一条重要途径！”新疆教育学院实验小学校长田征感慨颇深地对记者这样说。

一、实行大小书包制，打响为学生“减负”的第一枪

自改革开放以来，随着中央对教育事业的日益重视，我国教育事业取得了巨大成绩。但另一方面，素质教育为何难以推进？学生家长“望子成龙”心切固然是一个方面，但当前招生考试、教学质量评价制度设置不够合理也是一个重要方面。此外，

社会上过热的“培训经济”也刺激并助长了这股歪风。中小学生“书包过重”、“睡眠过少”这类现象应引起我们的关注。当前如果任由这种现象持续下去不进行纠偏，不但会直接影响青少年的健康成长和发育，无助于提高学生的全面素质和综合素质，而且还会影响到国家的未来。早年梁启超先生就说过：“少年强则国强，少年立则国立。”对此，教育部门早已高度重视。

2007年10月16日，中共十七大首场记者招待会上，中央电视台特约小记者季家希举手向时任教育部长周济提问。季家希问道：“我今年12岁。我有两个问题。第一，我知道教育部门和学校为了减轻我们的书包已经做了很多的工作，但为什么我们的书包还是那么重呢？第二，现在同学们总说睡眠的时间太少了，有什么办法能让我们多睡一会儿吗？”这在当时中国教育史上是一件热点新闻，被各类新闻媒体广为转载，可也使我们不得不正视一个问题，即当前我国中小学素质教育改革还不够完善，中小学生“书包过重”、“睡眠过少”等现象还普遍存在。

不久，一份中央级教育媒体的一篇报道，题目是：《大书包留学校　小书包带回家》，这篇报道写的是新疆教育学院实验小学实行大小书包制，为学生“减负”，引起了社会的普遍关注，现摘抄如下：

“现在，我每天都把沉沉的大书包留在学校，背着我上幼儿园时用过的小书包上学，肩膀上一下子轻松多啦。”4月8日，说起自己同时拥有的大、小两个书包，新疆教育学院实验小学一年级的康宇翔很是高兴。

在全国不少城市，随处可见背着沉重书包上下学的孩子。但在新疆教育学院实验小学，像康宇翔这样轻松地背着小书包上下学的学生还有很多。

记者看到，在实验小学的一年级的几个教室中，每个孩子的书桌里都放着一大一小两个书包，大书包里放着字典、水彩笔等较重且不常用的学习工具，而小书包里是空着的。

“这是放学后用来装学生当天需要温习的书和作业本的，这样学生的书包可以变轻许多，还培养了孩子的自理能力。”该校一年级组长巩明霞老师向记者介绍。

最早提出给孩子的书包减负的是五年5班的班主任连卫老师。她回忆说：“作为一个班主任，我常常在家长会上劝戒家长不要在上学和放学的路上替孩子背书包。我以前一直以为是现在的家长太溺爱孩子，不肯让孩子受一点点苦。但两年前一次偶然的经历让我的想法彻底改变了。”连卫老师讲：“一次放学与女儿同路。我发现她走路时身子总往前倾，有些驼背，于是我就提醒她：‘挺起胸来！’女儿稍稍挺直点身子，不一会就又恢复了原样。这才引起我的注意，我拿下她的书包背在我的肩上，才发现书包真的很沉，怪不得！我这才明白女儿会微微驼背的真正原因。”

“作为一名人民教师，我有义务和责任向社会呼吁，建议学校为孩子的书包减负。”连卫老师说。

据了解，实验小学在实施“大小书包制”前，还专门为各个年级的学生称了书包重量，结果让老师们都大吃一惊：一年级开设9门科目，加上练习册、作业本、铅笔盒、工具书、水壶、水彩笔，一个书包平均重量为6 050克，居然比一大桶食用油还要沉，而学生的平均体重仅21公斤左右。随着学生的成长，年级的上升，开设的科目也越来越多，书包的重量也随着在增加。到小学六年级时，一个学生的书包重量居然平均达到了8 254克。

学校在实行了大小书包制后，学校再次对各个年级学生书包进行了称重，每个年级学生的书包重量平均都减轻了3公斤左右，学生肩头轻松了不少。

新疆教育学院实验小学校长田征介绍说，孩子正处在生长发育阶段，早在十几年前，卫生部门在对中小学生的体检中就发现，现在学生的脊柱弯曲情况日益严重，越来越多的学生走路驼背。考虑到小学生正处在发育阶段，为此我们学校提出了“大小书包制”办法，为孩子的书包减负。2006年9月起，在一、二年级实施，这个学期在全校一到六年级推广，学生可以自愿参加。现在我们的学生们每天可以用小书包、纸袋，甚至是塑料袋将需要的书本带回家，大大减轻了孩子们的身体负担。

新疆教育学院实验小学实行大小书包制为学生“减负”确是大大减轻了孩子们的身体背书包的负担。不过究竟是什么原因造成学生的书包这么重的？这是一所小学校，小学生的书包这么重在中国是一个非常普遍的事情。这所学校一年级小学生学校开设的功课一共是9门功课，使得书包的重量竟然达到平均6 050克。

记者采访到新疆教育学院实验小学的连卫老师，细心的她翻出一本工作日记本，向记者展示出这么一组数据：

一名电工的工具箱重2公斤左右，一位推销员的背包重2.5公斤，一名士兵的步枪标准重量3.7公斤，而一位小学生的书包却重达5.8公斤！这，到底是为什么？

与此同时，对儿子的书包重量感觉迷惑不解的新疆教育学院实验小学家长尹先生，他亲自动手将书包内所有的东西翻了出来：16 本教科书及教辅材料、12 个作业本、1 个专装卷子的大夹子、1 本字典，再加上铅笔盒、大水杯、墨水瓶、水果零食……构成了一名 5 年级小学生庞大的书包。儿子的话更让尹先生跌破眼镜："我留了一些书本在学校里，要是都背上，比这还沉！"

庞大的书包让学生吃不消，家长也叫苦不迭。尹先生说，他曾试图为儿子的书包"减负"，却以失败告终。妻子还告诉他，儿子上学 5 年，已经换了 6 个书包，一个比一个大！事实上，像尹先生的儿子这样，每天背着超过 5 公斤的大书包去上学的孩子有成千上万。为了对付庞大的书包，家长们使出各种招数，替孩子背到校门口、按课程表提前整理书包，甚至买来带拉杆的拖包、宽带子的登山包代替双肩包。但是那书包，只是一味地膨胀，没有"减负"的趋势。

连续两天走访发现，过重的大书包成了与孩子的年龄、身体最不协调的风景。一、二年级孩子的书包，几乎都在送他们上学的父母肩上。到了校门口，再匆匆忙忙转移到孩子肩上。一时间，学校门口出现了"倒包"风景。

"没办法，书包太沉了，孩子那么小，根本背不动。况且还要拿水杯、试卷，有时还要带美术课用的橡皮泥、画笔，音乐课用的乐器，清扫工具，孩子怎么拿得了呢？"一位家长说，她每天晚上都细心地替孩子按课程表整理书包，但书包的重量还是达到了四五公斤重。

大一些的孩子多数自己背书包，但身体还是被书包坠得明显弯曲。"累啊，可是不能不背啊，不知道老师会要求我们拿出哪本参考书，所以就全背着吧。"在实验小学附近就读的一名初中生说，光是英语就有 4 个本，练习本、听写本、作业 1 号、作业 2 号，指不定哪节课用哪个本子，必须全背着。此外，有些课程还要听磁带，搞积累，所以又派生出积累本、自默本，甚至还有专门记作业、让家长签字的联系本……

面对这种现象，身为新疆教育学院实验小学一校之长的田征校长坐不住了，他紧急召开全校教师动员大会，要求各班主任教师对学生肩上的负担作了认真地思考，学校校卫生保健人员对全校学生书包的重量作了抽查，各年级平均重量为：一年级 2 300 克，二年级 3 300 克，三年级 3 900 克，四年级 4 100 克，五年级 3 900 克，六年级 2 960 克。全校最重的书包是 6 050 克。

很快，在全校家长会上，田征校长向全体家长通报了这个调研数据，提出了一个管理理念：大书包小书包；两个目的：养成学生自我管理的习惯，减轻学生肩上的负担；两种做法：学校不用的放在家里，家里不用的放在学校，来回的路上背着一个轻书包；两个提示：教师引导学生自愿，周五放学时全部拿回家。

其实，早在2005年春天开始，学校就曾经选取自愿者进行了试验，2006年秋，在一、二年级开展了年级试验，效果很好。2007年春，我们在全校推广这一做法，取得了很好的效果。不久，新闻单位对此进行了报道，引起了社会的关注。自治区教育厅和乌鲁木齐市也组织调研组来学校调研，对学校的做法予以肯定和表扬。

可是掩卷深思，在全国其他地方，又有多少个地方多少所学校会实行"大小书包制"的改革呢？造成这种现象的深层次原因又是什么呢？

记者为此查阅了相关的规范，根据教育部《义务教育课程设置实验方案》，其中有地方设置课程，增加这种选择性的初衷是："国家通过设置供选择的分科或综合课程，提供各门课程课时的弹性比例和地方、学校自主开发或选用课程的空间，增强课程对地方、学校、学生的适应性，鼓励各地发挥创造性，办出有特色的学校。"

那么，依照《义务教育课程设置实验方案》规定一年级小学生的接受义务教育的基本课程是品德与生活、语文、数学、体育、艺术（或选择音乐、美术）、综合社会实践、地方与学校课程。如果严格执行这个规范，我以为书包不会这么重。譬如：地方与学校课程许多地方在小学一年级根本不安排，而有的地方从一年级就增设外语，而教育部课程规定外语是从三年级开始设置的。记者看到有些地方小学一年级的课程设置比新疆教育学院实验小学设置的还要多，最多的甚至达到15门，如果一年级小学生严格执行每周26学时，就不可能开设这么多课程，没有这么多课程书包就不会这么沉重。

在我们的邻国日本、韩国，他们的教育也是做了多少年的工作，韩国现在大学的毛入学率已经达到90%以上。但你到韩国去了解一下，他还是考试第一，高考仍然是重要的指挥棒。韩国的义务教育非常均衡，但下了课之后，有庞大的补课经济，那就不均衡、不公平了。

我以为日本、韩国在这个问题上做的比中国好，尽管也是有高考，高考也是竞争得很激烈，但是义务教育非常均衡，均衡的是国家法定的教育，这是有严格限制的，课程学时，补课问题都是不允许的。至于出了学校之后家长让学生参加各种学习，这是家长的事情，与学校无关，与义务教育无关。关键问题是这些社会办学的证书不能作为义务教育入学的优先条件。把各种证书作为入学条件是违背教育公平精神的，也是增加学生负担，教师负担的一个原因。

全面发展是个性发展，依据是学生的生理和心理特征实行因材施教，实现德智体全面发展，现在这种发证的特色以及各地义务教育开设过多的课程和全面发展的精神是不一致的。书包出了问题，学生负担加重，首先应当反省的是地方教育行政机关是不是执行了义务教育法，北京市做出限制，这一步走对了，这是解决书包问题的根本出路，是减轻负担的根本出路。各地能不能做到也是检验是不是认真贯彻执行义务教育法的试金石。

“推行素质教育，让学校尝到了大大的甜头！实施素质教育，才是切实为学生减负的一条重要途径！”新疆教育学院实验小学校长田征感慨颇深地对记者这样说。

二、锐意课改，打造普及小学教育和进行教育科学研究双重任务的示范性“样板校”

新疆教育学院实验小学，其前身是成立于1906年清朝末年的新疆师范学堂附属小学。新中国成立以后，新疆师范学堂更名为乌鲁木齐第一师范，1978年原第一师范更名为新疆教育学院，1980年经新疆维吾尔自治区教育厅批准，学校更名为新疆教育学院实验小学，成为新疆维吾尔自治区成立最早的、兼有普及小学教育和进行教育科学研究双重任务的示范性实验小学。

作为自治区的第一所实验小学，作为一所自治区直属、教育学院主管的小学，作为一所有着百年文化历史的小学，新疆教育学院实验小学有幸随着乌鲁木齐市天山区参加了于2001年春天启动的新一轮基础教育课程改革实验，至今，已约十年了。回首过去的峥嵘岁月，起伏跌宕、翻转往复无不历历在目。十年来，实验小学的课程改革经历着学习、实践、反思、再学习、再实践、再反思的循环并进步着的过程。亲历就是财富，经历就有进步，展望未来，今天的实验人正乘着课程改革的浩荡东风扬帆向前。经过不懈的探索和创新，新疆教育学院实验小学创造了一个众口皆夸的新疆小学素质教育的经典范本。

新疆教育学院实验小学校长田征接受记者采访时说,“在百年的办学历史中,我校的办学质量享誉天山南北。教育厅直属、教育学院主管的组织程序也为实验小学的发展创造了相对自由的空间,大学之大,大在精神;小学之小,小在细节。我们要用大学精神办好实验小学。因为小学是培养优秀小学毕业生的摇篮,是新疆小学教育的公开课堂,是引领新疆小学教育的一面旗帜。这既是上级领导对我校的要求,也是我校的办学目标!”

“教师者,要实现教书育人的神圣职责,因此,近年来,我校制定了各门学科发展定位,语文为基础,数学为龙头,英语为特色,科学为核心;语数外科‘搭台’,体音美‘唱戏’。教职员工工作态度定位:同心、同力、同乐,努力工作,愉快工作,享受工作!”

常常有人问田征:“作为一所办学质量很高的学校,你们实验小学的办学特色是什么?”

听罢此言,田校长笑着这样回答道:“作为基础教育,我们学校追求的是全面发展、全面提升,没有特色就是实验小学的特色!处处特色就是实验小学的特色!”

因此,针对新一轮课程改革实验,学校领导明确地提出这样的办学理念:全员参与、全员学习、全员感悟、全员实践、全员提高。

自此开始,实验小学每一次的课改培训都是全员参与了,就是送老师到校外培训,也不光是送一年级的任课教师了,各年级的老师,学校都愿意送出去参加培训提高。

田征认为:老年教师是学校的财富,中年教师是学校的骨干,青年教师是学校的未来。在教师队伍建设上,学校需要“领头羊”,不需要羊群里的骆驼。羊群是需要领头羊的,但羊群中的骆驼是起不到引领作用的。

为追求“$1+1>2$”的群体效果。学校确立学科发展定位为:语文为基础,数学为龙头,英语为特色,科学为核心;语数外科“搭台”,体音美“唱戏”的办学理念。不求“单项最优”而求“整体更优”。

所以,学校要用“新理念”驾驭“老教材”,力求做到老课要新上,常上要常新。为了培养教师,学校还先后启动青蓝工程、明星工程、名师工程。开展外培、校培、组本培训以及组内研讨活动、实验杯竞赛活动。为使教师创编教材、驾驭教材的“武功”，我们在教师群体中开展取舍教材、自编教材、自编教辅、自编试卷、自写专著、在高校兼课等恢复“武功”和拓展“武功”的活动。

实践与反思也让教师明白了：随着新一轮课程改革的深入，小学的课程结构发生了巨大的变化，除学科调整外，教师队伍结构也有待调整。新的课改呼吁小学教育要体现综合性，而综合性的达成则需要在学科教学中实施。新课程对教师的要求空前提高，备课时的预设与课堂上的灵活成为“逼迫”老师不断学习提升自己的强心剂，海量的信息也不断涌来，教师备课方式的改革也成为促进课改的必备因素。随着电脑的普及，全校明确要求：语数外组的备课因是同科、同课、同级，所以可采取“集体备课、资源共享、个人加减、课后反思”的备课方式进行电子备课。其他学科的备课因是同科不同课亦不同级，故可采取“集思广益、资源共享、个人加减、课后反思”的备课方式进行备课。

在学校现有办学基础上，充分利用我校多媒体计算机等硬件设施，让现代生活渗透到学生的日常学习中，以拓展更大的教学空间。我校语文学科的老师们尝试着在多媒体教室里上阅读教学课，师生人手一机（电脑），在网络的世界里理解课文内容，捕捉更多的学习资源；师生共同在多媒体教室进行网络作文教学，品评精彩文章，校外人士通过网络参与课堂教学的评价。外语老师、美术教师的教学也走进网络教室。除此之外，各学科老师还结合课本单元学习主题，开展各类实践活动，例如：五年级的语文综合性学习：走向街头找错字；三年级的“诗歌王国”；科学学科的“水源污染小调查”等等。学校特为艺术学科（音乐、美术学科）、科学学科设立了艺术层、科学层，还建成了体育层。这样，学生学习的空间扩大了，师生交流的渠道多元化了，老师教学、学生学习已不仅仅停留在课堂那狭小的范围，而是走出了原始意义的教室，走近现代生活，走向社区，走向自然，走向更广阔的天地，真正实现多种资源、多门学科相互整合，提升办学品质，以全面培养学生素养，为学生今后的可持续发展奠定基础。

学无止境、教无止境、研无止境，在学习、实践、反思与寻觅中，教师业务素质提高了，与此同时，学校还初步建成校园有线电视系统、智能广播系统、办公电话系统、校园局域网系统、安全技防系统。500 余台电脑、近百台电视机、有线上网与无线上网并存、教师人手一台笔记本电脑、1个校园网、36个班级网站的运行为学科教学与信息技术的整合建构了优势平台，为学校的发展提供了良好的物质基础。

现在，实验小学正以开展小学领域的教育科学实验研究为宗旨，努力成为自治区小学教育教学领域内改革研究的排头兵，努力实现上级组织及社会对学校的定位：实验小学要做培养优秀小学毕业生的摇篮，要做新疆小学教育的公开课堂，要成为引领新疆小学教育的一面旗帜！

校长田征说，“学校这样做，意在通过课改推动和引导实验小学课堂教学能有效地向纵深发展，使每位教师不断丰富自身内涵，成长为智慧型教师，成就精彩课堂，为学生的美好人生奠基，从而在从事教育教学工作的过程中，享受追求和成功的快乐！”

三、激活校园，切实减负，让孩子在宽松的教育环境下“享受教育”，小学的六年决定孩子未来的六十年，为孩子终生发展负责！

田征校长常说：“科技创新需要人才，有赖于全民的科学素养的提高，而这一切则依靠从小就开始的科学教育。实验小学要做培养优秀小学毕业生的摇篮，要做新疆小学教育的公开课堂，要成为引领新疆小学教育的一面旗帜！”

小学科学课程在新疆教育学院实验小学被定位为核心课程，这与发达国家不惜巨资投入到科学教育之中，进行大量的科学教育研究，提升其科学学科的地位，并把它作为与语言、数学并列的三大核心课程是同步的。实验小学对科学教育的高度重视，为科学教育教学活动提供了9个活动平台：首先将综合楼二楼开辟为科学层，设两个科学教师办公室、五个科学实验室、一个仪器室、一个准备室；学校建有近900平方米的车模、海模、航模、建模活动平台；科学探究实验室、实验生态园等科学课程教育设施一应俱全。

科学课实际上也是社会实践课，在科学实验的过程中，可以培养孩子的社会情绪能力。新疆教育学院实验小学科学组教师经过阅读大量相关的小学科学教育教学理论书籍，群策群力使低年级学生在智力开发的重要阶段，好奇心最强的年龄段得到较好的引导和训练。学校建立了由少先总队部领导的“实验少科院”为科技活动组织，采取校内外相结合的科技教育模式，培养学生“科技活动小主人”。科学组能够打破学科界限，进行科学、语文和数学学科的交流，进行了语文书中的科学问题的整理，学生完成了相关的主题小报，在其他学科的学习中发现科学问题，培养科学问题意识。通过一系列科技兴趣小组的活动，不仅能够巩固已经学过的基本知识和基本技能，而且还能够在动脑动手的过程中，进一步强化学习科技的兴趣，激发学生学习科技的热情。

校长田征说，在这个竞争日益激烈的社会中，学生不仅要增长学识，还必须要具备较强的适应能力。适应能力的培养应该从小抓起。因此，必须要通过有效的方法来为孩子营造“与人合作、和谐相处”的环境。“班组互换留学制”是“走班制”的延伸，也是为提高学生的适应能力，培养学生的团队协作精神，增强孩子们的集体荣誉感，根据学生的特点而量身订制的。近几年，实验小学本着“以人为本”的教育理念，力争通过各项创建学校特色的教育实践活动来发展学生的综合素质。在这些实验中，“走班制”的试行取得了显著成效。为进一步拓宽“走班制”的内涵，结合学校办学理念，根据高年级学生的特点，2008 年实验小学开始推行“班组互换留学制”的实验。

后来，实验小学又采取了“小讲师互换讲学”、“学困生走班留学”、“优秀生传经送宝”等形式进行互换学习。各班级间的“留学”活动，给实验小学的教师带来了深层思考。教师们说，在这一阶段的学习中，“留学生”们在各个“留学班”里都收获满满，而“留学生”们的用心表现无疑给每个“留学班”带来了一股清新的空气。孩子们适应很快，好孩子越来越好，充满自信，不断地传经送宝。一些平时较调皮的孩子行为习惯得到很好地纠正，在新的集体里孩子们学方法、交朋友，找乐趣、改毛病。班与班之间相互协作，取长补短，共同进步。

与此同时，实验小学在以往固有教学模式中大胆创新，又推出教师走班制教学，即老师将同一教学设计应用于不同班级的教学中，从教学预设与不同班级学情的课堂生成中拓展学生的学习方法，提升教师的课堂调控能力。教师在实施教学中，可根据不同班级，不同学情，具体情况具体对待，灵活变动教学内容，使教学效果趋于完美。走班制教学从同年级推选一位老师同课走几个班的教学方式，逐步推演到本年级或同学科几位老师相互走班，将走班教研的方式方法逐渐深入，拓展教师的参与度，全员提升。之后，学校又将探究的脚步迈向不同年级、不同学科的教师之间，尝试体验“邀请式”走班教学。

经过实践，教师们认为，走班制充分调动了学生课堂学习的兴趣。不同的老师有不同的教学风格，学生在全新的教学方式中感受不同教师带来的新方法、新学法，在满心的新鲜感中，学生开始了新的体验。

同时，换教师上课，许多学生产生“我要好好学，好好表现”，给新老师留下一个好印象的念头，从而增强了学生的自信心和成就感，让孩子尝试到成功的快乐，减轻了思想压力，让他们始终保持乐观情绪和平衡心态，投入到学习中去。这充分调动了学生学习的主动性、积极性。提高了教师钻研教材、驾驭课堂的能力。通过走班制，加深了教师间的学习交流。每换一个班，教师对各个班的班风、学情及常规和思维、语言的训练都有了一定的了解，这样可以找出差距，便于提高自己今后的教学及班级管理能力，还扩大了师生之间的交往范围。走班制加大了师师、师生之间的相互影响。一个老师通过走班教学了解到全年级学生的基本情况。教师们通过互相听课学习，可以观察到授课教师在常规训练方法上有哪些值得借鉴的地方。学生打破常规一个学科一位老师的教学，体验不同老师的教学风格，在与不同老师的交流中聆听不同的教法，学到了更多的学习方法，体会到不同教师带来的新学风。可以说，走班制教学起到了示范、引领的作用。发挥了老师的集体智慧，展现了实验小学的风采，是实验小学的又一创举，借用田征校长的话：在走班教学中，得益的是学生，收获的是教师，老师与学生共同进步！

本着教育就是服务的理念，实验小学在经过两年试验的基础上，于 2007 年正式启动了一年级新生“选班制”。学校将一年级每个班配置的各科老师在校园网上作以详细的介绍，请新生家长和学生一同通过网络或其他渠道了解老师、了解学校，家长和孩子按照自己的了解自愿选择班级。对孩子的性格、能力、特长最了解的莫过于家长，家长通过多方途径了解教师，家长一定会选择一位最适合自己孩子发展的班级。既然选择了就会为实现选择的目的而倍加努力。实践证明，选班制实行四年以来，学生、家长、教师均在一种快乐轻松的环境下学习工作着。由于选班，学生家长教师之间的互相信任度加强了，自然会互相支撑扶持，互相协同发展。实验小学推行的选班制，是为了体现学校教育的公平性、均衡性和服务性。以前是分班，现在是选班。分，是一种被动接受，是教师一厢情愿，是学校一厢情愿；选，实际上是教育认同的一种和约，一种约定。变传统的分班制为选班制，给学校的教育带来了巨大影响。这样做满足了家长和孩子选班的需要，也促进了学校教师的自律与自励。最后，新疆教育学院实验小学还推行了换班制，体现了尊重学生个体需求的特色。本着对学生“一个都不放弃”、“尊重学生个体需求”的原则，实验小学给学生提供了一次重新选择的机会，这就是“换班制”产生的缘由。

换班制的时间定在三年级升四年级之际。每年9月学校会在网站校务公开栏内发布“换班告示”，有这种需求的个别学生在和家长认真商量认真斟酌以后，可以向学校领导提出，学校会本着“选一次有一次成效，换一次有一次发展”的原则，认真调查提出要求学生的所有情况，再根据学生所在年级各班的特色，实现学生换班的要求。学生换班，必定事出有因。了解事情的真相，打开学生心中的绳结，促进学生发展是换班制的生命力所在。这个换班过程更是促进了新生及家长对老师的了解、对班级的了解、对学校的了解，增加了家校双方的相互认可，增进了校园和谐。

为使学校结合实际，近年来实验小学开始下大气力构建“务实、求新、包容、博大”的特有的校园文化。百年名校，百年的历史长久的文化积淀形成了实验小学特有的校园文化特色，务实、求新、包容、博大，是实验小学的精神所在，它影响着每一位教师，也影响着每一位学生。来实验小学的每一个人都能有形无形、有意无意地感受到实验小学的这一魅力。

近年来，学校立足实际、追求实效，挖掘一切可以利用的因素，开创性地营建校园文化氛围，一方面精心设置校园环境，做到步步有景，处处育人，让学校成为蓓蕾绽放的花园。另一方面，注重校园美化、绿化、净化和香化，在花草树木的选择上，保证了春季百花争艳、夏日绿树成荫、秋天色彩绚丽、隆冬春意犹在，师生们步入校园，犹如置身于一个美丽的大花坛。

同时，打造特色楼道文化。走进学校，你可以随处发现，在教学楼每层的楼梯间、墙面上，张贴了学生自己设计的提示标语，用童谣的形式提示小朋友：“上下楼梯要小心，轻声快步靠右行，不翻栏杆不跑跳，相互礼让讲文明。”在走廊上，各班都有一块让学生展示才华、放飞童心的活动园地，每月按照学校德育、综合实践的主题更换内容（如“寒假八个一成果展”、“可爱的家乡”、“英雄在我心中”、“民族精神代代传”等），不限形式、不限材料，不限色彩，只要求学生充分动手参与，千姿百态的“活动园地”是校园一道靓丽的风景。

此外，坚持艺为目标、术为基础的教学理念。以人为本，张扬个性，构建孩子成长的乐园。学校精心选择和制作校园音乐，让学生在校的一日学习与生活都受到音乐的提示与陶冶。每天早上步入校园聆听温馨的迎接曲，集会、做操、放学下楼时各层楼会听到不同风格的优美乐曲，学生在课间会听到学校音乐台由学生现场演奏直播的优美抒情的中西名曲和富有新疆独特民族特色的乐曲……

每到大课间，你会发现，在优美乐曲的提示与感染下，全体师生仿佛置身于音乐的殿堂，每到统一集会、做操的上下楼时，每到上午或下午的放学时，校园内外都是井然有序，形成一道亮丽的风景线，各班路队均坚持到校外的两个街口，杜绝了很多安全隐患，为市民和家长们留下了深刻印象。

英语学科特色建设是展示学校校园文化的又一窗口。学校从2000年起，全校同时开设英语课程，这是新疆小学独一无二的。目前，学校英语教师队伍发展壮大，现有很多位英语教师采用英语、汉语进行“双语”授课的学科教师，还有采用英语、汉语进行“双语”授课的微机教师。目前学校已挂牌为“国家基础教育实验中心外语教育研究中心外语实验学校”，通过系列精彩纷呈的活动，丰富了学生的学习活动，激发了学生学习的兴趣，营建了学校的文化气息。

此外，为锻炼孩子们，学校还特意让少先总队部通过学校闭路电视系统，开办了实验电视台、实验网络部、实验文学社、实验音乐台、让墙壁“说话”等等，都成为记录与激励学生成长的优质平台。每周开展三次红领巾电视直播活动，节目内容由学生自己准备，学生们在给其他学生带来乐趣的同时，又充分展示了自己的各种才华，相声、小品、歌舞、乐器、朗诵……令人大开眼界、赞不绝口。

春华秋实，硕果累累。多年来，学校陆续被评为自治区级文明单位、新疆远程教学研究项目实验基地、新疆小学教师教育研究基地、小学业余培训基地、自治区教育科学研究所实验基地、语言文字示范校、交通安全文明示范校、自治区基础教育课程改革实验先进学校、国家基础教育实验中心外语实验学校、新疆师范大学教育实习与研究基地、自治区级“绿色学校”、自治区先进教育工会、自治区级“红领巾示范校”。

同时，学校少先队总队部下设的“实验电视台”、“实验经贸部”被评为自治区级优秀红领巾社团，市级“语言文字示范校”、晨报花季十佳小记者站，老师和学生在乌鲁木齐市、自治区和全国的各项比赛中都取得了很好的成绩。学校2006届的王毅诚同学被评为“自治区十佳少年”、“全国十佳少年”。2008届的程子杰同学荣获第八届宋庆龄奖学金。2009届的王笑瑾同学在“星星火炬全国青少年艺术英才推选活动”中荣获全国总决赛钢琴专业金奖，“第十七届美国‘博斯纳杯’音乐会公开赛”中国赛区的选拔赛中获得唯一金奖，在美国旧金山举行的第十七届美国“博斯纳杯”音乐会公开赛全球总决赛中获得金奖两枚、铜奖一枚。2011年10月，在国家教育行政学院举行的《教育部—中国移动校长培训项目》启动仪式上，我校被命名为校长培训实践基地。在全国，校长培训实践基地一共有200所，包括小学、初中、高中学校。新疆仅有10所学校荣获此称号。

采访即将结束，新疆教育学院实验小学校长田征满怀豪情地对记者这样说，如何让孩子在“享受学习，享受童年”中学习，如何才能在教育改革的路上，走出一条属于我们实验小学的课改之路，我们一直在努力，小学的六年决定孩子未来的六十年，这将是实验小学教育科研道路上永恒的主题！我们愿继续努力，办好让学生、让家长、让社会满意的教育，努力把我校办成：培养优秀小学毕业生的摇篮、新疆小学教育的公开课堂、引领新疆小学教育的一面旗帜。不辜负党和人民对我校的期望，为小学教育的发展再立新功！

关注质量形成过程

——南通市实验学校质量管理提升策略

陈晓冰

《中国中长期教育改革和发展规划纲要》指出，未来10年，中国将把提高教育质量作为教育改革与发展的核心。这里的质量不光是教学的质量，更是学校的育人质量，学生的成长质量。可是，质量到底是什么？这个看似简单到不必回答的问题，却始终像戴着一层面纱，近在眼前似乎触手可及，却又扑朔迷离，见仁见智。

其实，这么多年来，对质量本质形态的追问一直没有停止过。虽然大家对质量的描述各有侧重，但对“质量不应是什么”，“质量不能是什么”的认识却日趋接近。质量不应仅仅是分数！质量不应仅仅是升学率！质量不应是高分低能……质量不能是星光加灯光换来的！质量不能是牺牲健康得来的！质量不能是题海战术淘出的……无论是正面的追问还是反面的剔除，都是对教育本质与根的探寻，都能够帮助我们从琐碎的事务中抬起头来仰望天空，使日常的教育实践更具理性，避免背道而驰的盲目与事倍功半的消耗。

既然我们不能穷尽质量的形态，不妨换一种思维方式，关注质量形成的过程。把握住了过程的走向，其结果无论呈现出哪种形态，都应该是水到渠成的必然。笔者结合本校质量管理的具体举措，试着谈谈其提升策略。

一、质量源自于课标更出自于规划

顾明远先生说，幼儿的教育目标不是“德智体”，而是“体德智”。虽然他讲的是幼儿教育，但小学生教育又何尝不是如此。当一个孩子走进小学校园的时候，我们有没有想过，这个鲜活的生活在经历了小学六年的学习之后，应该得到什么？将会是一种怎样的状态？对这种状态的关注，就是对质量规划的开始。

1. 坚持规划可以形成机制

质量的内涵首先应该是品质、素质，其本质是人的成长，远远超出了学科成绩的层面。从“人文”的角度来审视，质量应该是教育的品质和师生的综合素质。因此，学校教育教学质量的高下不能用简单的“分数”来标识，更不能因一事一时作“即时”的定论。提高教育质量，关键在于提升教育品质，使师生有健康、和谐、多元、多彩的成长。

以我校的德育工程为例。学校将“勤敬”校训中“敬人”、“敬事”的价值内涵融入德育活动之中，形成了三大德育体系。一是校本体系，将个体纳入德育网络。以常规养成为核心，将小学各年段最易出现的心理与习惯问题列出行动指南，编写成了德育读本《道德地成长》。读本不仅含有生活的、传统的德育元素，更分年段列出了贴近学生的行为养成目标。借助这个读本，学生与家长、教师、同学及社区共同营造出了良好的德育磁场。二是团队体系，将个体融入团体活动。学校特别关注学生除学习与休息之外的第三状态，即集体生活状态。这是培养学生社会意识与责任感的重要途径。因此，学校在“环保节”、“体育节”、“艺术节”为龙头的主题系列活动中，将100%教师参与、100%学生参与、100%学生参赛作为质量目标来加以落实。不让一个学生成为看客。人人参与，人人体验成为质量追求的目标。三是传承体系，将继承传统与现代技术融合。学校一方面坚持“校园之星”的评选，推行灯长、门长及卫生免检等德育制度，以此来培植学校的德育传统。另一方面全校开设班级博客，开办网上学校，实现现实世界与虚拟世界的全方位沟通。传统方式与现代技术的融通，使德育的途径变得丰富立体。其实，规划并不难，难在长久地坚持规划并不断地修正。坚持可以渐渐地将制度沉淀为一种文化，慢慢渗透进师生的血液中，积淀为质量提升的保障机制。

2. 学期目标能够夯实基础

“有效教学”、“高效教学”等时尚词眼的频繁闪现，容易让我们激动且不知所措。无论是有效还是高效，都离不开课堂的改良与课外的规划。双轨并行才能形成质量提升的健康系统。我校以学期为单位，对一些所谓的小学科进行了详细的质量规划，用项目管理的方式促使其目标达成。以体育学科教学为例。虽然体育学科没有教材，但学校依据课程标准与体质健康标准体系制定了每个学期的体育教学目标，并形成了明晰的梯度要求。如一年级的体育学科目标有两个维度：一是学会排队走路，基本掌握排成横队的方法及简单的队列队形变化，并能学会简单的行进和立定的方法。二是参照体质健康标准，对30米跑、立定跳远、轻物掷远、30秒跳绳及广播操进行过关性训练。再以一年级音乐学科为例，学校分四个板块制定了学期目标：一是熟练背唱校歌、国歌、队歌。这一要求贯穿于整个小学阶段，是学校的传统要求。二是按教材要求会唱、背唱歌曲。三是要能够掌握教材中要求的乐理知识，如能够感受声音的强弱；认识音乐中的力度记号，并能够在歌唱中表现出来。四是能够使用沙锤给歌曲《小雨沙沙沙》伴奏。这些细致到每一首歌曲的教学要求，使得音乐课不再是可多可少，可有可无的装饰，而成为学生积累音乐素养的主阵地。

这些传统观念里的小学科，在很长一段时间里质量监控被忽略的，而一旦认真对待，又是非常棘手的。我校推行的学期目标，追求的不是一两个学生的一枝独秀，而是全体学生整体素养的同步提升。这一举措看似平淡无奇，其实是在夯“实”基础，确保底线。只有保住了底线，才能谋求目标的进一步提升。正如魏书生说的那样：别瞎折腾了，让孩子们在符合他们的正常的环境下先把基础打好吧，把教科书学好，里边什么知识都有，等他们长大了，自然会懂大事的。实践证明，质量因有了规划而更加扎实。

二、质量基于课堂却又不拘于课堂

质量的根基在课堂。课堂的灵魂在教师。确保课堂质量的重心，是教师能够集众人智慧于一体，进行反思性的课堂教学实践。教师智慧的获取往往不光是在课堂里。

1. 网络共享集聚课堂智慧

教师的专业成长不是排他性的竞争，而是共同生长的团体。我校对教师的评定是从两个维度进行的。第一个维度是个人的专业成长。例如，语文老师在语文学科领域内是否有扎实的专业素养。第二个维度是集体的团队建设。你会看到，学校“亮点学科”的评比是以专题论坛的形式来展开评选的。原创性资源的丰富程度是评价的主要标准。你更会看到，一节成熟的研讨课，可以为大家所用，成为大家共同的智慧成果而在组内甚至校内分享。学校积极推进着备课、评课、磨课及教学资源的网络共享。

网络共享不光是学科的内容，还兼顾有教师的阅读。专业阅读可以让教师深刻敏锐，广泛涉猎更可以怡情养性，让心灵变得诗情画意。学校订有报纸杂志九十余种，兼顾生活与专业，通识与学科。同时，学校给骨干教师与班主任订阅专业杂志，给每位教师赠送最新专著，为教师的阅读生活提供了较为宽松的条件。

2. 专题研讨磨砺常规课堂

真实的课堂应该是返璞归真、真真切切、扎扎实实的。平常的课堂应该褪去公开课的华丽装束与舞台效果，而要追求公开课的思维含量与操作工艺。通过一段时间的转型，学校的集体备课与研讨从松散走向集约，不再是四处挖坑，随机选题的，而是以专题为核心，针对问题进行专项的研究，以期形成课堂的生产力。如学校专门针对古诗词教学进行了系列研讨活动。从一年级到六年级，分别分设六节古诗词课，在对比中发现字词教学、画面重现、诵读指导及意境感悟多个方面存在的难题。

同时更为如何体现不同年级段的教学目标，如何体现级段要求提供了非常直观的借鉴。这种目标有具体指向的研讨成了学校教研的主要内容与价值取向，有效并且经济。还以语文学科为例。学校开展了“情理课堂”专题研究，对语文课堂的人文性与工具性进行了深层的思考，从识字、阅读、古诗词及写作多个板块进行课堂实践的探索，努力地将日常的课堂教学做实做活。

3. 社团平台鼓励选择成长

学校组织建成了二十多个社团组织，既有公益型组织，又有兴趣型组织。学校用最朴实的观念去引导社团建设，就是希望有着同样爱好的教师与学生走到一起来开展综合实践活动，希望有特长的优秀教师能够带出更多和他一样优秀的学生。学生对社团的选择两年内相对固定，避免了朝三暮四。凡是加入社团的学生必须100%通过社团学期考核。而目标的制定是有着相对严格的程序：首先由教师提出方案草样，然后分管部门与教师一起商讨，对目标的可行性与学校所能提供的帮助进行整合，最后形成方案。这一方案不光是学校、教师作为目标参照，学生与家长也同样了解，共同为目标的达成努力。以美术学科为例：学科组以南通地区板鹞风筝的传统工艺为蓝本，融绘画、设计、制作于一体，开发出了校本教材，给孩子的课堂带来了生气。同时，也带动了风筝社团活动，为孩子打下了家乡情绪的烙印。

我们认为，人的发展与社会的发展是多元的，学校不能主观地认为，学生今天的哪一种行为或素养是无价值的，或是因为我们的主观因素，造成学生某些微量元素的缺乏。学校能做的，是为学生提供尽可能多的学习平台，像为种子的发芽提供更多的土地资源一样，期待着孕育出千万种可能。

三、质量需尺度衡量更需文化滋养

在当下的学校，一张试卷定高下的现象还是屡见不鲜的。有教师这样戏称，现在的评价方法是：“一张卷，考了算；既简单，又好管；考不好，全完蛋”。迄今为止，不乏有学校，学生的品德操行是通过考思想品德的学科试卷来认定的。

1. 学科评价多点个性色彩

每个学科都有其特殊性。每个学科的评价方式都应是不一样的，不能用一把尺子来衡量所有学科，更不能用一种方式来统一要求所有学科。以美术学科为例，我校将每位学生完成全部美术作业作为基础评价。如果学生能够提供一张优秀绘画作品、手工作品，则可作为加分或免试的条件。如果学生被评为年级或学校的“小小画家”，则可以直接得到最高评价，甚至还可以单独标注出来以示肯定。而科学学科的评价与美术学科就完全不同了。学生的动手与合作能力则是评价的主要内容。不同的学科选择不同的尺子来评价学生，目的在于鼓励其成长，为他的发展注入激情。同时，评价也为教师改进教学提供了反思的素材。如果在测试屈体前翻时，发现学生不知道怎么做一套完整的动作，或是做仰卧起坐时，不懂得如何两人一组配合，体育教师则需要改进教学。如果学生跟着伴奏唱歌，卡不准节奏，则是音乐课的节奏训练还待加强。由此可见，真正的质量不光是指向学生的，还指向教师教育素养的提升。

可能有人会问：不同的学科使用不同的尺度，再加之学生数量众多，需要投入的人力与物力成本不是很高吗？这是必然的。但是，如果教师拥有了这种质量观，在日常的教育教学中有意识地观察与培养，化整为零，评价贯穿于整个教学过程中，也就不再是学期结束时的突击任务了。这样，评价的方法与策略就会丰富起来，课堂教学也就灵活了，学生的灵气也就能保鲜了。

2. 衡量方式多点质的味道

质量的认定需要有尺度作衡量。以“分数”作为标准是简捷、直观，极具公平性和可操作性的，尤其适合竞争和筛选时使用。对“分数”的关注，只要不极端，不绝对化，不“唯分至上”，是无可厚非的。但是针对小学生这个特殊的群体，他的生长性与可塑性是极强的，光用量化的“分数”方式考量，而少了“质”的评价，往往会扼杀很多潜在的希望。因为，学生的成长是不能仅仅用分数来量化的。我们面对的是一个个活生生的人，如何让评价成为少于继续发展的动力，这是教育面临的共同问题。从这个角度来说，名牌大学校长与乡村小学校长面临的教育问题是一样的。所以，我校非常提倡教师、学生与家长一起来做学生的成长袋，记下学生成长值得记忆的点滴，为学生的保持自信，持续发展注入情感的动力。成长袋中可能留存着一张学生最满意的语文作业，可能是一段最得意的写话，可能是一份送给父母的感恩卡，也可能是孩子最喜欢的一张卡片……凡是能体现学生成长进步的材料均可收集。当然，其中也少不了教师的评语，学生的自评、互评、小组评定等等。

3. 学校环境多点文化滋养

实际上，任何学生的成长和发展都不是教师一个人的功劳，而是整个学校和社会文化滋育的结果。换言之，承担起学生的学习与发展的，从根本上来说，不是哪一位教师，而是整个教师团队；不是哪间教室，而是整个学校；不是哪所学校，而是整个社会文化。这正是"教学相长"的真正内涵。为孩子的成长提供适合成长的文化氛围有时候比评价更有价值。学校文化对潜能的影响，也是一种隐性的质量。

在学校文化建构中，我们强调三种内涵元素：一是课堂内的倾听。学校倡导教师在每一个教学环节倾听学生的表达，让学生能体验到一种被肯定的成功感；聆听学生的心声，让学生体验到精神的平等。在倾听中展开师生间的对话，在聆听中分享师生情感的交流，创设快乐生态的课堂。二是平常里的尊重。客观地讲，学校教育其实是一种接力。不能因为我们的原因，造成下一轮教育无法进行下去，或是给下一站的接力造成困难障碍。三是长远地期待。质量有时需要期待。不要放弃，也不要轻视学生自然成长的力量。专家研究表明，在非教育场内的自然习得也是一种学习，也能产生质量，这是一件非常奇妙的事情。

质量的最终标准是什么？学生的成长。保持住了学生学习的自信与学习的热情，不让其"水土"流失就是一种质量。因为失水的质量，表面看来很足实，但少了光泽和意蕴；失土的质量，乍一掂量很凝重，但没了活力与后劲。教育其实是一项非常复杂的工程，不能因为我们的肤浅，把原来应该复杂的事情做得简单化了。说到底，质量其实就是学校、教师以及家长对孩子的成长过程抱怎样的态度！

（作者单位：南通市实验小学）

积极探索有效的作业管理

陆振权

作业的意义在于：一是巩固已经学习的知识；二是检验自己对所学知识是否真正掌握；三是温故而知新，举一反三，由量的积累达到质的飞跃。相信作业真正会做了，对于知识的理解和掌握也就实现了。在教学环节中，作业是一个非常重要和关键的环节！

一、背景

多年前，在每次进行教学质量分析的过程中，都会反映出作业中存在的问题，主要有：一是学生不能认真完成作业。表现为抄袭作业成风，较多学生作业不按时上交，或上交的作业中，有较多题未完成或者明显抄袭。二是当教师追查未完成作业和抄袭学生情况时，学生回答的理由似乎很充足：不会做，作业太多完成不了，忘了等。较多教师埋怨学生的作业问题，以此作为本学科教学质量问题的主要依据。这些现象也成为了当时影响教学质量和教师教学积极性的主要话题。

2005年开学后的第二个月，教务处根据部分教师和学生反映的作业问题，进行了问卷调查和座谈会调研，结果发现在作业过程中具体存在以下比较严重的问题：

(1) 部分教师在布置回家作业时随意性强。有时几乎没有作业，有时作业明显偏多，在布置的量上不均衡。

(2) 有的教师以为作业越多越能提高质量，过多布置大量机械重复作业，导致学生讨厌作业。

(3) 有的教师布置的作业太难，是重点中学出的练习题，自己也没有做过，导致学生大部分都不会做，失去作业意义。

(4) 教师批改简单，特别是文科只批个"阅"字，学生对作业没有期待，缺少了热情。对订正的作业抓得不牢。

(5) 部分学科对作业要求不够明确，导致学生轻视作业的规范和完成。

(6) 教师对于书面作业较为重视，对口头或过程性作业不够重视等。

(7) 教师批改作业不及时，导致学生无法反馈作业效果，也导致作业拖拉。

(8) 由于教师和学生本身的学习习惯、学习基础和方法等原因，造成学生抄作业成风。

所以，针对作业调查反映出来的情况，学校通过教学专题行政会议讨论研究决定，当年的教学工作重点就是狠抓作业的完成这一环节。主要抓的是让教师研究作业的难易程度，不同学生完成作业所花的时间，作业批改得出的反馈信息和对策等。对于学生不按时认真完成作业或不交作业，制定明确的处罚措施，从警告一直到勒令退学。

二、具体实施对策

针对学校的实际情况，为了有效提高作业有效性，学校组织了各层面的专题研究，决定在以下三个方面加大管理和研究的力度：

一是建立作业规范制度。为了有效体现“美育引领，和谐发展”办学理念和“为每一位师生创设发展的空间”的办学宗旨，从规范作业着手，提高学习效率，从2005年9月着手制订田园高中《作业管理暂行条例》。《作业管理暂行条例》的制订，是采用自上而下又自下而上的方式。其一，可以统一思想，体现了民主办学；其二，制订过程是一个教师的学习过程，使每位教师明确今后在作业中应该关注的方面或存在的问题。制订时不但注重充分针对学校实际情况和有效解决问题，而且还注重体现二期课改的理念和实施素质教育，在作业批改过程中，每次作业成绩的评定采用情感和态度(ABCDE)、知识和能力(54321)两方面进行评定，每次作业的评语量要达到五分之一的学生数，每个学期要覆盖所有学生；提倡教师进行面批作业，采用作业单方式，记录所有作业，便于学校检查和调控作业情况，为学校过程性管理打好基础。

《作业管理暂行条例》共分八个部分：

第一部分：对作业的形式、内容和呈现的方式。

第二部分：对各学科的作业量及每天的作业总量，并对作业量的有效监控方式，明确了课代表、班长、班主任、年级主任和教务主任在作业监控过程中的职责。

第三部分：对作业簿及各科作业的格式进行统一要求。

第四部分：提出了教师布置作业的五个基本原则，即：目标性与针对性相结合原则；精选习题与分散练习相结合；形式的灵活新颖与多样性相结合；启发性与注重培养学生的应用能力和解决问题的能力相结合；困难性、量力性与层次性相结合。

第五部分：对各相关人员的职责及要求。分别是：对学生完成作业的要求；任课教师检查、批改作业的方式，评定作业成绩的方法，批改作业的时间限定和每次批改作业中评语的呈现率；班长、学习委员和课代表的职责，以及班主任和年级主任职责等方面进行明确阐述。

第六部分：把作业成绩计入平时成绩的方法。

第七部分：作业检查制度。

第八部分：对违规教师和学生，以及优秀学生的奖惩方法及程序。

二是定期进行专题研究和教育。为了贯彻落实《作业管理暂行条例》，促进和规范教学中的作业这一环节，提升教学质量。学校决定把每年的10月份定为“作业月”，从时间上来看，开学已经有了一定的时间，在作业中也会暴露出一定的问题，专题研究的目的是为了了解作业环节中目前学校的状况，但主要是为今后的教育教学起到一个导向作用，更大幅度地提高作业效率。主要工作有以下三个方面：

第一方面，以“作业月”为契机，对学生进一步加强作业重要性的教育，以主题班会、学科作业要求教育、优秀作业展览、优秀作业的评选和表彰等等系列活动，在校内营造良好的学习氛围，促进学生自觉、规范完成作业。

第二方面，各教研组在学习和贯彻条例的基础上，专题研究作业的实效性和艺术性。在作业的有效性研究中，力争在这几方面有新突破：首先是确保在知识能力的巩固和检测的基础上，有效控制作业量的研究；其次是根据不同年级、阶段和学生情况，在确保基础知识有效巩固的同时，促使每位学生在能力上有大幅度提高的作业研究，即分层作业研究；再有是根据学科的课程目标的要求，在能力要求的分解、能力的有效提高上加强研究。作业也是影响学生学习兴趣的重要因素之一，因而作业的布置要根据学生在不同时期的实际情况进行针对性作业的研究，有效培养学生的学习积极性和兴趣。

第三方面，教研组、年级和学校进行不同层面的调查，总结经验及时有效推进，发现问题及时整改，深层次进行作业问题和对策的研究。

三是加强过程管理。学校在教学工作要求、《作业管理暂行条例》和“作业月”等机制下，加强以制度执行力为目标的过程性管理。

第一方面：在各次考试的质量分析和学生座谈会上，作业情况分析是一个必备的议程，同时在学校考试质量要求中明确要求任课教师召开任课班级学生座谈会，听取学生意见，沟通思想。

第二方面：教研组、年级组每学期各进行一次作业情况检查，并在教研组长例会或行政会上进行情况通报。

第三方面：学校在形成班主任为班级教学核心、备课组长为学科教学核心的基础上，要求班主任及时了解班级学生作业情况，如出现一般问题及时与任课教师沟通，特殊情况及时向年级组或教导处反映，备课组集体备课的同时明确作业的要求，并提供参考习题，学校通过班主任会制度和分管领导参与备课组活动，及时了解常任情况。

第四方面：在常规下，教导处每学期各进行一次学生座谈会、学生问卷调查进行有针对性调研。特殊情况下，教导处及时组织相关人员进行专项调研。总之过程管理要做到点面结合，贯穿于整个教学过程。

三、成效

经过几年来学校对作业这一环节具有实效的研究和管理，教师在作业的重要性上有了新的认识，对作业习题的研究有了新的高度。学生的学习习惯和学习氛围有了较大转变，学校的教育教学质量在稳步提高。

近几次质量分析或教学工作会议上，教师对学生的作业问题的埋怨越来越少，对如何提高作业的有效性话题越来越多，因此学生对教师的作业评价也在提升，在2007年10月的问卷调查中，全校所有学生参与了调查，从统计数据来看，学生对作业的量，认为“合理”选项的平均值达到85.6%，“偏多”选项的平均值为9.73%；在作业难度上，认为“合适，我基本能独立完成”选项的平均值达75.53%，“较难，我有时不能独立完成”选项的平均值为8.40%，而“很难，我一般不能独立完成”的平均值只有1.82%。从学科来看认为作业量大和很难的理科占绝大部分，应该说符合我校学生的实际情况。在教师批改中认为“及时认真批改”的达到89.98%，在批改时，指出或标明作业中错误比例高达95.02%，在开学的前五周中，教师在作业中的评语没有出现的比例只有31.50%，没有一次面批作业的比率只有27.63%，评语和面批的比率较少的主要是在周课时少的学科中。学生认为教师所布置的作业是精心设计的认同度达84.07%。但是从统计数据来看学科之间、教师之间存在着较大差距。学生抄袭作业的情况有了较大的好转，认为抄袭严重的只有2.04%，偶尔出现的为

30.04%，在抄袭中，主要原因为“太难”和“遗忘”的分别为43.24%和23.04%。这和在学生座谈中了解的情况调查数据基本符合。学生每天完成作业的时间一般在1—2小时，最多的不超过2.5小时，学生对于作业的重要性的认识也在不断地提高，正如高三(6)班的孙宇澄同学，在“作业月”学生座谈会所说：“抓作业应该是长期的，而不是一个月的事情。”

经过这几年学校对作业这一教学环节的科学管理，教师感觉到：从学生的学习氛围来看，学生的学习积极性和兴趣在不断地提高，对作业的解读能力和完成质量明显提升，真正体现了“和谐发展”，在各类学科竞赛中频频获奖。从教学质量来看，教育教学质量在逐年提高，教师注重了作业这一教学环节，学生学习有效性明显增加，学习成绩普遍有提高。学校的语文和英语学科在高考中的均分都上升了3个名次，特别是英语在市平均成绩比去年下降的情况下，我校的英语均分反而比去年有所提高，其他学科也由于教师注重作业环节，学科成绩也有不同程度提高。

附录

上海市田园高级中学
作业管理暂行条例

二〇〇五年十月一日起执行

作业是教学过程中一个重要环节，是课堂教学的延伸。为了加强我校的作业管理，规范作业行为，依据我校目前实际情况，制订本条例。

1. 作业种类、内容、呈现方式

1.1　作业种类：作业分为课内作业和课外作业两类。

1.2　作业内容：有练习、测验；背诵和朗读课文；默写、预复习内容；各类报告及教师所布置的与教学相关的任务。

1.3　作业呈现方式：各类练习、报告和默写等书面方式；背诵、朗读、预复习等面检方式；应用信息技术的各类文档或程序方式；体育、音乐等自主锻炼方式。

2. 课外作业量

2.1　课外作业量：语、数、外每节课平均时间为20—40分钟(作文每学期不少于 6 篇），理、化、生、政、史、地（包括自主选修课程）每节课平均 10—30 分钟，其余各学科（包括音、体、美）5—10 分钟，研究型课程每学期为 3—5 小时。每班课外作业总量每天约为 2—2.5 小时（中等学生为标准），双休日适当加大作业量，毕业班适当增加作业量。

2.2　课外作业量监控。

2.2.1　班级作业总量超过规定时间，学习委员或班长可向班主任或年级主任汇报，经调查核实，并征求任课教师意见后，适当进行调整，如意见不统一时，年级主任全权负责处理，事后报教务处备案。

2.2.2　班主任、年级主任，每周定时进行作业总量调查，及时与任课教师沟通。作业量明显偏重或偏轻时，及时向教务处汇报。

2.3　阶段性学科作业总量的计算：学科作业总量 = 作业量 × 周课时 × 周数。

任课教师布置的作业在 80%—120%范围内属正常。

3. 练习簿（作文簿）格式要求

3.1　做作业应在教师的评语下空二行开始，不足 1/5 时从新页开始；首行作业应写作业的出处、日期，第二行起开始写作业内容。作文应从新页开始，首行作文题目，第二行尾写上日期，第三行起开始作文的正文内容。

3.2　作业订正的位置应在新作业前面，教师评语后空二行开始，按新作业格式要求订正作业。练习册上作业订正在原题旁。

3.3　做作业时必须抄写题目，解题之前应写上“解”，答题之前应写上“答”。

3.4　练习簿的版面格式要求：

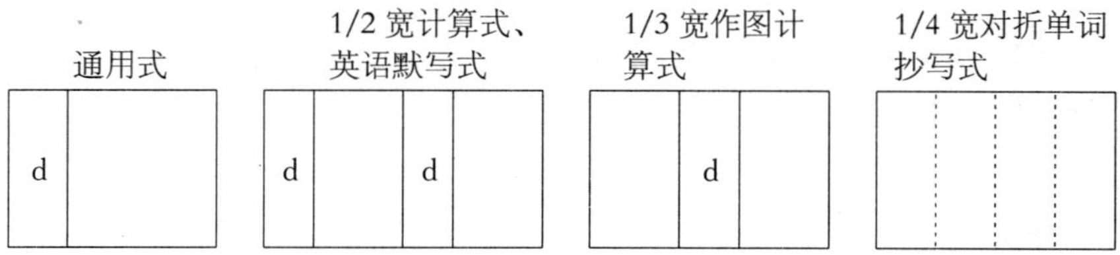

注：d 的宽度约为 0.8 厘米左右，用尺划线。

3.5　题与题之间必须有空行，英语作业中的中译英、英译中同样要求。

3.6　作业簿（作文簿）的封面应认真填写。填写内容如下：①学科（在校名处）；

②任课教师姓名；③学生姓名；④班级（在年级处，格式：高 （ ）班）；⑤学号（在座号处）。

4. 任课教师布置作业的要求

4.1 目标性与针对性相结合：教学目标是指导教师教学和学生学习的要求，无论从目标的导向功能、反馈功能还是从目标的激励功能和鉴定功能来说，练习设计都应该受教学目标的制约，用作业来解决教学内容中的重点、难点，同样要针对学生的实际情况设计练习，使每位学生得到练习的实效。

4.2 精选习题与分散练习相结合：要科学安排练习数量与练习时间，精心设计有代表性、覆盖面大的作业，做到重复减量，择优筛选，均匀分配作业，尽量避免作业量相对集中的现象。

4.3 形式的灵活新颖与多样性相结合：作业的形式要多样新颖，可采用提问、面谈、练习、答卷、小论文和各种形式的报告等。也可以布置让学生应用各种信息资源，收集相关信息的作业。

4.4 启发性与注重培养学生的应用能力和解决问题的能力相结合：作业应该注重调动学生的学习积极性和兴趣，启发学生积极思考，活跃思维，触类旁通，举一反三，能引导学生凭借已有的知识、经验，主动地获取新知识和解决新问题。通过作业促使学生学会方法，理清思路，探索规律。

4.5 困难性、量力性与层次性相结合：作业要符合学生的认知规律，有坡度、讲层次，使学生能从感知认识到熟练掌握，再创造性应用，循序渐进，逐步加深。同时针对学生的差异，建议教师布置的作业有分层，可采用必做和选做两部分，或者分A、B两组作业，让学生自主选择。作业有些要有一定的困难性（难度），这是培养学生受挫能力的有效方法，但要从实际出发，使绝大多数学生经过努力能够完成；还要尽量避免机械性重复的作业。

5. 职责及要求

5.1 学生：

5.1.1 每位学生应自觉、认真、独立完成作业（包括口头作业和听说读作业），并按时上交，做到不马虎了事，不抄袭作业。

5.1.2 在平时注重培养良好的学习习惯。养成先看书后做作业；自觉使用工具书；自觉做学习笔记；自觉整理归纳学习知识，使学到的知识和技能系统化、网络化。

5.1.3 书面作业书写规范，字迹端正，页面整洁。书写用钢笔或圆珠笔，应采用蓝色、黑色；作图一律用 HB 或 1B 铅笔，规则几何图形或直线须用尺和圆规作图；不规则图形或线条可用徒手画，但轮廓要清晰，线条要均匀(特殊要求除外)；答题卡必须用 2B 铅笔。

5.1.4 作业中的错误要及时订正，建议备一本“习题常犯错误”记录本，记录习题中的错误。

5.1.5 对教师的作业批语，要认真揣摩，仔细领会；指出的问题，及时更正。

5.1.6 若有些题目不会做，未能按时交，可向课代表说明情况，课余时间向老师请教后补上，并在当天补交。

5.1.7 作业已完成，但遗忘未带，可向任课教师说明，教师同意后隔天补交。

5.1.8 当天有两门及两门以上作业没交时，须及时向班主任说明原因，并及时补交。

5.2 课代表：课代表是任课教师的好帮手，学科学习的责任人，应该认真做好师生之间的沟通与作业收交、发放工作，认真填写作业记录单，如有作业难度较大，多数同学未能完成的现象时，要及时向任课教师反映，征得教师同意后可决定缓交或不交作业。如教师布置的作业量较大难以完成，课后可以向任课教师、班主任提出建议。

5.3 学习委员与班长：学习委员是班级学习的责任人，兼任不设学科课代表的课代表工作。要及时了解班级学习和作业情况，主动向班主任反映情况。如作业量明显偏多时，课后可向班主任提出建议。

5.4 任课教师：

5.4.1 应该及时检查、批改布置的作业。检查口头作业，可采用多种方法，如分组抽查，个别抽查，有重点的抽查等方法，其中全面检查为主；口头作业检查每学期应不少于 60%。书面作业应在 3 个工作日内完成批改，作文可放宽到 5 个工作日完成。批改作业可采用“粗批”与“精批”相结合，教师批改与学生的自批、互改相结合；教师抽批与讲评相结合等方法，但精批必须达到作业总量 80%以上。

5.4.2　作业成绩评定。作业评定可以采用百分制、等第制和五分制。等第制分A、B、C、D、E五档。要求测验、默写等以评定学生能力的采用百分制。平时作业成绩采用等第制、五分制两个成绩进行评定，①情感、态度或规范、整洁，用ABCDE评定，②正确率与基本能力用五分制评定。（样式A4—情感、态度或规范、整洁为A，正确率与基本能力4分、B5—情感、态度或规范、整洁为B，正确率与基本能力5分）

5.4.3　作业批改要求。

5.4.3.1　教学常规中布置的所有练习，要及时批改，并及时发放，所给的作业成绩，批阅日期写在作业结尾的下一行中（练习册写在作业的结尾处）。

5.4.3.2　批改学生作业，均用红色。

5.4.3.3　批改时要逐题打勾，要打在解答的结尾处。

5.4.3.4　批改时，要尽可能标出作业中的错处。

5.4.3.5　学生作文，多数要精批细改，并写出切实的评语。

5.4.3.6　要有针对性评语：或赞扬、或指令、或启发、或警示、或鼓励，但以赞扬和鼓励为主，评语要求占批改作业总量的20%左右，学期结束时能覆盖所有学生。教师评语书写要工整、规范。

5.4.4　任课教师在每学期的第五周、第九周、第十五周依据平时作业情况给出月作业成绩，作业成绩以百分制评定。计算方法：情感、态度或规范、整洁占60%，正确率与基本能力占40%，并输入管理信息系统（MIS），在管理信息系统（MIS）中对10%以上的学生要写出阶段性作业评语。月作业成绩是学期平时成绩的重要组成部分。（注：①等第分值范围：A等100—85分，B等84—70分，C等69—60分，D等60分以下；5分：100—85分，4分：84—70分，3分69—60分，2分59—40分，1分39—0分。②音体美可综合作业和上课情况评定成绩）。

5.4.5　辅导学生是教师应有的职责，任课教师要认真辅导学生完成作业，对个别作业存在困难的学生要进行辅导，必要时教师可指定时间进行个别辅导，进行个别辅导时教师不能长时间无故离开。

5.5　班主任、年级主任：及时了解班级每天作业量和完成情况，协助任课教师解决作业量偏多偏少问题，协助任课教师做好未能认真完成作业的学生的思想工作，对作业中存在问题的学生，及时与家长沟通联系。

6. 学期平时成绩计算方法

学期平时成绩 = 月平均成绩×60% + 单元测验平均成绩×40%

7. 检查制度

7.1 教务处每学期分别进行一次全面抽查与部分学科作业抽查工作，并分别进行一次学生座谈会和部分学生问卷调查工作，并形成书面报告上报校长室。

7.2 年级主任每学期期中、期末考试后分别进行作业抽查与座谈会，填写作业检查表和汇总表，典型情况以书面形式分别报教务处与校长室备案。

7.3 教研组长每学期第四、十五周进行学科作业检查，并且填写作业检查汇总表，典型情况以书面形式上报教务处备案。

8. 奖惩

8.1 教师：

8.1.1 作业情况作为教师业务考评和各类评优重要指标。

8.1.2 各层面在平时教学和检查中，发现不正常情况后，须向教务处汇报，教务处负责调查，根据情节，由教务处作出警示性谈话处理或向校长室建议作为教学事故处理。

8.2 学生：

8.2.1 作业情况是学生学习态度的重要表现之一，因此各类评优活动中作业情况是考查条件之一。

8.2.2 如有下列情况之一，由任课教师对其思想教育，学生应补上或重做作业，并在当天放学前上交给任课教师。

(1) 一次作业无故没交。

(2) 作业多次未能很好完成；或空白题过多，又没有主动请教任课教师；或书写不规范，教师评语中指出的问题连续出现，仍未改正。

(3) 错题没有认真订正。

8.2.3 如有下列情况之一的学生，年级主任、班主任、任课教师开具警示处罚单，并张贴在班级公示栏中；班主任必须进行思想教育；如有未完成当天作业的利用课余时间完成作业，并交给教师后方可离校(独立完成作业困难者，在教师指定时间内，学生在办公室里由教师辅导下完成作业后方可离校）。

（1）同类问题经教师教育后仍未改正。

（2）抄袭作业者。

（3）在教育过程中，态度不端正者。

（4）当天作业中有两门及两门以上无故未交者。

8.2.4　如有下列情况之一的学生，年级主任、班主任必须进行思想教育，同时班主任以书面形式通知家长。

（1）一学期内已有两次警示处罚。

（2）单科月作业成绩不合格者。

（3）教师在教育过程中，对待教师的态度恶劣者。

8.2.5　如有下列情况之一，班主任、年级主任报学生发展中心，据情节、态度给予校纪处分，处分分为警告、严重警告、记过、记大过、留校察看、劝退和开除学籍。

（1）已受本条款第8.2.4条款处罚，1周考察后并未明显改正。

（2）在作业问题上已受到校纪处分，仍违反作业规定。

9. 条例解释权属校长室。

2005年9月

（作者单位：上海市田园高级中学）

作业设计面面观

激活快乐作业这一泓活水

张连奎

作业能帮助学生巩固所学知识，帮助教师诊断教学效果，因此，适当布置一些作业是必要的。但现在，一说布置作业学生就头疼，疲于应付。教师不免叹息，现在的学生怎么了，连作业都不愿做了，就是做也是乱写。

作业的重要性只有教师知道不行，更重要的是要让学生也认可，因为教与学是双边活动，以“学”为主体，以“教”为主导。一些教师布置的作业注重知识的巩固和能力的强化，却忽视了情感因素，引不起学生的情感共鸣。此外，一些作业重复机械、单调乏味，抑制了学生的学习兴趣和积极性；重结果，轻过程，只关注做得怎样，不关注怎么做；重统一训练，缺乏因材施教的个性作业。针对以上弊端，我采用了“1 + x”制的快乐作业法和“一二三四”实施模式。

“1 + x”制，即必做作业 + 选做作业。我从不同个体出发，让学生为自己设计一份喜欢的、适合自己的、有创造性的作业，这是必做作业。然后，学生从教师或其他学生设计的作业中至少选做一份自己感兴趣、力所能及或“跳一跳”能完成的作业，这是选做作业。

在“一二三四”实施模式下，第一步，师生设计作业。我把作业橱设计成一个“作业超市”，分别设立“教师作业专柜”、“个性化作业专柜”、“特色作业专柜”。教完一定内容后就由教师和学生共同设计本次作业。

教师设计作业，可以对授课过程中一些“意犹未尽”、目标没有完全达成的地方加以补充和延伸，并为学生设计作业起到抛砖引玉的作用。学生设计作业，可以发挥学生的主体性，百家争鸣、百花齐放；促进学生进一步研读文本，查阅资料，以使自己设计的作业更有个性，更有水平；学生自己设计的作业做起来可能更得心应手，更容易体验到成功的快乐；可以借此机会把自己的困惑及新问题提出来与大家讨论。

作业的设计形式要多样，可以是基础性的，如学了古诗后，可以设计背诵、默写古诗词及理解词句意思的作业；可以是实践性的，如学了《渔夫的故事》一文后，与同学合作表演课本剧等；可以是探索性的，如学了《大自然的启示》一文后，探索大自然还能给我们带来哪些启示。作业设计还要讲究趣味性，注重实践性，加强综合性，追求开放性，力争创新性。

设计好作业后，教师把作业放入“作业超市”的“教师作业专柜”，学生把设计好的作业放入“个性化作业专柜”。学生如果感觉自己设计的作业有创意、有特色，就可以放入“特色作业专柜”。

第二步，选择完成作业。学生根据“1 + x”制要求，选择并认真完成作业。作业内容如果是实践性或探索性作业，可以写活动计划或研究报告，甚至活动文章。完成形式方面，根据作业要求可以自主完成，可以和其他学生合作完成，也可以和父母等家人完成。我还设立了积分办法，学生完成必做和选做作业即为达标，将获得 10 个金币，每多完成一人的选做作业就增加 2 个金币，由每组小组长作好记录。

第三步，评价作业。在评价过程中，我变单一评价为多元激励性评价，采取了不参与没有发言权的办法。学生自主独立完成的，由学生自主评价；需要教师批阅的，批阅后由教师评价；家长合作完成的由家长评价；同学间合作完成的由同学评价。然后，填写印有评语和作业等级等内容的总体评价情况表格。

评价标准方面，教师要从知识与能力、过程与方法、情感态度价值观等方面对学生进行综合评价，突出语文课程评价的整体性和综合性。评语要丰富，让评价真正鼓励学生，调动学生的积极性，促进学生扬长避短。等级采用星级制，优秀者得 4 颗星，良好者得 3 颗星，合格者得 2 颗星，做了但没有完成者得 1 颗星，没做者不得星。

第四步，通过活动，升华作业。作业只是过程，不是终点，要让学生乐于做，并在完成作业的过程中体验成功，形成语文能力。

我利用学生好胜心强的年龄特点，并发挥学生的榜样带头作用，每周对作业情况进行汇总评比。先由小组长负责评出本组得金币最多的金币大王、作业设计最有创新的特色之星，再由班长、学习委员、课代表、各小组组长组成作业评价小组，每月评出全班的各项冠军。每学期中还要举行作业设计大赛、作业展评、优秀作业评选等。每学期末评选出年度各项总冠军和年度作业进步快乐星等，并把评价结果纳入学生的成长档案，作为班级、学校评先选优的依据。

这样的作业设计从学生发展的需要出发，承认差异，尊重差异，让不同的学生在学习上得到不同的发展。这样的评价注重过程，调动了学生的积极性，使学生快乐地参与到作业的设计和完成中，作业不再是学生的负担。

同时，我正在考虑能不能把作业设计成一关一关的闯关游戏，从基础性向实践性、探究性逐步延伸，这样不仅能更好地提高学生的兴趣，还可以把网络变成学习的工具，让学生作业不再沉寂，激活快乐作业这一泓活水。

（作者单位：山东省惠民县李庄镇新兴小学）

检查跟进　会者不做

黄家国

现在常有教师让学生抄生字、抄课文多少遍的现象，社会上对此诟病较多，家长也有怨言。可教师也有苦衷，学生不多抄几遍怎么能记住呢？怎样破解这一难题，让作业不再成为负担，一直是教师和家长普遍头疼的事。我认为，采用检查跟进、会者不做的方法，有利于把学生从繁重的课业负担中解放出来。

必要的作业是不可少的，比如每一课的完成了，学生是否真的掌握了也没有得到检验。我的做法是，学生抄完以后我马上进行检查，看学生会不会默写，默写全对的学生就算过关；对于抄错了的学生，可再让他们抄上5遍，只抄写错了的字词。

学生个个都想在第一个5遍里就能过关，否则既没面子，还要多干活。这样一来，学生在抄写时就非常认真，看准了一个字才下笔，一般来说很少有学生写错的。只要学生学会了，我就不让学生多写一个字，因此，学生的作业就少了。我班学生的作业量普遍比别的班少。一开始，有些家长打电话给我询问作业，我就向家长解释说，作业不在于多少，而在于孩子是否真的掌握了，这是唯一的标准。如果学生已经掌握了字词，把其他时间用于阅读不是更好吗？

检查跟进，目的是及时发现学生的错误，及早订正，不要到错误成为坏习惯时再强行更正，那样就难改多了。例如，我接手的6年级，很多学生在写“虎”、“虚”之类的字时，总是不写上面的一小横和一小竖，以为是“厂”字头，我让他们写了不下20遍，可至今仍有个别学生改不掉，这是因为他们初学时的写字习惯已经形成了。如果在他们刚接触这个字时，教师能对他们的错误及时跟进和订正，就会较少出现顽固错误改不掉的现象。这种检查正确者不做的方法是目标激励法，学生只要认真对待了，基本上都能做得到。

检查跟进，会者不做。这8个字里，有目标，有激励，有措施，有监督。我教了24年的书，在我的课堂上很少出现学生把生字抄几十遍的事。我想，不仅语文可以这么操作，其他学科也可以这么做。如果学生能全身心地投入到作业中，还会把这点作业当成负担吗？

（作者单位：安徽省五河县临北乡胡圩小学）

让作业活起来动起来

王 敏

现在，很多语文作业都是抄写字词、解释中心思想、背诵课文等，千篇一律，不仅学生厌烦，连教师自己都觉得有点枯燥。而我们的社会生活五彩缤纷，学生也置身其中，不妨把作业和生活联系起来，让作业活起来、动起来。

让学生去生活中发现用错的语文。一些教师之所以让学生不断地抄写字词，就是为了能让他们记牢，并在生活中正确运用。可学生如果只是简单抄写，不动脑筋，就会养成死记硬背的习惯，缺乏灵活运用的能力。语文在生活中的运用无处不在，可以让学生的思维活动起来，找一下商店中出现的错别字，如“就餐”的“餐”字，许多地方只写左上边；找一下广告中类似于“咳不容缓”等故意用错的词语等。这样既知道了哪个字容易出错，又知道了正确的写法和用法；既可以锻炼学生认真观察的能力，又可以巩固他们的基础知识。

让学生在活动中学会感恩。许多作业往往只停留在书面上，与我们的家庭、生活离得较远，教师检查也只是看看对错。这种作业只会让学生向书呆子的方向发展，缺少情感的渗透。

教师可以结合一些课文中的事例，给学生布置一些动手动脑、体会亲情的作业。例如学习了《散步》一文后，可以让学生回家帮父母做一些力所能及的家务，刷刷碗、洗洗衣服等，再把自己的见闻感受写下来。这样既体会了父母的不容易，又可以很好地锻炼自己的写作能力。再如学了《背影》后，可以让学生和父母进行一次亲情交流，回忆一下父母对自己的爱都体现在哪些方面，自己对待父母又有哪些做得不够的地方，以此来加强学生和父母之间的亲情，增强学生的感恩意识。

作业设计要和生活实践紧密联系。作业如果能与学生的生活实际紧密结合，引入一定的生活情境，就有利于激发学生的兴趣。例如学了《明天不封阳台》后，可以让学生搞一个实践调查，看看生活中存在哪些环保问题，有哪些伤害小动物的现象，动物的生存状况如何等，并让学生亲自动手调查、搜集数据。调查的过程既可以锻炼学生的调查分析能力，锻炼学生和他人的沟通交流能力，又能帮助学生更好地理解课文、增强环保意识。这类生活实践作业强调学生亲身经历，在观察、操作、实验等一系列活动中发现和解决问题，体验和感受生活，同时开阔了学生的视野，让学生的情感体验更加强烈。总之，我们要让作业活起来、动起来，让作业的效果更好地体现出来。

（作者单位：河南省鹤壁市祁县第五中学）

自主作业展现奇思妙想

王洪利　程福蒙

小学自主作业要以尊重学生的差异为前提，以最大限度地激起学生学习的主动性、创造性为目标。我们可以有意识地设计多样化的作业，给学生留有自主选择的空间，让学生根据自身的能力、爱好选择作业的数量、难度、内容和形式，通过作业表达自己的真情实感，表现自己的奇思妙想，从而把学生从繁重的作业堆里解放出来，有更多的时间自主学习。

把“自主”设计在作业中。教学不仅要注重提高学生的自主意识，更要强调充分挖掘学生潜能，培养其自我教育能力，逐步实现由依赖性学习向独立性学习的过渡。

让学生自主选择作业的内容和形式。教师要针对学生的差异，设计多梯级的作业，给学生留有自主选择的空间，发挥学生学习的主动性。例如，我们在数学作业中设计了基础性作业、拓展性作业、提高性作业、实践性作业、反思总结性作业；语文作业中设有小小资料库、读读写写、采撷花絮、最佳亮点、信息大看台等。每天的作业都没有固定的内容和形式，学生可以依据自身的情况自主选择。这样的作业实现了“每一位学生都希望自己是一个发现者、研究者和探索者”的心理愿望。

让学生自主选择作业的数量和完成方法。一刀切的作业往往导致好的学生吃不饱，差的学生吃不了。我们设计的作业没有固定的数量要求，有很大弹性空间，学生可以根据自身的能力和知识水平选择作业数量。

把“兴趣”设计在作业中。作业设计得有趣，学生就乐意去做；作业枯燥无味，学生就排斥。我们在数学作业中设计了“快乐学吧”栏目，就是让学生自己去寻找与所学知识点相同的练习题或者自己编题。这个设计符合学生乐于探究的心理特征。学生在作业过程中不仅巩固了知识，还掌握了获取知识的方法，学会了分析、比较、判断等数学思维。我们在语文作业中设计了“最佳亮点”栏目，目的是让学生在学完课文后用自己最独到的方式表达对课文的理解，把自己的各种奇思妙想表达出来。在这里，学生的表现欲得到充分张扬，不仅学会了思考，提高了写作水平，还使学生的潜能得到充分挖掘，真正体验到乐在其中。

把“生活”设计在作业中。把家庭作业与学生生活相联系，把学习触角伸向生活的每一个角落，让学生在熟悉的日常生活中汲取营养，在社会实践、家庭生活中巩固知识、发展能力。数学作业中的“数学生活园”栏目，是让学生用学到的数学知识解决生活中的数学问题和在生活中发现数学。学生在作业过程中不仅要动脑，还要动手、动口，解决了课堂教学所不能解决的问题。语文作业中的“信息大看台”，是让学生把生活中的所见、所闻记录下来。生活是丰富多彩的，学生的作业也是异彩纷呈的。将生活充实到学生的家庭作业中，就为家庭作业注入了新的内涵，赋予作业新的生命，让学生理解“学习离不开生活，生活需要知识”这一道理。

把“创新”设计在作业中。高品质的作业是培养学生观察、分析、创造、探究等能力的重要载体。学生都是极富个性的生命体，他们对教材的理解和诠释也都极富独特性和创造性。自主性作业给学生提供了独立思考和实践操作的机会，让学生用自己最擅长的表现方式把学习体验和认知呈现出来，发挥了学生的积极性、创作性。例如，语文作业中的“最佳亮点”是一项拓展延伸型作业，没有任何资料可供参考。学生不得不自己动脑思考，由过去的“抄作业”改为现在的“创造作业”。完成这项作业的学生往往呈现出很高的热情和丰富的创新能力。学习的过程中，只有思考才是最本真的；做作业的过程中，只有思考才是最有效的。开放的自主性作业成为培养和发展学生创造能力的一座桥梁，让学生因思考的习惯而终生受益。

（作者单位：山东省烟台市芝罘区娱璜顶小学，烟台市教育科学研究院）

不要用作业“圈”住学生

赵文会

目前作业布置的一大问题是，我们往往要求学生在一定的时间内完成统一的内容，期望达到同一目标，作业形式单一，缺乏创造性。特别是语文作业，常常重复着读、抄、写、背的机械操作，侵占了学生的课余时间，让学生失去了快乐的童年，影响了学生的自主发展，甚至会使学生对学习产生消极情绪。因此，改革作业内容，丰富作业形式，成为摆在教师面前的一项重要任务。作业要为巩固课堂效果、丰富知识储备、培养创造才能服务，而不是用它“圈”住学生。

自由选择作业数量，体现个性差异。布置作业，要体现层次性。作业不可一味求多求全，要根据不同层次学生的能力、兴趣，设计多样作业，供学生自主选择。教师在设计作业内容时可以把听、说、读、写和画、演、讲、唱等多种形式相结合，增强作业的趣味性，让学生乐于做。要充分关注学生的个性差异，设计难易有别的多梯度作业，满足不同层次学生的需要，让学生爱做。作业的数量也可以让学生自主选择，例如让学生在抄写识记内容时，允许他们根据自己的情况确定抄写数量，认为较简单的可以不抄，认为容易写错或难记的就多写几遍，这样有利于调动学生的学习积极性。

自主选定作业形式，让学生快乐实践。我们要让学生知道，语文学习和真实生活是非常贴近的。布置作业时，我们可以让学生“看一看”，培养其观察力；“说一说”，培养其表达力；还可以布置读、看、说、演等形式的交流作业。比如适合朗读的，让学生读一读；适合调查的，让孩子问一问；故事性强的，让孩子说一说；还可以结合其他学科知识，让学生动手做些小制作、小作品。

走出课本走进生活，让学生拓宽视野。很多教师把着眼点紧紧放在书本上，布置的作业显得扎实有余，而灵动不足。根据教学内容和学生实践，我们可以尽量让学生以课文为支点，走出课本，走进生活，了解更多生活中的“鲜活”知识。教师应把握所布置作业的内容，使作业设计既能巩固课内知识，又能进行课外延伸，使学生的课外知识不断增长。

教者若有心，学者必得益。布置作业，是一种教学艺术。教师要努力让作业不再成为学生的负担，而成为学生表现自我、肯定自我的平台。

（作者单位：陕西省永寿县豆家中学）

四、新资讯

减负政策摘要

一、20世纪五六十年代

1950年6月19日，毛泽东写信给教育部长马叙伦，指出："要各校注重健康第一、学习第二。营养不足，宜酌增经费，学习与开会时间宜大减。"

1951年1月15日，毛泽东再次致函，指出："提出健康第一、学习第二的方针，我以为是正确的。""此问题值得注意，提议采取行政步骤，具体地解决问题。"

1951年6月30日，毛泽东主席在接见青年团第二次全国代表大会主席团时提出："要青年身体好，学习好，工作好。"特别指出：青年时期是长身体的时间，"他们的学习和工作的负担不能过重"，"一方面学习，一方面娱乐、休息、睡眠，这两方面都要充分兼顾"。

1951年8月6日，周恩来总理在政务院会议上着重指出，"改变这种不良状况的工作重点，应该放在减轻课业负担和减少社团活动扩大，不应只放在改善伙食营养和卫生设备方面。"在这个精神指导下，那次会议通过了《政务院关于改善各级学校健康状况的决定》，具体规定了学生日常学习及生活时间——每日上课、自习（包括实验）时间，大学及高中不得超过九小时，初中不得超过八小时，高小不得超过六小时；学生睡眠，高校八小时，中学九小时，小学十小时，夏季增加午睡。

1955年7月1日，教育部发出指示，要求各地有效地解决中小学负担过重问题，并提出："解决学生负担过重的基本办法是改善教材，提高教师水平，改进学校领导。"

1957年3月7日，毛泽东主席在七省中小学教育问题座谈会上再次指出：课程不要那么多，那么高，要砍掉一半，只要八门就行了。教材要减轻，课程要减少，古典文学要减少。在谈到教育方针时，他还特别强调，要使受教育者在德育、智育、体育几方面都能得到发展，就是要从根本上扭转学生课业负担过重、影响身心健康、全面发展的问题。

1960年4月9日，中央宣传部长陆定一在二届全国人大二次会议上作《教学必须改革》的发言，提出在中小学教学改革中应“适当缩短年限，适当提高程度、适当控制学时，适当增加劳动”。

1964年2月13日，毛泽东在主持召开的教育工作座谈会上说，教育的方针路线是正确的，但办法不对。学制、课程、教学方法都要改。之后，教育部召开全国教育厅局长会议，提出了加强学校思想政治工作，减轻学生负担，进一步贯彻“两条腿走路”的方针，逐步实行两种教育制度。

1964年3月10日，毛泽东对北京铁路二中校长的来信“关于减轻中学生负担问题的意见”做了批示(即后来所说的三一〇批示)：“现在学校课程太多，对学生压力太大，讲授又不得法，考试方法以学生为敌人，实行突然袭击。这三项都是不利于培养青年们在德智体诸方面生动活泼地主动地得到发展的。”

1964年5月4日，中共中央、国务院批转教育部临时党组《关于克服中小学学生负担过重现象和提高教学质量的报告》，中央批示：解决这些问题，不但是提高教学质量所必须的，而且关系到办什么样的学校，培养什么样的人的重大问题，必须引起各级党委和政府的足够重视。

1965年7月3日，毛泽东给中央宣传部长陆定一的信中说：“学生负担过重，影响健康，学了也无用。建议从一切活动中砍掉三分之一，邀请学校师生代表，讨论几次，决定实行。如何请酌(这就是后来影响甚广的“七三指示”。)”

二、20世纪七八十年代

1978年，邓小平同志在全国教育工作会议上指出：“学生负担太重是不太好的，今后要采取措施防止和指正。”

1980年9月12日，《教育部关于分期分批办好重点中学的决定》中提到：坚决把学校和学生从频繁的考试中解放出来；必须保证学生每天有9小时的睡眠、1小时的体育活动，保证假期，不要使学生负担过重。

1982年1月21日,《教育部关于当前中小学教育几个问题的通知》再次提到:不得搞大量复习题,要严格控制课外作业量;必须保证小学生每天有10小时、初中生每天有9小时、高中生每天有8小时的睡眠以及1小时的体育活动;对学生要坚持正面教育,严禁体罚和变相体罚。

1983年5月6日,国家下发《中共中央、国务院关于加强和改革农村学校教育若干问题的通知》,通知指出:必须采取切实措施,纠正目前社会上片面追求升学率的倾向。

1983年8月10日,《教育部关于进一步提高普通中学教育质量的几点意见》再次重申"不要使学生负担过重"。

1983年12月13日,国家教育部发布了《关于全日制普通中学全面贯彻党的教育方针,纠正片面追求升学率倾向的十项规定》。

1988年5月11日,国家教育委员会发布《关于减轻小学生课业负担过重问题的若干规定》,指出"学生课业负担过重,是当前许多小学存在的一个突出问题。解决的关键在于引导小学教育工作者端正教育思想,坚持全面育人,在提高教育质量上下功夫。"

三、20世纪九十年代

(一)1990年

1月7日,国务院总理李鹏在山西省太原市两名小学生的来信上批示:"留作业太多,不利于小学生德、智、体全面发展。这件事,议过多次,请抓紧解决。"

2月15日,国家教委发出《关于重申贯彻〈减轻小学生课业负担过重问题的若干规定〉的通知》。

2月20日,国家教委副主任柳斌在新闻发布会上强调,各地教育部门要坚决贯彻有关规定,把小学生的课业负担降下来,使孩子们能够全面发展,健康成长。

5月23日,国家教委邀请上海第一师范学校附属小学等7所小学的校长,汇报开展"愉快教育"、减轻学生负担的经验。

5 月 24 日，国家教委副主任柳斌就减轻中小学课业负担问题接受《中国教育报》记者采访时指出：要提高教育质量，就必须下决心减轻学生的课业负担，各级教育行政部门要把这项工作当作普教改革的重要任务来抓。

5 月 29 日，就小学教育应从五育入手，全面贯彻教育方针问题，国家教委副主任何东昌再次向《中国教育报》记者发表谈话。他强调要正确评价小学教育，绝不能把升学考试的分数看得太重。

（二）1993 年

2 月 13 日，中共中央、国务院在《中国教育发展纲要》中明确指出，中小学要切实采取措施，减轻学生过重的课业负担。

2 月 15 日，国家教委就"减轻义务教育阶段学生过重负担，全面提高教育质量"问题，邀请北京市领导、中小学校长座谈。国务委员兼国家教委主任李铁映出席座谈会并讲话。

3 月 24 日，国家教委发出《关于减轻义务教育阶段学生过重课业负担、全面提高教育质量的指示》。

（三）1994 年

8 月 3 日—4 日，国务院副总理李岚清在北戴河主持召开座谈会，研究减轻中小学生课业负担和全面提高教育质量问题。

11 月 10 日，国家教委发出《关于全面贯彻教育方针，减轻中小学生课外负担过重的意见》。

11 月 11 日，国家教委举行新闻发布会，宣布减轻中小学生课业负担的出路在改革。要求学校改变应试教育模式，严格课时，控制考试，整顿奥校。

（四）1995 年

1 月 24 日，国家教委副主任柳斌在《中国教育报》发表文章，题目是《推广愉快教育经验，减轻学生过重课业负担》。

2 月 27 日，李岚清副总理邀请京、津、沪、冀、辽五省市教育人士座谈如何减轻中小学生课业负担过重问题。李岚清指出：减轻过重课业负担，全面提高教育质量的根本出路在于深化教育改革。

3月17日，国家教委办公厅印发《关于五省、市对减轻义务教育阶段学生过重课业负担情况进行督导检查的综合报告》。

（五）1999年

3月18日，教育部有关司局召开"关于减轻中小学生过重负担"座谈会，来自北京市部分中小学的校长、教师、学生家长及教育行政部门的领导出席了座谈会。

6月13日，中共中央国务院发布的《关于深化教育改革全面推进素质教育的决议》明确提出，减轻中小学生课业负担已成为推行素质教育中刻不容缓的问题，要切实认真加以解决。

四、新世纪以后

2000年1月3日，教育部发出《关于在小学减轻学生过重负担的紧急通知》，并组织国家督学对部分省、自治区、直辖市贯彻落实《紧急通知》的情况进行专项督导检查。

2000年1月3日—4日，教育部部长陈至立在大连市考察教育工作，与大连市政府、市教委有关领导就减轻中小学生过重负担以及中小学人事制度改革等问题进行了座谈。

2000年1月7日，教育部在北京召开减轻中小学生过重负担工作电视会议。教育部部长陈至立在会上要求有关部门要密切配合，齐抓共管，从实际出发，分阶段、有重点地推进减轻中小学生过重负担的工作，并首先以减轻小学生过重负担为突破口；各地要不断完善减负管理工作，加强领导和监督，严肃查处加重学生负担的违法违纪行为。

2000年2月7日，江泽民总书记发表了《关于教育问题的谈话》，谈话强调："现在一些学生负担很重，结果形成了很大的心理压力，这不利于青少年学生的健康成长。”

2000 年 2 月 16 日，教育部和人民日报、光明日报联合在北京举行座谈会。教育部部长陈至立在讲话中强调近期要抓好六方面工作，其中第五条是“狠抓全面减轻学生过重课业负担工作”。

2000 年 3 月 5 日，国务院总理朱镕基在九届全国人大三次会议上作政府工作报告时，要求各级各类学校都要全面推进素质教育，切实减轻中小学生过重课业负担，促进学生德、智、体、美全面发展。

2000 年 3 月 8 日，李岚清副总理分别参加九届全国人大三次会议青海代表团和重庆代表团的审议，教育部有关方面负责人就进一步深入持久开展减负工作接收采访，强调减负要坚定不移，措施必须积极稳妥。

2000 年 3 月 21 日—23 日，2000 年基础教育工作会议在天津举行。其中“减轻中小学生过重负担”是会议重点研讨的问题之一。

2004 年 6 月 1 日，教育部发布《关于学习贯彻中共中央国务院关于进一步加强和改进未成年人思想道德建设的实施意见》，称要切实减轻中小学生课业负担，并提出严格执行新形势下减负工作的五项要求，建立起有效的监督机制，共同推动减负工作。一旦发现有继续违反上述规定者，要严加查处。

2007 年 10 月，党的十七大报告中提出减轻中小学生课业负担，提高学生综合素质，将“减负”列在“以改善民生为重点的社会建设”大题目中。

2009 年 1 月 5 日，温家宝总理在《百年大计教育为本》的文章中把“人才培养模式改革与减轻中小学课业负担”作为重要议题之一。

2009 年 4 月 22 日，教育部发布《关于当前加强中小学管理规范办学行为的指导意见》，意见强调要“科学安排作息时间，切实减轻学生过重课业负担”。

2010 年出台的《国家中长期教育改革和发展规划纲要（2010—2020 年）》中，把减轻中小学生课业负担与巩固提高九年义务教育水平、推进义务教育均衡发展并列为未来十年义务教育的三大重点任务。

减负信息选录

一、上海

育才中学“因材施教”探索跨年级走班选课 298名学生拥有285张课程表

李爱铭

日前，育才中学举行的课程改革展示会上透露，该校探索跨年级走班选课制，高二年级298名学生拥有285张不同的课程表，“各取所需”实现减负增效。

育才中学校长陈青云介绍，由于学生的学习基础、爱好专长差异很大，对教学的需求也各不相同，有些需要超前学习，有些需要重点加强，期待“弹性”和选择性课程。同时，目前基础型课程中的信息技术、地理等一些“小学科”每周1至2节课，持续2到3年，“战线”过长导致前学后忘，学习效率低，也对课程提出整合要求。

2008年起，育才中学开始探索以“学程”为单位，对高中阶段的学习时间和课程内容进行重新设计。高中三年分成18个学程，语、数、外和体育课程贯穿所有学程。信息技术、生物等由原来的两年制授课，集中在两个学程内授课。而学生可以按照不同水平层次，跨越班级和年级选择适合自己的课程。

（来源：解放日报 2011-11-3）

二、北京

北京西城中学试点课时改革　每节课缩到40分钟

贾晓燕

西城区部分中学正在试点课时改革，将每节课45分钟压缩到40分钟。鲁迅中学进行课时改革后，每周多出5节课的时间，这些时间用于开设选修课、特色课程和社团活动等。目前，该校已开设礼仪、茶艺、楹联等21门选修课，学生们可以按兴趣选择自己喜欢的课。

“目前，西城区已有不少中学启动了课时改革，以高中居多。”西城区教委副主任赵蓬欣说。高中新课程要求学校在总学时不变的情况下完成国家课程，同时，还要充分挖掘潜力和教育资源，开设丰富多彩的校本课程。如161中学根据教学内容的不同实行了长短课，一节课有的长达七八十分钟，有的也就半个小时。像鲁迅中学一样，北京四中也将一节课45分钟缩短至40分钟。

赵蓬欣表示，课时改革对老师提出了更高要求，为保证在有限时间内完成规定的教学任务，老师们往往要在课下投入更多精力，从而提高课堂效率。同时，学校通过自主排课、调整课时长短，为学生创造了更多自主活动的时间，在一定程度上实现了减负。

（来源：北京日报 2011－12－2）

北京市芳草地小学：通过课堂教学减负增效

据芳草地小学校长刘飞介绍，该校在课堂教学中通过七个方面进行减负增效探索：一是目标制定精准。目标制定必须具备适切性，要适合教材、适合学生、适合教师。二是训练内容精简。我们要求教师在教学中一定要注意紧扣目标，精简训练内容，突出重点、难点。三是情境创设精妙。我们要求教师在教学实践中，创设情境一定要注意必要性——非必须、不设计，不能为情境而情景；真实性——情境不能与客观现实相悖；学科性——非学科信息要控制；新颖性——有趣、能够激发思维。四是教学语言精致。我们要求，作为学科教师，必须掌握学科基本概念，并能够准确表述；要把握学科基本特点，并能用恰当的方法引领学生参与。五是问题阐述精当。我们要求教师要根据课堂教学的目标和内容，精心设置问题情景，有计划地、针对性地、创造性地激发学生主动参与探究。六是评价提升精辟。我们要求教师要能对学生信息快速反应并进行有效梳理，进而提炼出要点，为生成做好准备。七是媒体使用精到。我们要求教师要充分挖掘多媒体的功能。同时，要重视传统方法的作用，如教鞭的使用、板书作用的发挥等。

（来源：现代教育传媒 2011－6－20）

三、天津

减负增效　促进学生全面发展
天津市第九中学推进素质教育成效显著

张雯婧　刘　徽

在教学方面，天津市第九中学在不断汲取经验、创新思路的过程中提出了课堂“快投入、小坡度、多层次、频活动、强反馈、共矫正”的18字方略。要求在教学中创设情境，从学生兴趣点出发，快速切入主题，即实现“快投入”；课堂教学中让学生在探究、尝试中“频活动”，使他们在获得知识的同时，体验学习过程的快乐，并在优化课堂结构的同时，精选习题，通过“强反馈、共矫正”，教师及时、准确掌握课堂教学的反馈信息，当堂纠正学生错误的认识，学生也会最大限度地自己开动脑筋考虑问题，独立完成作业，做到“做有成效”，所学知识自然也就做到了“堂堂清”，而课后的家庭作业则大大减少。

减轻学生的心理负担是九中“减负增值”新思路的主要内容之一。第九中学设立了心理咨询室，并定期开设心理咨询讲座；各年级组适时召开学生及家长共同参加的恳谈会，介绍减压方法，为学生和家长搭建沟通的桥梁；在考前“倒计时100天”时学校召开“誓师会”，请教师及往届学生介绍冲刺经验，为学生树立自信。

（来源：天津日报 2011－07－15）

四、江苏

学习不断“回头”　考场允许“小抄”　谁都能成“达人”
苏州平江中学打出减负增效“组合拳”

苏　婷　姜正川

变革就从课堂开始。针对学校新生大部分成绩中等及偏下，更有10%左右学困生的具体情况，平江中学推出了可以照顾到所有学生的“四段一案一回头”新课堂结构。

“四段”是将课堂45分钟分成4个板块：回看导入约5分钟，教授新课约25分钟，组织活动约10分钟，课堂小结约5分钟。“一案”是学案导学，由教师精心设计学案，简明清晰列出知识点、学习要求和疑难之处。“一回头”强调学习新知识的同时，在教师引导下利用一题、一问进行旧知识的复习巩固，把新旧知识联系起来学。

一年前，平江中学将改革推及考试：在生物、地理、政治、历史等科目期末考试时，提倡学生带着“小抄”进考场！每次这样的考试前，由学校统一发给学生“小抄”纸。学生在复习中将着重点、易错点简明扼要地整理在纸上，考试时，这张“小抄”可以随便使用。考试结束时，“小抄”要随考卷一起上交，教师根据学生对知识点的把握、呈现方式、书写情况等，将“小抄”以10%的分值计入考试总分。比传统开卷考试“高明”的是，“小抄”包含了学生有趣又有效的个性化学习，最直接地培养了学生整理、概括、归纳和自主学习、自我管理的能力；而“小抄”本身的特点，又使复习的过程变得快乐和高效。初三学生项莹倩说：“‘小抄’不仅减轻了压力，还让我轻松地记住了更多知识。”

单一的改革作用有限，缺少了评价内容的跟进，很难推进学校的教育教学改革。在平江校园里“热闹”开展的“达人风云榜”评选，以多元评价为标准，让每个学生都能在广阔的舞台上展示自我。这是一项面向全体学生的个性化评价改革：自荐或推荐的形式，容易达到的目标，让每个学生都可能进入榜单。“达人奖”分为语文、数学、英语、物理等学科及“进步”、“潜质”等方面，关注的是学生学习的态度而不是成绩。

为了考查减轻负担和高效学习的实际效果，平江中学还推出了针对教师教学的个性化评价：不仅要看学生成绩，还要看他们在学习上所用的时间。

综合改革的减负增效作用还延伸到了课外、校外。平江中学提倡每个学生在周末两天“睡好一个懒觉，利用好一个上午，巩固好一周学习的内容”，做一个会休息、会自学、会健体的健康少年。

（来源：中国教育报 2011-9-19）

五、江西

《江西省义务教育条例》关于减负的规定

郭　宁　李　倩

学生入学：入学时不得举行与入学挂钩的考试

《条例》规定，适龄儿童、少年免试入学。学校不得举行或者变相举行与入学挂钩的各种考试，不得将各种学科竞赛成绩和考级证书等作为入学和编班的依据。

素质教育：不得挤占音乐、体育、美术课

《条例》规定，县级以上人民政府教育主管部门应当按照基础教育课程改革要求推进课堂教学、考试、招生和质量评价制度等改革。学校应当执行国家和省确定的课程方案，不得随意调整课程、停课或者增加、减少课时，不得挤占音乐、体育、美术、实验等课时。并把德育放在首位，培养学生良好的思想品德和行为习惯，形成健康人格。

初中生每年社会实践最少20天

素质教育写进了《条例》，规定学校应当按照素质教育的要求，组织学生开展体育、社会实践等活动。学校应当保证学生每天体育锻炼的时间不少于一小时，每学年至少召开一次全校体育运动会；小学三年级以上学生和初中学生每学年参加社会实践活动的时间分别不少于十天和二十天。

建立课业负担监测和公告制度

开展素质教育的另一个方面是为学生减负。县级以上人民政府及其教育主管部门应当建立学生课业负担监测和公告制度，不得以升学率对地区和学校进行排名，不得下达升学指标。学校和教师应当将减轻学生课业负担落实到教育教学各个环节，科学安排学生学习时间和课外活动，减少作业量和考试次数。

（来源：江南都市报 2011－12－02）

六、山西

课堂教学节节清　学业负担步步减

山西寿阳三中　陈丽红

在具体的教学中，我坚持“一课一得”，精心设计教学主问题，努力实现“节节清”，不把问题留到课外，实现当堂知识当堂训练，当堂训练当堂反馈，当堂反馈当堂落实，还给学生课外自由学习的时间。在课堂上，我引导学生用自己得出的规律，进行相关知识点的演练。具体来说，就是从不同角度进行选题，在课堂上实际操作，使规律明朗化，让解题熟练化。在解题之后，让学生互谈感受，真正落实每节课学习所得。遇有课堂接受较迟缓的学生，就在当天的课外阅读作业中，针对相关考点自己命题、自己解题，保证落实到位。这样一课一得，使每节课知识都能做到“课课清”，使“减负”不再只是口号。

（来源：中国教育报 2011－10－28）

七、山东

山东减负实行全省齐步走　监管缺位要问责

【症结】我减人不减，成绩落后怎么办？

【探索】要减全省统一减

只要全省整体推进，一盘棋、齐步走，统一行动、集体减负，完全可以营造出公平竞争的环境，有效打消各级各界的顾虑。

【症结】减轻课业负担，突破口在哪儿？

【探索】把高中当成“牛鼻子”

谈到把高中作为突破口，山东省教育厅副厅长张志勇说，这是因为高中上连高等教育，下连义务教育，是整个教育的中间链条，是人才培养的关键阶段，也是减轻学生负担的重点和难点。作为“龙头”的高中办学不规范，义务教育阶段就很难做到真正有效的规范，学生课业负担就很难实现根本性的减轻。他说，20 世纪 80 年代以来一直推行的从义务教育阶段突破进行减负的实践也证明，如果不抓住高中这个根本，课业负担不但不会减轻，而且会越来越重。

【症结】成效不明显，谁来承担责任？

【探索】政府是第一责任人

在张志勇看来，减负工作能否顺利实施，根本在于政府及教育行政部门能否履行责任。他认为，各级政府是落实国家减负规定的第一责任人，国家应建立各级政府"减负"工作责任制，对长期工作不利，学生负担过重的地方政府进行问责。

（来源：人民日报 2011－11－17）

合作竞争教学法激活求知欲
青岛大学附中探索有效课堂为学生减负

孙　军

日前，记者在山东青岛大学附属中学旁听了两节教学示范课，学生在课堂上表现出强烈的求知欲给记者留下了深刻的印象。据青大附中校长王国利向记者透露，这是学校钻研了3年多的"合作竞争主动愉悦教学法"带来的变化。

据介绍，这种教学法就是将一个班分成4人一组的若干个小组，4名学生分别担任"1、2、3、4"或"A、B、C、D"4个角色。老师负责根据学生的水平及特点分组，分在一个小组的学生平时就坐在一起，定期调换位置时4人整体移动。学生分好组后，各科老师上课时会根据各类学生的不同特点分层次教学、提问、布置作业，让所有学生上课时都能得到发言和回答问题的机会，使更多暂时处于中下游和下游的学困生得到更多的锻炼。

如今，这种名为"合作竞争主动愉悦"的教学模式已在学校初一年级推开。王国利告诉记者，学校还围绕"有效集备"、"有效课堂"、"有效作业"进行了深入的研究和探索。要求教师进行"单元核心集备"，即在认真研读课程标准的基础上，大胆整合教材，在每个单元中重点选择一节核心课精心细备。在备课时，不仅关注知识点、考点，更关注学情和教学环节设计，探索"合作竞争主动愉悦"教学模式，对学生合理分组、分层指导，通过团队评价保证合作质量，提高教学效率。

（来源：中国教育报 2012－1－16）

八、湖北

武昌区将改革学生评价方式：
小学不搞分数制　平时表现占三成

赵　莉　叶　壮　李　峰

记者日前从武昌区教育局获悉，该区今年将正式启动“绿色教育”评价与监控，改革传统的学生、学校评价模式，对义务教育阶段学生实行“全学科”评价，其中平时表现在学业评价中占三成。小学所有学科按甲乙丙丁四个等级呈现，初中仍实行百分制。

与以前注重学生语数外成绩不同，“全学科”评价将更看重学生的全面发展。小学将13门学科全部纳入评价体系，包括科学、体育、音乐、美术、品生或品社、卫生与健康、心理健康教育、校本课程与综合实践活动、信息技术等。初中把15门学科纳入评价体系。“平时表现（包括检测）占三成，期末成绩占七成。”相关负责人说，小学不搞分数制，所有学科均按甲、乙、丙、丁四个等级呈现，初中仍按百分制呈现。

该区将对学校进行“全过程评价”，“不仅凭学校升学率来评价一个学校的好坏，更注重学校教学环节各个过程，包含课程目标、办学行为、办学特色等三个板块内容。”该区教育局有关负责人说。如小学绿色质量过程管理评价细则总分100分，其中课程目标60分，包括学科学业水平达成度与学生自主学习意识与能力。武昌区教育局采取2+X抽查方式来评价一个学校的学科学业水平。“每一门学科的分值都是40分/当年调考学科的数量，如果学校不开齐课程，总分上将吃亏。”相关负责人说。初中如未开齐课程，每科直接扣0.3分。

减负增效在初中占重要地位，对学生作业的布置与批改、资料使用、无违规编班、作息时间及阳光一小时活动等都有规定。还要求校长“深入课堂”，校长听课笔记必须达到40节。

此外，还将对学区实行“整体评价”，促进学区内均衡发展。

（来源：楚天金报 2012－01－17）

九、陕西

西安市教育局：竞赛成绩不得作为入学条件

刘　振

西安市教育局2011年11月28日公布了减轻义务教育阶段中小学生课业负担的28条要求，力争用3—5年取得明显效果。这些要求除了重申此前的“减负”政策，还提出了一些新规定。其中要求，学校要每学期不定期召开座谈会，听取学生和家长对教师落实“减负”的意见和建议。

1. 不得跨学区招生　禁止举办实验班特长班

公办学校不得举办或变相举办与入学相关的考试、测试等，不得将各种竞赛成绩、奖励和各类考级证书作为入学的条件和依据，不得通过校外培训机构招生，不得跨学区招生。义务教育阶段中小学校必须严格按照政府规定的招生计划招收学生，不得随意扩大招生数量；原则上小学班额不超过45人，初中班额不超过50人。

义务教育不得将学校分为重点学校和非重点学校，不得分重点班和非重点班，不得举办实验班、特长班。新生入学合理分班，不得按照考试成绩升降进行滚动式分班。

2. 寄宿生每天晚自习不超2课时　保证每天一小时体育锻炼

学生在校学习时间(不含课间休息、课外活动和社会实践)，小学生每天不超过6小时，初中生每天不超过7小时。寒暑假不得组织学生上课，更不得收费，有偿补课。走读学生学校不安排在校上晚自习。寄宿生每天晚自习时间不超过2课时，晚自习时间不得组织文化课补习或学科教学活动。保证学生每天在校一小时的体育锻炼时间。

3. 严禁增加作业量惩罚学生　一二年级学生不留家庭作业

学生作业数量适当，难度适中，无机械性、重复性的作业。小学一、二年级学生不留家庭书面作业。以中等水平学生完成作业时间计算，小学三至六年级学生家庭书面作业每天控制在1小时内，初中控制在2小时内。严禁用增加作业量的方式惩罚学生。

小学只在每学期末进行一次记录成绩的学科考试。初中只在每学期进行期中、期末两次记录成绩的学科考试。考试试题要依据课程标准，无偏题、难题、怪题。学校不得公开学生考试成绩，不得进行成绩排名。

4. 禁止集体征订课外用书　不得组织任何学科竞赛

凡国家规定的中小学开设的课程，每门只准使用一本省颁教材目录内的教科书和一套国家课程配套练习册，任何部门、团体、机构、学校和教师不得组织学生统一购买教材以外的教辅材料、图书、报刊和学生用品，不得组织或变相组织学生集体征订试卷、练习册等课外用书。

上级教育行政部门要求的有关竞赛、评奖活动，组织单位和学校不得以任何条件强行要求学生参加。学校不得组织任何学科竞赛活动。

5. "减负"要听家长学生意见　严重违规取消原有评优称号

学校要每个学期不定期召开学生和家长座谈会，听取学生、家长对教师落实"减负"工作的意见和建议。

教师不得从事有偿家教，不得在校外办学机构兼职、兼课，不得组织或变相组织学生参加校外培训机构举办的"奥数班"等文化课补习班。

对违反"减负"工作规定的单位和个人，给予严肃批评，并取消当年评优、晋级资格；性质严重的，按程序核实批准后，取消其原有的评优、评先称号。

（来源：西安晚报 2011－11－29）

十、四川

成都坚持叫停"疯狂奥数"　铁令坚决不动摇

2009年10月25日，成都市教育局公布了《关于进一步规范办学行为深入推进素质教育促进中小学生健康成长的若干规定》，禁止教育行政部门、教研培训机构、教育学会、义务教育阶段学校举办、协办以及组织学生参加包括"奥数"在内的所有学科培训和竞赛，全面叫停愈演愈烈的"疯狂奥数"。

成都的"叫停"措施是严厉的，明确了"三不原则"——不培训、不协助；不举办、不协办；不挂钩、不宣传，以斩断奥数的组织链条、考试链条、升学链条、场地链条与师资链条。

叫停两年来，出现过一些反复，至今也还没有达到理想的状态，但铁令一直没有动摇。

今年6月，成都市教育局出台《关于进一步减轻中小学生课业负担的通知》，提出10条减负硬性规定，包括校长是减负第一责任人，严格执行作息时间、严格控制课外作业量，小学一、二年级不留书面家庭作业，初中家庭作业不超过1.5个小时等。同时健全对学校的评估与督导制度，将“减负”纳入对学校的综合督导评估。

（来源：人民日报 2011－11－17）

十一、云南

云南综合素质也算分　改革向高考开刀

11月16日，云南省教育厅发布明年云南高考方案：由过去以高考分数作为唯一录取依据，变为学生高中三年的学业水平测试、综合素质评价与高考分数按比例计算分值，作为进入大学的录取依据。明年高考，云南考生的总分将由以往的750分增加至772分，额外增加的22分即为考生的学业水平测试成绩，涵盖语文、数学、英语、地理、信息技术等11门科目。

今年10月，罗崇敏公开表示，今后，云南学前教育机构的教学内容要以游戏为主，要纠正学前教育小学化倾向，逐步取消学前班。而作为一项综合性的系统工程，早在4年前，云南就开始启动“减负”。2009年初，更是专门下发文件，出重拳：违反者，校长将被解除职务、相关教师将被解聘。

（来源：人民日报 2011－11－17）

十二、宁夏

宁夏银川兴庆区出“组合拳”为学生“减负”

瞿学江　王国玲

据兴庆区教育局负责人说，今年以来，该局以“优化作业设计，构建高效课堂”为突破口，出“组合拳”为学生减负增效，如今，学生的书包普遍变轻了，学习成绩提高了。

针对传统课堂循规蹈矩、重教轻学的倾向，兴庆区在课改中把课堂教学模式改革列为素质教育突破口，引领教师改变教学观念，让“教师进题海、学生出题海”，优化教学环节和作业设计，精心选题，将“讲、学、练、评”落实到课堂教学之中。同时，严格控制征订教辅资料，确保小学生每天作业总量不超过1小时，避免学生重复机械练习，实施分层次布置作业，提高作业“含金量”，以确保“减负不减质、减负促增效”。

为了引导学生们多元发展，兴庆区很多学校变传统的灌输式教育为启发式教育，培养孩子们独立思考的能力。兴庆区十八小开辟了“课程超市”，为学生兴趣发展创造“多选空间”。机器人发明、多米诺骨牌实验、陶器制作、回族花儿演唱……学生可根据兴趣爱好随心挑选。该校五年级学生沈思宜说，寓教于乐的课外活动丰富了第二课堂，这样的形式大家都很喜欢。

（来源：宁夏日报 2011－12－20）

2011年中国小学生学习状况调查报告

中国小学生学习状况调查组①

2005年9月，中国青少年研究中心在我国6个省（市区）开展了“中国中小学生学习和生活的现状与期望调查”；几乎同时，国家统计局受教育部委托，组织了“中小学学生学习生活状况专项调查”，涉及4个直辖市、26个省会城市（不包括拉萨）和5个计划单列市。调查发现，我国的中小学生普遍存在课业负担重、活动空间狭窄、自由支配时间少、缺乏实践体验等不利于学生健康成长的情况，而导致这一情况的直接原因，是巨大的升学压力和过高的家长期望。

时隔5年，我国的社会经济又有了长足的发展，2010年颁布的《国家中长期教育改革和发展规划纲要（2010—2020年）》对我国的教育改革做出了明确的战略部署，强调“把减负落实到中小学教育全过程，促进学生生动活泼学习、健康快乐成长”，并提出“率先实现小学生减负”的要求。

---

① 本次调查由北京师范大学教育心理与学校咨询研究所、金色雨林学习能力研究中心、腾讯网儿童频道联合开展，调查问卷由李亦菲和林薇等编制，调查报告由李亦菲执笔。

为了解当前我国小学生的学习状况，为国家制定教育政策和有关部门采取有针对性的措施提供详实有力的依据，北京师范大学教育心理与学校咨询研究所联合金色雨林学习能力研究中心和腾讯网儿童频道，于 2011 年 6—8 月共同开展了“中国小学生学习状况调查”。

本次调查分别通过纸笔调查和网上调查两条途径获得数据。在纸笔调查方面，通过现场走访，组织北京、福建、浙江、湖南、河北、山西、吉林、黑龙江等 9 个省市 58 所学校的 5 340 名小学生填写问卷。在网上调查方面，通过腾讯网儿童频道，在 7—8 月面向学生会员进行开放式调查，有 7 683 名小学生填写问卷。两条途径获得的学生总数为 13 023 人。

参加调查学生的地域分布情况，直辖市占 11.4%、省会城市占 19.4%、地级城市占 27%、县级城市占 34%、农村占 7.7%；年级分布情况，一年级占 12%、二年级占 12.5%、三年级占 18.7%、四年级占 19.3%、五年级 19.8%、六年级占 15.3%。男生为 51.4%，女生为 48.6%。

本次调查从学习条件、学习状态、学习结果三个方面了解我国小学生的学习状况，与此相应，本报告分三个部分对这次调查的主要结果进行描述。在此基础上，对我国小学生学习状况做出综合判断，并就如何改善小学生的学习状况，对学校教育、家庭教育和社会教育提出建议。

一、学习条件

作为学习状况的基础，学习条件包括学习时间、睡眠和运动、外部支持、学习能力四个方面。下面，分别对这四个方面的调查结果进行描述。

（一）学习时间

为深入贯彻党的十七大“减轻中小学生课业负担，提高学生综合素质”精神，许多省份都就减轻中小学生课业负担工作发布通知，严格控制中小学生在校活动总量。主要包括以下几个方面的要求：(1)小学生在校活动总量不超过 6 小时，初中生不超过 8 小时；(2)每天保证 1 小时体育活动；(3)不准占用学生休息时间、节假日、双休日和寒暑假组织集体补课、提前上新课。

本次调查从在学校的上课时间、回家后的学习时间、周末课外补习时间、课外阅读时间四个方面，综合了解小学生的学习时间。

1. 周一到周五每天在教室里上几节课（不含兴趣小组活动课）

	4 节课	5 节课	6 节课	7 节课	8 节课
纸笔调查	4.0%	13.4%	36.4%	34.9%	11.2%
网上调查	4.5%	10.9%	37.6%	29.9%	17.1%
综合	4.3%	11.9%	37.1%	31.9%	14.7%

根据“小学生在校活动总量不超过 6 小时”、“每天保证 1 小时体育活动”的规定，去除课间休息和午休约 2 个小时，学生每天在教室里上课不应超过 6 节。

从总体调查数据来看，有 45.6%的学生每天在教室上课的节数超过 6 节，其中 31.9%的学生每天在教室里上 7 节课，14.7%的学生每天在教室里上 8 节课。网络调查的数据和纸笔调查的数据在“7 节课”和“8 节课”两个选项上有差异。

从地域分布来看，根据纸笔调查的数据，在每天上 8 节课的学生中，66.8%的为直辖市的学生；而在直辖市的学生中，61.3%上 8 节课。这从一个侧面说明，直辖市的学生在校学习时间比其他类型地域的学生更长。

从年级分布来看，根据纸笔调查的数据，在一年级到六年级的学生中，每天上 7 节课的学生所占的比例随年级增长呈逐步上升的趋势，每天上 8 节课的学生所占的比例在一到五年级逐步上升，在六年级降低。（参见图 1）。

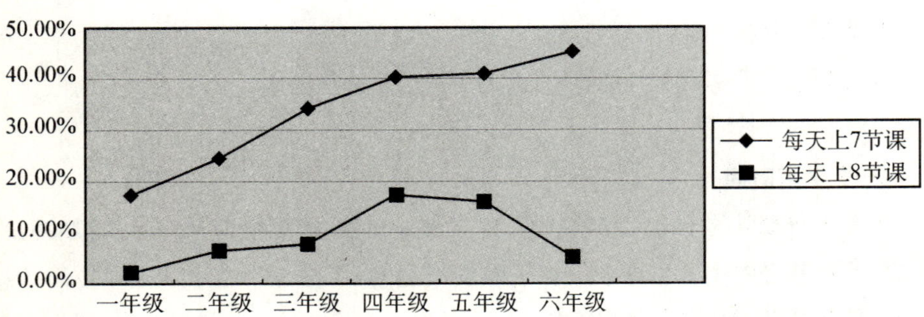

图 1　不同年级学生每天上 7 节课和 8 节课的比例

2. 每天放学回家后的学习时间(含作业、复习、预习等)

	0.5 小时内	0.5—1 小时	1—2 小时	2—3 小时	3 小时以上
1—3 年级	26%	32.3%	25.3%	11.3%	3.8%
4—6 年级	13.9%	33.5%	32.5%	14.4%	4.7%

在 2005 年《中国中小学生学习和生活的现状与期望调查报告》中提到,根据教育部规定,小学 1—3 年级学生每天作业量应在 30 分钟之内完成,4—6 年级在 60 分钟内完成。根据这一标准,在 1—3 年级学生中,只有 26%的学生每天放学后的学习时间在 30 分钟以内;在 4—6 年级学生中,有 47.4%的学生每天放学后的学习时间在 1 小时以内。也就是说,有 74%的 1—3 年级学生、62.6%的 4—6 年级学生每天放学后的学习时间超过了教育部的规定。

在这一调查项目中,纸笔调查的数据和网上调查的数据有较大差异,具体情况如下:

	0.5 小时内	0.5—1 小时	1—2 小时	2—3 小时	3 小时以上
纸笔调查	19.3%	32.8%	29.1%	12.9%	4.4%
网上调查	7.2%	20.6%	33.8%	24.4%	13.9%

由表中数据可以看出,在放学后学习时间 0.5 小时以内的选项中,参与网上调查的学生所占比例(7.2%)明显低于参与纸笔调查的学生(19.3%);与此相反,在放学后学习时间 2 小时以上的两个选项中,参与网上调查的学生所占比例(38.3%)明显高于纸笔调查的学生(17.3%)。显然,与一般学生相比,活跃于网络的学生放学后的学习时间更多。

从地域分布来看,根据纸笔调查的数据,对于 1—3 年级学生,县级市有 65.2%的学生放学后的学习时间超过规定的 30 分钟,直辖市有 74.6%的学生放学后的学习时间超过规定的 30 分钟,而省会城市、地级市、农村三类地域有近 90%的学生放学后的学习时间超过规定的 30 分钟。对于 4—6 年级学生,县级市有 48.2%的学生放学后的学习时间超过规定的 1 小时,地级市有 54%的学生放学后的学习时间超过规定的 1 小时,而直辖市、省会城市、农村三类地域有近 60%的学生放学后的学习时间超过规定的 1 小时。由此看来,县级市学生放学后的学习时间是最少的。

从年级分布来看,根据纸笔调查的数据,在一年级到六年级的学生中,每天放学回家后的学习时间在 2—3 小时的学生所占的比例逐步上升，学习时间超过 3 小时的学生所占比例稳定在 4%左右，在 6 年级时提高到 7.1%。(参见图 2)。

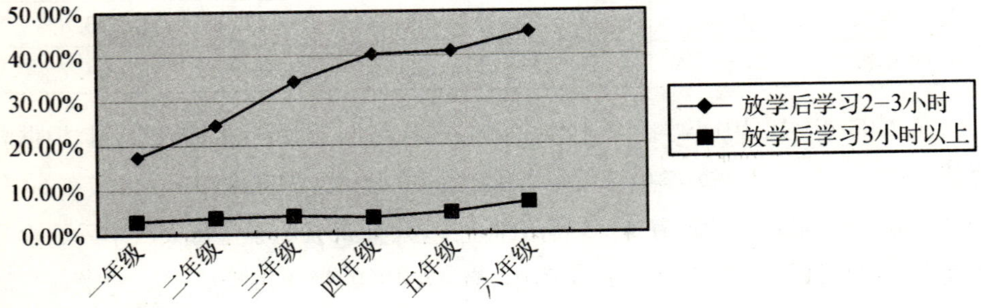

图 2　不同年级学生每天放学后学习 2—3 小时及 3 小时以上的比例

3. 周末参加课外补习的时间

	没参加	1—2 小时	2—4 小时	4—6 小时	6 小时以上
纸笔调查	43.7%	20.9%	19.8%	8.1%	5.3%
网上调查	44.3%	18.4%	20.6%	9.5%	7.4%
综合	44%	19.4%	20.2%	8.9%	6.5%

虽然各级教育行政部门规定学校不准占用学生休息时间、节假日、双休日和寒暑假组织集体补课，但从总体调查数据来看，仍有 56%的学生参加各种校外机构举办的课外补习班，6.5%的学生周末课外补习的时间超过 6 小时。网上调查和纸笔调查的数据差别很小。

从地域分布来看，根据纸笔调查的数据，参加课外补习的学生比例最高的为地级城市，为 75.1%；其次是直辖市，为 70%；农村地区的学生参加补习的最少，但也达到为 30%。

从年级分布来看，根据纸笔调查的数据，在一年级到六年级的学生中，学生周末参加课外补习的时间在 1—2 小时的学生所占的比例稳定在 20%左右，但在四年级有所下降；补习时间在 2—4 小时的学生所占的比例逐渐上升；补习时间在 4—6 小时的学生所占比例稳定在 8%左右，补习时间在 6 小时以上的学生所占比例稳定在 4%左右，但在四年级到五年级均有增长(参见图 3)。

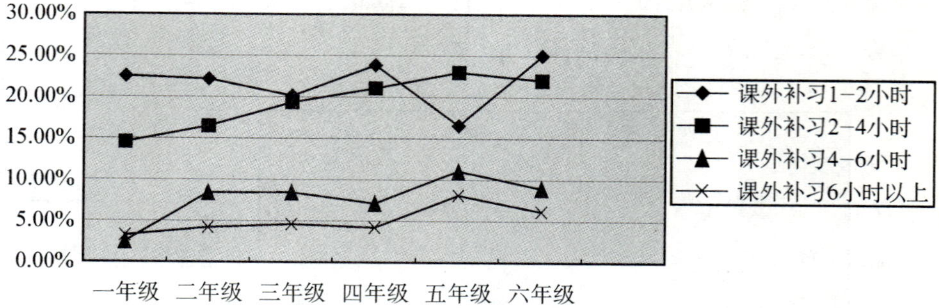

图 3　不同年级学生参加课外补习的比例

4. 一周以来阅读课外书的时间

	没有阅读	1—2 小时	2—4 小时	4—6 小时	6 小时以上
纸笔调查	5.0%	37.1%	24.0%	15.0%	17.2%
网上调查	23.4%	40.7%	18.7%	7.8%	9.4%
综合	15.9%	39.2%	20.9%	10.8%	12.6%

课外阅读是指学生在课外的各种独立的阅读活动，是课堂阅读的继续与扩展，是阅读能力训练必不可少的组成部分。前苏联教育家苏霍姆林斯基说过："让学生变聪明的方法，不是补课，不是增加作业量，而是阅读，阅读，再阅读。"

在世界各国的语文教学中，历来强调学生的课外阅读，重视语言积累。我国《新课程标准（实验稿）》对小学生的课外阅读量在每个年段都做出了明确的规定。从总体调查数据来看，15.9%的学生没有课外阅读，39.2%的学生每周课外阅读时间不到 2 小时。

此外，由表中数据可以看出，在一周以来没有阅读课外书的选项中，参与网上调查的学生所占比例（23.4%）明显高于参与纸笔调查的学生（5%）；与此相反，一周以来阅读课外书超过 4 个小时的两个选项中，参与网上调查的学生所占比例（17.2%）明显低于纸笔调查的学生（32.2%）。显然，与一般学生相比，活跃于网络的学生阅读课外书的时间更少。

从年级分布来看，根据纸笔调查的数据，在一年级到六年级的学生中，一周以来没有课外阅读的学生所占的比例呈下降趋势；阅读 6 小时以上的学生所占比例呈上升趋势。(参见图 4)。

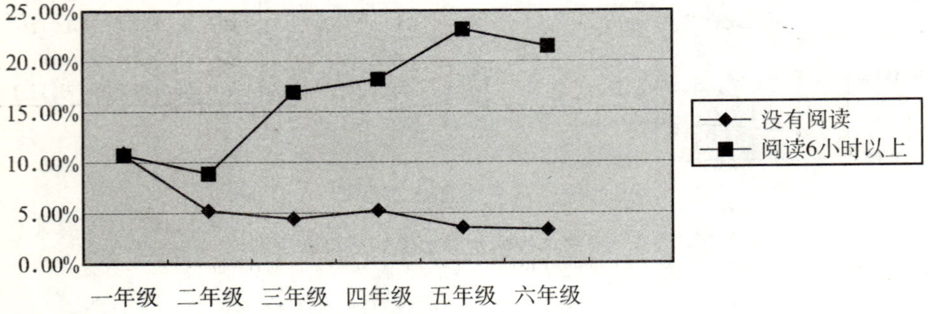

图 4　不同年级学生每天放学后学习 2—3 小时及 3 小时以上的比例

(二) 睡眠和运动

睡眠和运动是维持生命的两项互补的重要过程。睡眠对于补充人体能量、增强免疫功能、促进生长发育、提高儿童智力等都具有不可替代的作用；而运动则不仅能在生理上起到强壮肌肉、灵活关节、改善心肺功能的作用，而且能使人精神旺盛、心情舒畅。对于处在生长发育期的中小学生，尤其需要保证必要的睡眠，从事适量的运动，这是促进新陈代谢、维护身心健康的重要措施。

1. 周一到周五每天晚上几点上床睡觉

	八点半到九点	九点到九点半	九点半到十点	十点到十点半	十点半以后
纸笔调查	39.8%	31.1%	17.5%	6.3%	4.2%
网上调查	17.9%	29%	26.4%	16.4%	10.4%
综合	26.8%	29.8%	22.8%	12.3%	7.9%

从生理需要来看，小学生每天应该有 9—10 小时睡眠，初中生每天应有 8—9 小时睡眠，高中生每天睡眠时间也应不少于 8 小时。2008 年以来，我国各地教育部门陆续出台通知或意见，要求学校制定科学的作息时间，依法保障学生睡眠和体育锻炼的权利，确保小学生每天睡眠时间不少于 10 小时，初中学生不少于 9 小时，高中学生不少于 8 小时。

根据这一规定，为保证每天 10 小时的睡眠，小学生应在晚上九点以前上床睡觉。从总体调查数据看，能够在九点以前睡觉的学生只占被调查人数的 26.8％，并且，有 20％的学生在晚上十点以后才能上床睡觉。

此外，由表中数据可以看出，在每天八点半到九点上床睡觉的选项中，参与网上调查的学生所占比例(17.9％)明显低于参与纸笔调查的学生(39.8％)；与此相反，在每天十点以后上床睡觉的两个选项中，参与网上调查的学生所占比例(26.8％)明显高于纸笔调查的学生(10.5％)。显然，与一般学生相比，活跃于网络的学生睡眠时间更少。

从地域分布来看，根据纸笔调查的数据，直辖市中能在九点以前睡觉的学生所占比例最小，只有 11.5％；省会城市和地级城市中能在九点以前睡觉的学生所占比例居中，约为 35％；县级城市和农村中能在九点以前睡觉的学生所占比例最大，超过 50％。

从年级分布来看，根据纸笔调查的数据，在一年级到六年级的学生中，一周以来能在九点以前睡觉的学生所占的比例呈快速下降趋势；在晚上十点以后睡觉的学生所占比例呈缓慢上升趋势(参见图 5)。

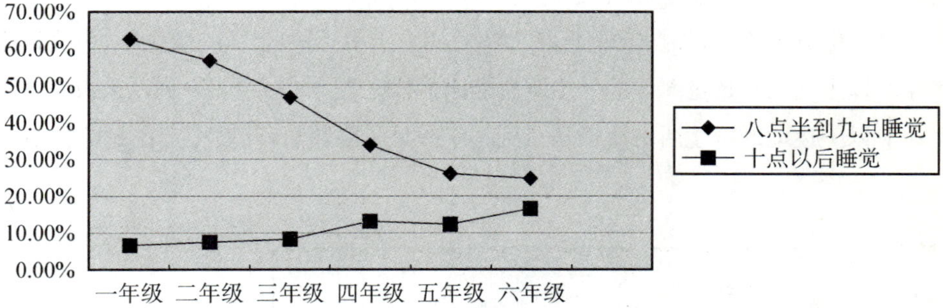

图 5　不同年级学生每天八点半到九点及十点以后睡觉的比例

2. 一周以来，半小时以上的运动有几次

	没有运动	1—2 次	3—4 次	5—6 次	7 次以上
纸笔调查	6.3％	23.8％	29.7％	18.4％	20.1％
网上调查	25.8％	41.3％	19.5％	7.7％	5.8％
综合	17.8％	34.2％	23.7％	12.1％	11.6％

为了保障学生的体育锻炼时间，我国教育部门规定，任何学校不得以任何理由削减或挤占体育课时，中小学应全面实行大课间体育活动制度，切实保障学生每天1小时体育活动。

根据这一规定，我国中小学生每周超过半小时的体育运动至少应有5—6次。然而，从总体调查数据来看，一周以来半小时以上的运动超过5次的学生只有23.7%，甚至有17.8%的学生一周以来没有从事半小时以上的运动。

此外，由表中数据可以看出，一周以来半小时以上的运动超过5次的两个选项中，参与网上调查的学生所占比例（13.3%）明显低于参与纸笔调查的学生（38.5%）；与此相反，在一周以来没有半小时以上运动这一选项中，参与网上调查的学生所占比例（25.8%）明显高于纸笔调查的学生（6.3%）。显然，与一般学生相比，活跃于网络的学生参与运动的比例更少。

从地域分布来看，根据纸笔调查的数据，直辖市中一周以来没有参加半小时以上运动的学生所占比例是最小的（为3.9%）；参加半小时以上的运动超过5次的学生所占比例是最大的（为45.5%），农村学生和省会城市学生也接近这一比例（分别为45%和44.5%），地级城市和县级城市最小（分别为32.4%和37.7%）。

从年级分布来看，根据纸笔调查的数据，在一年级到六年级的学生中，一周以来半小时以上的运动超过5次的学生所占的比例稳定在38%左右；一周以来没有从事半小时以上运动的学生所占比例从一到三年级呈下降趋势，此后稳定在5%左右（参见图6）。

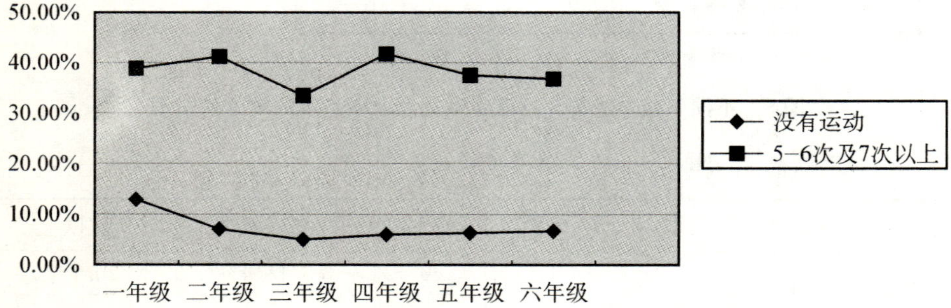

图6　不同年级学生每天八点半到九点及十点以后睡觉的比例

（三）外部支持

学生的学习离不开教师、同学和家长的支持，这种支持往往是通过提问和答疑的方式进行的。为了解小学生主动获得外部支持的情况，本次调查设计编制了三个问题，调查结果如下。

1. 一周以来，向老师提问有几次

	没有提问	1—2 次	3—4 次	5—6 次	7 次以上
纸笔调查	16. 3%	24. 1%	24. 8%	12. 3%	20. 9%
网上调查	36. 2%	29. 1%	17. 5%	6. 9%	10. 4%
综合	28. 1%	27. 1%	20. 5%	9. 1%	14. 7%

从总体调查数据来看，28. 1%的学生一周以来没有向老师提问，23. 8%的学生一周内向老师提问的次数超过 5 次。

此外，由表中数据可以看出，一周以来没有向老师提问的选项中，参与网上调查的学生所占比例（36. 2%）明显高于参与纸笔调查的学生（16. 3%）；与此相反，在一周以来向老师提问超过 5 次的两个选项中，参与网上调查的学生所占比例（17. 3%）明显低于纸笔调查的学生（33. 2%）。显然，与一般学生相比，活跃于网络的学生更少向教师提问。

2. 一周以来，向同学提问有几次

	没有提问	1—2 次	3—4 次	5—6 次	7 次以上
纸笔调查	10. 8%	22. 3%	29. 5%	15%	21%
网上调查	29. 7%	30. 5%	20. 5%	8. 4%	10. 9%
综合	22%	17. 2%	24. 2%	11. 1%	15%

从总体调查数据来看，22%的学生一周以来没有向同学提问，26. 1%的学生一周内向同学提问的次数超过 5 次。

此外，由表中数据可以看出，一周以来没有向同学提问的选项中，参与网上调查的学生所占比例（29. 7%）明显高于参与纸笔调查的学生（10. 8%）；与此相反，在一周以来向同学提问超过 5 次的两个选项中，参与网上调查的学生所占比例（19. 3%）

明显低于纸笔调查的学生(36%)。显然,与一般学生相比,活跃于网络的学生更少向同学提问。

3. 一周以来,向家长提问有几次

	没有提问	1—2次	3—4次	5—6次	7次以上
纸笔调查	7.7%	15.8%	24.3%	18.5%	32.5%
网上调查	16.7%	20.9%	21.2%	13.5%	24.7%
综合	13%	18.8%	22.5%	15.6%	27.9%

从总体调查数据来看,13%的学生一周以来没有向家长提问,43.4%的学生一周内向家长提问的次数超过5次。

此外,由表中数据可以看出,一周以来没有向家长提问的选项中,参与网上调查的学生所占比例(16.7%)明显高于参与纸笔调查的学生(7.7%);与此相反,在一周以来向家长提问超过5次的两个选项中,参与网上调查的学生所占比例(28.2%)明显低于纸笔调查的学生(51%)。显然,与一般学生相比,活跃于网络的学生更少向家长提问。

综合来看,关于老师、同学和家长对学生学习的外部支持,有以下几个值得关注的现象:

(1) 分别有28%、22%、13%的学生一周以来没有向老师、同学、家长提问,意味着这些学生没有获得外部支持的意愿。

(2) 在老师、同学和家长三者之间,学生们更愿意向家长提问获得支持。表现为一周以来没有提问的比例最小(13%),提问超过5次的比例最大(43.4%);

(3) 与一般学生相比,活跃于网络的学生更少向教师、同学和家长提问,在向教师提问方面表现得尤其突出。

(四) 学习能力

学生的学习能力是学习的重要条件之一,指个体所具有的能够引起自身行为或思维比较持久变化的个性心理特征,主要表现为认知能力(或智力)、学习习惯、学习自信心三个方面。

1. 对自己聪明程度的评价

	天才	聪明	平平	较低	愚笨
纸笔调查	6.0%	44.2%	41.5%	5.6%	1.3%
网上调查	6.4%	61.3%	28.4%	1.8%	2.1%
综合	6.3%	54.3%	33.8%	3.4%	1.8%

学生的聪明程度是认知能力(或智力)的通俗说法,主要包括观察能力、记忆能力、抽象概括能力、理解能力等。从智力测量的数据看,学生总体的聪明程度呈"两头小、中间大"的对称型正态分布。具体说,天才和愚笨的比例分别为2.5%,智商平平的比例约为68%,比较聪明和智商较低的分别约13.5%。

从总体调查数据来看,6.3%的学生认为自己是天才,54.32%的学生认为比较聪明,33.8%的学生认为自己资质平平,3.5%的学生认为自己智商较低。显然,学生们对自己聪明程度的评价是偏高的。

从地域分布来看,根据纸笔调查的数据,在直辖市、省会城市、地级城市、县级城市、农村五类地域中,认为自己比较聪明的学生所占比例依次降低;认为自己智商较低的学生所占比例依次上升(参见图7)。说明地区经济发展水平对学生评价自己的聪明程度有显著的影响。

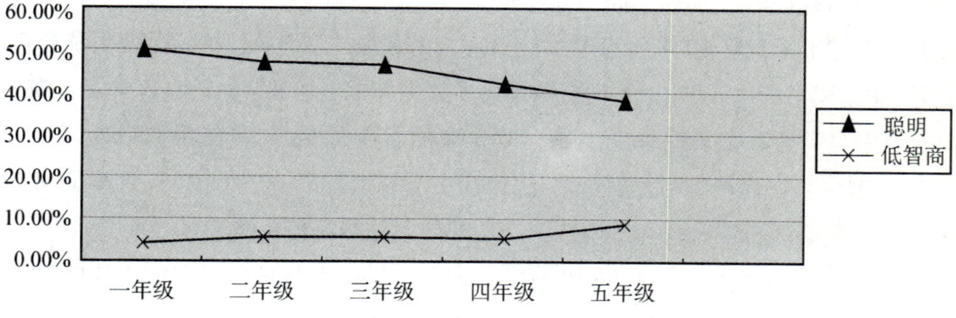

图7 不同地域学生对自己聪明程度判断的比例

从年级分布来看,根据纸笔调查的数据,在一年级到六年级的学生中,认为自己比较聪明的学生所占比例在一到三年级逐渐下降,然后在三到六年级稳定在40%左右;认为自己智商平平的学生所占比例逐渐上升,但在六年级有所下降;认为自己是天才和智商较低的学生所占比例稳定在5%左右(参见图8)。

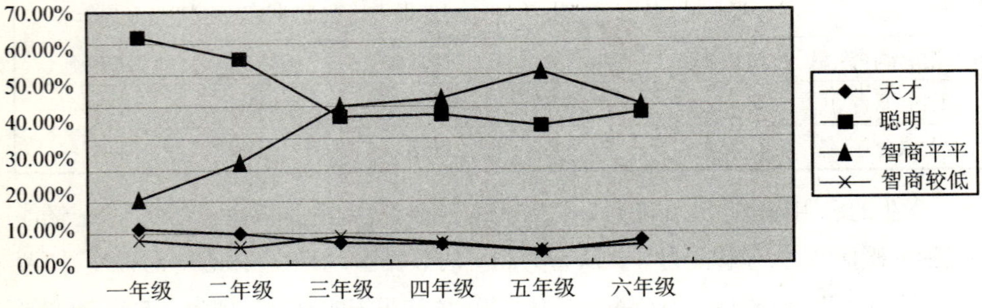

图8　不同年级学生对自己聪明程度判断的比例

2. 以下哪种习惯能坚持一个学期以上

	按时交作业	课堂记笔记	搜集和整理错题	制作读书卡片	画知识结构图
纸笔调查	71.7%	42.2%	24%	14.7%	12.8%
网上调查	56.4%	23.4%	5.2%	9.4%	5.6%
综合	62.6%	31.1%	12.8%	11.6%	8.6%

所谓学习习惯，是学生在学习过程中通过反复练习，逐渐形成的稳定的学习行为方式或方法。一种行为方式一旦成为习惯，就能够在特定条件下自动执行，既不需要自身的有意识的调动和维持，也不需要外部的提醒和监控。就学习而言，"按时交作业"和"上课记笔记"是所有学生应该养成的最基本的学习习惯，而搜集和整理错题、制作读书卡片、画知识结构图则是大多数优秀学生能够坚持的良好学习习惯。

从总体调查数据来看，能做到按时交作业的学生有62.6%，能做到记笔记的学生只有31.1%。而搜集和整理错题、制作读书卡片、画知识结构图是三种被证明有效的学习习惯，能坚持的学生分别只有12.83%、11.58%和8.55%。

此外，由表中数据可以看出，参与网上调查的学生在各种学习习惯上能坚持一个学期的比例都明显少于参与纸笔调查的学生。究其原因，可以是由于网上调查采用单项选择的方式，而纸笔调查采用多项选择的方式。

从年级分布来看，根据纸笔调查的数据，按时交作业能坚持一个学期以上的学生所占比例在二到五年级逐渐增加，在六年级下降到最低点；课堂记笔记能坚持一个学期以上的学生所占比例从一年级到五年级逐渐增加，在六年级也有所下降。对于搜集整理错题、做读书卡片、画知识结构图等学习习惯，各年级能坚持一个学期以上的学生所占比例差别较小，稳定在较低的水平上（参见图9）。

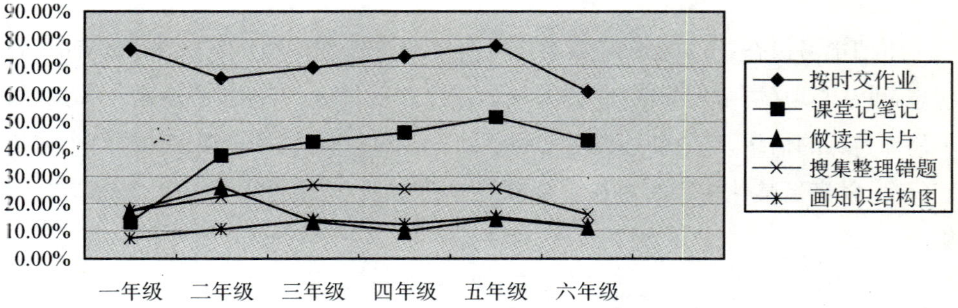

图9　不同年级学生对各种学习习惯坚持一学期的比例

3. 对自己在学习上取得好成绩是否有信心

	1	2	3	4	5
纸笔调查	35.3%	41.3%	13.5%	7.1%	1.6%
网上调查	21.3%	45.7%	19.6%	10.8%	2.6%
综合	27%	43.9%	17.1%	9.3%	2.2%

从总体调查数据来看，71%的学生对自己的学习非常有信心或比较有信心，11.4%的学生对自己的学习信心不足或完全没有信心。

从年级分布来看，根据纸笔调查的数据，在一年级到六年级的学生中，对自己在学习上非常有信心的学生所占比例逐渐下降，但在六年级有所提高；对自己在学习上信心不足的学生所占比例缓慢上升（参见图10）。

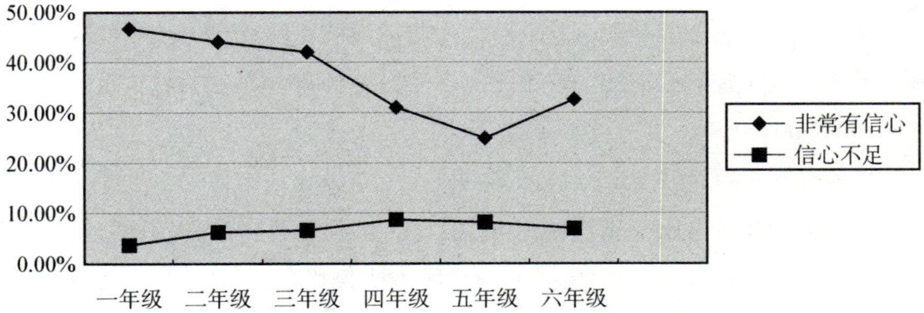

图10　不同年级学生对自己在学习上取得好成绩有信心的比例

二、学习状态

所谓学习状态，指学生在完成特定任务的学习过程中所表现出来的综合身心状态，可从心境(情绪)、动机、注意等三个方面加以把握。其中，心境是一种微弱、平静而持久的情绪，是一切心理活动的基础身心状态；动机是指激发和维持个体特定行动，以满足某种需要的内在心理倾向；注意是心理活动对一定对象的指向和集中。

本调查从心境、动机、注意三个方面，系统、全面地了解小学生的学习状态。

1. 最近以来，每天早晨走进学校的心情是怎样的

	烦乱	有点紧张	平静(没感觉)	愉快	其他
纸笔调查	4.7%	12.2%	30.4%	51.3%	1.4%
网上调查	8.7%	9.8%	48.4%	31.7%	1.5%
综合	7.1%	10.8%	41.1%	39.7%	1.4%

从总体调查数据来看，每天早上走进学校的心情为烦乱和紧张的人数共占17.9%，平静的为41%，愉快的为39.7%。

此外，与纸笔调查数据相比，网上调查数据在“烦乱”这一选项上的比例高4%；在“愉快”这一选项上的比例低20%。由此推测，热衷上网的学生上学时的心境不如一般学生。

从地域分布来看，根据纸笔调查的数据，地级城市和农村学生走进学校时心情紧张的学生所占比例达到20%，明显高于其他地域的学生(一般为10%)；同时，地级城市学生走进学校时心情愉快的学生所占比例只有26.8%，明显低于其他地域的学生(一般为50%)。

从地域分布来看，根据纸笔调查的数据，在一年级到六年级的学生中，走进学校时心情愉快的学生所占比例稳定在50%，但在三年级时达到最高(61%)，在六年级降到最低(38.8%)；走进学校时紧张的学生所占比例稳定在10%左右，但在六年级时达到18.9%(参见图11)。

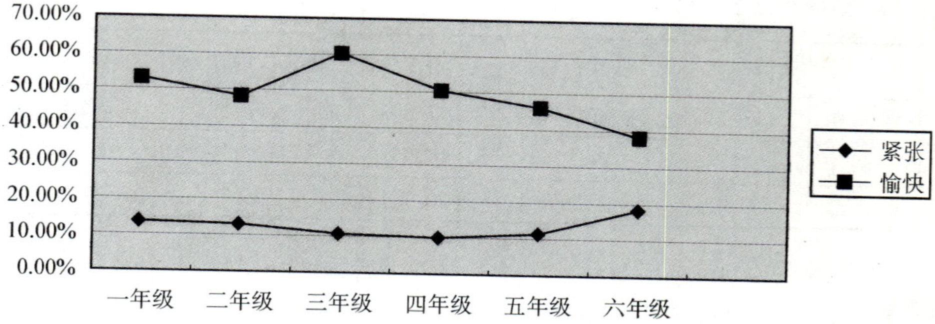

图 11　不同年级学生每天早上走进学校的心境比例

2. 最近以来，每天下午离开学校的心情是怎样的

	烦乱	有点紧张	平静(没感觉)	愉快	其他
纸笔调查	4.9%	6.0%	36.3%	50.4%	2.5%
网上调查	5.9%	2.3%	34.7%	55.5%	1.6%
综合	5.5%	3.8%	35.4%	53.4%	1.9%

从总体调查数据来看，每天下午离开学校的心情为烦乱和紧张的人数共占9.3%(明显低于上学时的比例)，平静的为35.4%，愉快的为53.4%(明显高于上学时的比例)。纸笔调查和网上调查的数据差异不明显。

3. 在学习中感到最心烦的是什么

	老师讲课听不懂	作业量太大	要背的内容太多	家长要求太高	其他
纸笔调查	13.3%	34.5%	25.1%	40.1%	13.9%
网上调查	11.6%	35.4%	24.4%	25.3%	3.2%
综合	8.9%	23.4%	29.3%	35.5%	2.9%

从总体调查数据来看，“家长要求太高”、“要背的内容太多”、“作业量太大”是让学生心烦的三大主要原因。除家长要求太高这一选项以外，纸笔调查和网上调查的数据差异不明显。

4. 坚持努力学习的主要动力是什么

	获得老师表扬	让家长高兴	考一所好学校	将来找到好工作	对知识感兴趣
纸笔调查	31.2%	42.5%	47.8%	39.7%	37.3%
网上调查	24.7%	24.5%	18.9%	16.1%	15.8%
综合	27.4%	31.8%	30.7%	25.7	24.6%

从总体调查数据来看，努力学习的动力基于短期诱因（获得老师表扬、让家长高兴）的比例为59.2%，基于中期诱因（考一所好学校）的比例为30.7%，基于长期诱因（找到好工作）的比例为25.7%，基于对知识感兴趣的比例只有24.6%。

此外，参与网上调查的学生对选择各项因素的比例均明显低于参与纸笔调查的学生。究其原因，可以是由于网上调查采用单项选择的方式，而纸笔调查采用多项选择的方式。

5. 上课时，你觉得自己注意力能够集中多长时间

	少于5分钟	5—9分钟	10—15分钟	16—25分钟	25分钟以上
纸笔调查	4.0%	7.9%	14.4%	21.6%	46.9%
网上调查	3.7%	9.4%	26%	25%	35.9%
综合	3.8%	8.8%	21.3%	32.6%	40.4%

从总体调查数据来看，有33%的学生集中注意力的时间少于15分钟，40.4%的学生能集中注意25分钟以上。纸笔调查和网上调查的数据差异不明显。

6. 以下哪种陈述最符合你在课堂上的表现

	积极参与	专心听讲	开小差	跟不上	一片空白
纸笔调查	21.3%	32.5%	32.2%	4.7%	3.1%
网上调查	21%	20.2%	45.8%	9.2%	3.9%
综合	21.1%	25.2%	40.3%	7.3%	3.6%

本项目是从行为表现的角度了解学生上课时的注意力情况。从总体调查数据看，有46.3%的学生能积极参与或专心听讲；有40.3%的学生在课堂上开小差，但仍能跟上老师的讲课；有10.9%的学生跟不上教师的教学。

此外，参与纸笔调查的学生专心听讲的比例(32.5%)高于参与网上调查的学生(20.2%)，而开小差的比例(32.2%)低于参与网上调查的学生(45.8%)。这反映，热衷于网络的学生课堂表现不如一般学生。

从年级分布来看，根据纸笔调查的数据，在课堂上能积极参与的学生所占比例从一到四年级快速下降，在四年级达到最低点(15.3%)，到六年级又逐渐缓慢增加；在六年级下降到最低点；在课堂上能专心听讲的学生所占比例从一到六年级都稳定在31%左右，在三年级为最高点(35%)；在课堂上开小差的学生所占比例从一到五年级逐渐增加，在五年级达到约40%，在六年级又有所下降；在课堂上跟不上老师讲课或头脑中一片空白的学生所占比例在一到六年级都稳定在3%到5%之间(参见图12)。

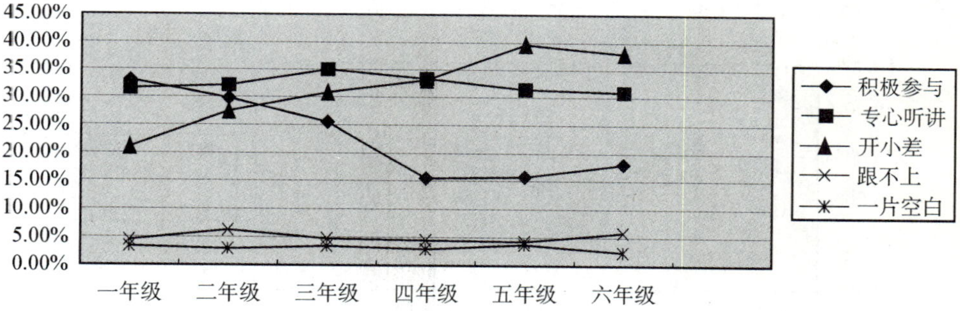

图12 不同年级学生在课堂上各种表现的比例

三、学习结果

对于小学生在学习结果方面的状况，本次调查从各学科学习成绩和对学习成绩的满意程度两个方面了解。

1. 各学科学习成绩情况

	各科都优秀	语文不理想	数学不理想	英语不理想	科学不理想
纸笔调查	26.6%	26.9%	27.3%	25.0%	18.4%
网上调查	39.9%	17.8%	20.8%	16.4%	5.0%
综合	34.5%	21.5%	23.5%	19.9%	10.5%

从总体调查数据来看，认为自己各科都优秀的学生有34.5%；认为自己语文、数学、英语三科成绩不理想的学生所占比例差别不大，都在20%左右；认为自己科学学科成绩不理想的比例最小，只有10%。

此外，参加网上调查的学生认为自己各科都优秀的比例(39.9%)大于参加纸笔调查的学生(26.6%)，而认为自己语文、数学、英语、科学等单科成绩不理想的比例也都低于参加纸笔调查的学生。说明参加网上调查的学生对自己学习成绩的判断优于一般学生。

从年级分布来看，根据纸笔调查的数据，认为自己学习成绩各课都优秀的学生所占比例在一到五年级逐渐减少，到六年级又有所回升；认为自己数学不理想的学生所占比例在一到三年级逐渐减少，之后逐渐增加，在六年级达到34%；认为自己语文不理想的学生所占比例在一到六年级逐渐减少(参见图13)。

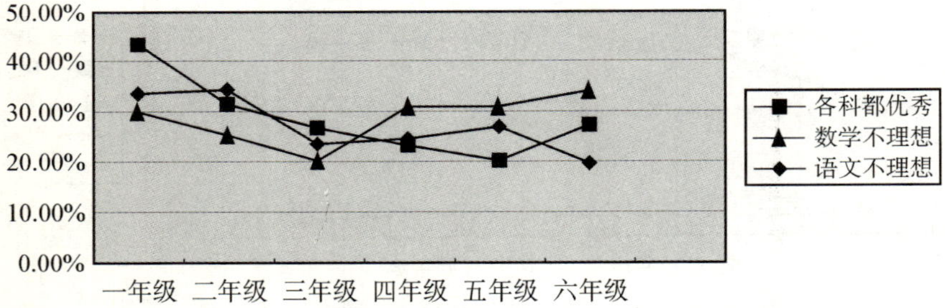

图13　不同年级学生认为对自己学科成绩判断的比例

2. 对自己学习成绩的满意程度

	非常满意	比较满意	无所谓	不太满意	非常不满意
纸笔调查	14.1%	52.7	6.9%	22%	4.3%
网上调查	10%	56.7%	11%	19.7%	2.7%
综合	11.7%	55.1%	9.3%	20.6%	3.3%

从总体调查数据来看，有66.8%的学生对自己的学习满意或比较满意，有20%的学生对自己的学习成绩不太满意；3.3%的学生对自己的成绩非常不满意。纸笔调查和网上调查的数据差异不明显。

从年级分布来看，根据纸笔调查的数据，对自己学习成绩非常满意的学生所占比例在一到五年级逐渐减少，到六年级又有所回升；对自己学习成绩比较满意的学生所占比例缓慢增加；对自己学习成绩不满意的学生所占比例在一到六年级逐渐增加，到六年级有所减少；对自己学习成绩非常不满意的学生所占比例稳定在4.5%左右(参见图14)。

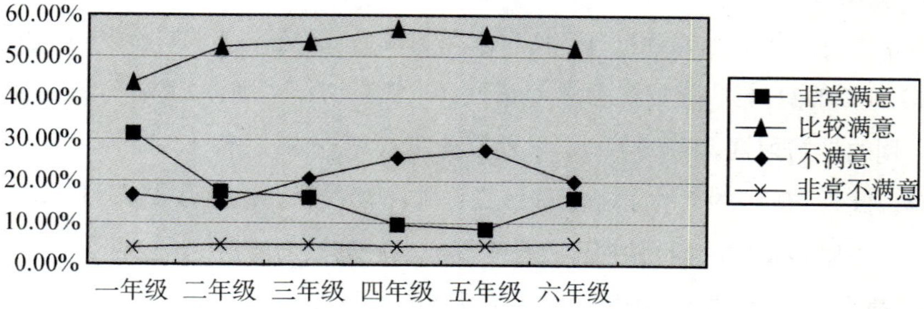

图14　不同年级学生对自己成绩满意程度的比例

四、总结与建议

长期以来，一提到学生的学习状况，人们就会想到学生课业负担过重。本调查从学习条件、学习状态、学习结果三个方面，全面分析学生的学习状况，扩展了学习状况研究的视野。综合来看，对于我国小学生的学习状况，以下五个方面的现象值得高度关注：

1. 学习时间过长，课业负担过重

学生课业负担过重，活动空间狭窄和自由自配的时间过少是2005年调查发现的情况，在本次调查中，这一情况仍然没有改观。具体说，在学校，近一半的学生每天在教室里上课的节数超过6节，导致学生的活动空间过于狭窄；在校外，超过70%的1—3年级学生、超过60%的4—5年级学生每天放学后的学习时间超过教育部门规定的要求，56%的学生在周末参加各种课外补习，城市中参加课外补习的学生比例更是超过70%，导致学生课业负担重、自由支配的时间少。

2. 睡眠时间不足，缺乏运动

在睡眠方面，小学一年级有62%的学生能保证10小时睡眠，但随着年级的增长，这一比例快速下降，四年级后就降到30%以下了；在运动方面，一周半小时以上运动超过5次的学生只有23.5%，并且有17.8%的学生一周都没有半小时以上的运动。睡眠不足和运动缺乏导致学生身体状况难以支持繁重的学习任务，对学生的身心健康极为不利。

3. 基础学习习惯难以坚持，良好学习习惯没有养成

对于按时交作业和课堂记笔记两种学习习惯，能坚持一个学期以上的学生分别只有62.6%和31.1%；而搜集和整理错题、制作读书卡片、画知识结构图三种优秀学生常用的学习习惯，能坚持一个学期以上的学生分别只有12.83%、11.58%和8.55%。此外，有15.9%的学生没有形成课外阅读习惯。这些数据表明，大部分小学生既不能坚持基础的学习习惯，更没有养成良好的学习习惯。

4. 缺乏长期的、内在的学习动力，学习状态低迷

学生努力学习的动力主要基于获得老师表扬、让家长高兴、考一所好学校等短期和中期诱因，较少基于长期诱因（如将来找到好工作）和内部诱因（如对知识感兴趣）。在这种情况下，家长要求太高、要背的内容太多、作业量太大成为让学生心烦的三大主要原因，并导致学生学习状态低迷，有10%的学生跟不上老师的教学。

5. 学习成绩不均衡，满意度有待提高

各科都优秀的学生只有34%，语文、数学、英语三大主科各有20%—25%的学生自认为不理想，对自己的学习成绩不太满意或非常不满意的学生也达到24%。此外，有9.3%的学生对自己的学习成绩抱无所谓的态度。

基于小学生学习状况的以上情况，不能局限于减轻学生过重课业负担上，而是要全面关注学生的学习能力、学习习惯、学习状态，分别从学校教育、家庭教育、社会教育三个方面采取有效措施，同心协力，努力改善小学生的学习状况，具体建议如下：

1. 在学校教育方面，基层学校要坚决落实教育部关于减轻中小学生课业负担的规定。一方面，要减少在教室里上课的节数，拓展学生的活动空间；另一方面，要有效控制课外作业量，增加学生自由支配的时间。

2. 在家庭教育方面，家长要充分了解和尊重孩子，做到平等交流、共同发展。一方面，要降低对学生过高的、不切实际的要求，给孩子发展个性和特长提供广阔的空间；另一方面，要督促和指导孩子按时睡觉、勤于运动，养成良好的阅

读习惯。

3. 在社会教育方面，各类校外教育机构要充分发挥自己的专业优势，在提高课外辅导的效率和质量的同时，积极关注小学生学习能力的提高、学习习惯的培养和学习状态的优化，为小学生的健康成长贡献力量。

2011 年 9 月 15 日

中日韩美四国高中生学习意识与状况比较研究报告（节选）【2011】

前言

为在国际视野下认识本国高中生的学习意识和学习状况，中国青少年研究中心、日本青少年研究所、韩国青少年开发院及美国艾迪资源系统公司（Idea Resource Systems）于 2009 年 9 月—10 月联合实施了“中日韩美四国高中生学习意识与状况比较研究”。本次调查的对象为普通高中 1—3 年级的在校生。

中国的被试取自北京市、重庆市、湖北省荆州市、广东省佛山市、辽宁省瓦房店市、甘肃省临洮市的 24 所中学，共有 1 868 名高中生接受了问卷调查，其中男生占 48.6%、女生占 51.4%；日本调查了岩手县、茨城县、千叶县、东京都、山梨县、长野县、大阪府、冈山县的 24 所中学的 1 314 名高中生，男生、女生分别占 47.0%、53.0%；韩国调查了首尔、釜山、大邱、仁川、光州、大田、蔚山、京畿、江原、忠清、全罗、庆尚的 64 所中学的 3 379 名高中生，男生、女生分别占 53.1%、47.4%；美国调查了北卡罗来那州、纽约州、伊利诺伊州、蒙大拿州、印第安纳州、爱达荷州、密苏里州、俄勒冈州、新墨西哥州的 12 所中学的 1 020 名高中生，男生、女生分别占 52.6%、47.4%。

在年级分布上，中国高一、高二和高三的被试分别为 33.1%、33.5%、33.4%；日本高一、高二和高三的被试分别为 39.2%、27.5%、33.4%；韩国高一、高二和高三的被试分别为30.4%、34.5%、35.1%;美国高一、高二和高三的被试分别为32.5%、31.2%、36.3%。

本报告将从学习环境、学习表现和学习意识三个方面比较中日韩美四国高中生的学习状况,并就如何改善中国高中生学习意识和状况提出建议。

高中生的学习表现

1. 近半数中国学生平时每天需要两个小时以上完成学校布置的作业;超过半数学生平时每天要额外学习1个小时以上

中国学生做学校布置的家庭作业时间最多,平时每天需花两个小时以上的学生占将近一半(45.2%)。而在日本和韩国均不到一成,分别是8.2%和5.2%;美国稍多,但也不足三成(26.4%)。在中国学生中,女生、高三学生、郊区学生完成课程作业需要的时间更多。

中国高中生完成家庭作业的时间总是超过期望时间。比如,希望在半小时之内完成作业的人数,是实际只用了半小时的人数的2.02倍;希望在1小时之内完成作业的人数,是实际只用了1小时人数的1.66倍。

大部分学生平时除了在学校上课、做作业外,还会花更多的时间来补充学习,包括课外补习班等。中国高中生补充学习的时间也是最多的,只有6.8%的学生几乎没用更多的时间来学习;而在日本、韩国和美国,这部分学生的比例远远高于中国,分别为34.3%、28.5%和24.8%。

超过半数的中国学生(58.8%)每天要超额学习一小时以上,其次是韩国(46.1%)、日本(35.2%)、美国(22.2%)。在中国学生中,女生、高三学生和城区学生课外学习一小时以上的比例更高,均超过了六成,分别为61.2%、65.8%和62.4%。如果学习时间过长,不可避免地会挤压休闲娱乐、培养特长兴趣、身体锻炼乃至睡眠的时间,这样不仅不利于成绩提升,反而会对健康和发展造成伤害。

2. 中国学生的课堂学习行为最积极,课堂不良学习行为最少

数据统计发现,九成以上的中国、日本和美国学生在上课的时候认真记笔记;韩国为66.8%。中国高中生有46.3%,美国有52.1%上课积极发言;日本和韩国较少,只有14.5%和16.7%;日本和韩国近半数学生上课时几乎不发言,中国有13.5%。九成以上的中国(92.0%)、美国(93.7%)学生都能认真完成老师布置的作业,日本也有74.1%的高中生能完成，韩国最低，只有大约一半（54.5%）的学生能完成。中国有近一半（48.7%）学生在课后自己进一步查看相关资料学习，而日本、韩国和美国分别只有15.1%、11.1%和37.6%。可见，中国学生在课堂上的学习行为最积极，表现良好。

中国学生在课堂上的不良学习行为也是最少的。中国学生上课时睡觉人数最少，只有4.8%，远低于其他三国；日本、韩国和美国分别有45.6%、33.8%和21.1%。中国学生上课爱和同学说话的人数最少（10.4%），远低于其他三国；日本、韩国和美国分别有38.1%、27.7%和65.2%。中国、日本、韩国高中生上课时吃东西的人数较少，几乎没在上课时吃过东西的学生比例分别是75.5%、83.0%和68.9%，而美国只有20.9%。中国高中生上课发短信或看课外书等现象最少，只有2.9%，而日本、韩国和美国分别为13.0%、15.9%和39.4%。中国高中生上课发愣走神的现象最少，只有17.7%，而日本、韩国和美国分别有46.3%、30.6%和60.2%。

3. 九成中国高中生比日韩美高中生更喜欢阅读，历史书籍或历史小说受到偏爱，喜好漫画类书籍的高中生少于日本、韩国

九成中国高中生喜欢看书，其中35.9%很喜欢，54.0%还算喜欢，高于其他三国。日本、韩国和美国喜欢看书的学生分别有73.1%、57.0%和69.5%。

中国高中生喜欢看的书依次为小说等文学作品、时尚兴趣杂志、历史书或历史小说、科技读物、漫画、课业学习类书籍、自然或动植物方面的书。小说等文学作品是四国学生最喜欢的书籍，其中中国（71.2%）比例最高。时尚兴趣杂志是中国高中生第二喜欢读的书籍，近半数（49.6%），比例和日本（50.5%）相当；韩国和美国也有三成多高中生喜欢读此类书籍，分别为37.6%和31.2%。历史书或历史小说得到中国高中生的偏爱，排在第三位，喜欢此类书的学生有40.4%，远远高于其他三国，日本、韩国和美国分别为18.0%、29.0%和24.5%。科技读物在中国和美国都受到三成多学生的喜欢，分别有34.4%和37.9%；日本、韩国则较少，只有10.9%和18.4%。约三分之一（32.3%）的中国学生喜欢看漫画书籍，日本和韩国则更多人喜欢，分别是71.5%和55.5%，美国最少，只有26.2%。24.7%的中国学生喜欢看课业学习类书籍，虽然只占了不到三成，但已经远远多于其他三国，日本、韩国、美国都不到一成，分别只有5.7%、7.1%和7.2%。21.2%中国高中生喜欢看自然或动植物方面的书，和其他三国相当。

表1　各国高中生喜欢阅读书籍类别排名(多选题,%)

	中国	日本	韩国	美国
1	小说等文学(71.2)	小说等文学(72.9)	小说等文学(72.6)	小说等文学(56.1)
2	时尚兴趣杂(49.6)	漫画(71.5)	漫画(55.5)	其他(38.7)
3	历史书或历史小说(40.4)	时尚兴趣杂志(50.5)	幻想、武侠小说(41.1)	科技读物(37.9)
4	科技读物(34.4)	历史书或历史小说(18.0)	时尚兴趣杂志(37.6)	时尚兴趣杂志(31.2)
5	漫画(32.3)	科技读物(10.9)	历史书或历史小说(29.0)	漫画(26.2)
6	课业学习类书籍(24.7)	自然或动植物方面的书(8.8)	科技读物(18.4)	历史书或历史小说(24.5)
7	自然或动植物方面的书(21.2)	其他(8.8)	自然或动植物方面的书(14.6)	自然或动植物方面的书(17.0)
8	其他(6.8)	课业学习类书籍(5.7)	课业学习类书籍(7.1)	课业学习类书籍(7.2)
9			其他(2.4)	

注:中、日、美调查问卷中未包含"幻想、武侠小说"一项

4. 中国学生在家能自由使用电脑的最少,在学习中电脑的使用率低,新媒体学习以社会知识和生活知识为主

只有四成(39.3%)中国学生家里有可自由使用的电脑,远远少于其他三国;日本为74.6%,韩国和美国的最高,分别为91.0%和90.7%。

中国学生在学习过程中,电脑的使用率不高。仅10.1%学生上网收集查询有关学习的信息,8.5%使用电脑或游戏机的学习软件学习,1.8%利用网上讲座学习。日本的使用率和中国相当。韩国利用率稍高,其中最多的是上网看新闻,有34.5%的学生使用。美国使用率最高,其中用得最多的是用电脑打字、写文章,有61.6%的

学生使用此功能。

表 2　各国高中生运用电脑学习时经常使用的功能情况(多选题,%)

	中国	日本	韩国	美国
上网收集查询有关学习的信息	10.1	13.3	13.9	36.2
上网看新闻	13.2	18.0	34.5	21.6
用电脑打字、写文章	13.9	8.5	10.8	61.6
使用电脑或游戏机的学习软件学习	8.5	2.0	11.8	17.8
利用网上讲座学习	1.8	0.8	18.9	11.5
看网络小说或漫画	11.2	26.7	18.6	14.7

除了电脑外,中国学生还通过多种新媒体途径进行学习。其中网络的使用是最多的,有超过半数(52.7%)的学生使用过这种途径;其他依次包括数字电视(33.3%)、数字报纸(30.5%)、数字杂志(23.0%)、手机短信(20.9%)、数字电影(18.4%)、移动电视(16.1%)、触摸媒体(10.8%)、数字广播(8.5%)、桌面视窗(7.8%)和其他新媒体(4.1%)。

中国学生通过新媒体主要学习社会知识(73.7%)、其次是生活知识(64.9%)、文学知识(45.6%)和健康知识(39.6%),还有3.9%学习到其他知识。

新媒体的迅速普及必将带来生活和学习方式的重大转变,如何利用新媒体准确选择符合自身需要的信息,如何科学地、批判地分析这些信息,如何自主地利用新媒体进行学习与娱乐并平衡有度等等,这些问题都对当代学生的媒介素养提出了很大挑战。必须高度重视媒介素养教育,鼓励学生利用新媒体进行学习,提升学生应用新媒体的能力。

5. 中国高中生更看重学习纪律,六成多反对考试作弊,逃课学生不到一成,逃课最主要原因是"缺乏学习动力和学习兴趣"

反对考试作弊的中国高中生比例达到65.0%,高于其他三国。日本反对的比例也较高(60.5%)。美国(47.4%)和韩国(40.9%)较中国、日本低约20个百分点。韩国和美国对考试作弊比较宽容,超过半数的高中生认为作弊是"本人的自由"、"不算什么坏事"。持此观点的中国高中生虽然最少,但也占了约三成(32.3%)。另外,有一成的韩国高中生认为“不被发现(考试作弊)就没事”。

表3 四国学生对作弊的态度(%)

	中国	日本	韩国	美国
绝对不允许	65.0	60.5	40.9	47.4
本人的自由(自己的行为自己负责)	27.4	34.6	46.5	40.8
不算什么坏事	4.9	3.4	2.5	9.2
其他	2.8	1.5	0.2	2.6
不被发现就没事	0.0	0.0	9.9	0.0

在中国高中生中,郊区学校反对作弊的比例稍高于城区学校,分别为68.1%和61.9%。低年级的反对比例高于高年级,高一比高二和高三都高出约10个百分点,分别为71.5%、61.0%和62.5%。中国小型城市高中生反对考试作弊的比例最高,辽宁省瓦房店市和甘肃省临洮市分别为76.8%和79.9%;中型城市次之,湖北省荆州市和广东省佛山市分别为60.3%和77.8%;大型城市反对比例最低,北京市和重庆市分别为45.2%和50.3%。其中,反对比例最高的临洮市比反对比例最低的北京市约高35个百分点。

有逃课行为的中国高中生最少(8.2%),远少于日本(26.4%)、韩国(21.8%)和美国(50.5%)。其中,女生少于男生,高一少于高二和高三。中国学生中,近六成(58.2%)认为“缺乏学习动力和学习兴趣”是逃课的最主要原因;三成(32.5%)认为是因为“有些事情干扰没心情学习(如沉迷游戏或者网络)”;7.3%认为是因为“不喜欢老师的授课方式”。

6. 中国学生遇到学习困难或疑问更多地请教同学或伙伴,美国高中生更多求助网络

中国高中生遇到学习困难或疑问时,大多数问同学或伙伴、自己看书学、问老师,和日本完全一致。上网查资料学的学生有28.4%,比例和韩国相当,美国则高得多(61.2%),日本最少(13.2%)。10.6%问补习班的老师或家教,和日本、美国比例相当,远远低于韩国(75.5%),可能源于韩国学生多数上补习班。中国学生最少用的方式是问家长(7.2%),日本、韩国和美国分别有17.7%、51.6%和61.3%。这可能由于中国学生亲子关系疏离,或中国高中知识难度大,父母无法辅导孩子。

表 4　各国高中生学习上遇到困难和疑问时做法排名(多选题,%)

	中国	日本	韩国	美国
1	问同学或伙伴(92.7)	问同学或伙伴(71.7)	问补习班的老师或家教(75.7)	问老师(86.7)
2	自己看书学(78.6)	问老师(51.9)	问家长(51.6)	问同学或伙伴(83.4)
3	问老师(65.6)	自己看书学(50.7)	问老师(44.3)	问家长(61.3)
4	上网查资料等(28.4)	放着不管(26.1)	上网查资料等(28.1)	上网查资料等(61.2)
5	放着不管(11.4)	问家长(17.7)	自己看书学(23.7)	自己看书学(33.2)
6	问补习班的老师或家教(10.6)	问补习班的老师或家教(14.3)	问同学或伙伴(7.5)	放着不管(20.3)
7	问家长(7.2)	上网查资料等(13.2)	放着不管(2.0)	问补习班的老师或家教(9.6)

7. *中国高中生学习方法灵活,死记硬背较少,善于举一反三,但不太善于动手操作和应用*

调查发现,中国高中生死记硬背最少,只有 22.2%,远低于日本(47.1%)、韩国(43.1%)、美国(68.2%)。美国学生有近四成(39.8%)做大量习题,而中国、日本、韩国分别为 27.5%、27.1%和 24.7%。美国高于其他三国 10%以上,中日韩差异不大。美国高中生更善于举一反三(33.9%),中国次之(19.2)%,韩国(10.0%)和日本(6.6%)较低。四国高中生大约都有四成善于将所学知识归纳整理,中国略高,有 43.0%,日韩美分别有 39.7%、38.3%和 39.4%。近半数(48.8%)的美国高中生将所学的知识动手操作、应用,中国有 21.3%,韩国和日本较低,分别有 10.1%和 8.1%。这说明中国高中生学习方法灵活,但动手、练习不够。

中小学学习负担的国际比较

杨秀治　刘宝存

中小学生负担过重是长期以来困扰我国基础教育的顽症,虽然中央和地方各级教育行政部门三令五申减轻中小学生学习负担，但收效甚微，其中一个重要原因就是社会各界对中小学生学习负担状况缺乏清晰的认识。本文拟从校日制度、周课时数、课程难度、家庭作业、心理负担等方面，将中小学生学习负担进行国际比较，以期对社会各界正确认识我国中小学生学习负担有所帮助。

校日制度比较

校日制度反映某个国家或地区学生在校学习天数。一年有 52 个周，但由于各国在学制、学期、寒暑假和节假日制度上的不同，各国中小学学生在校学习天数有很大的差异。

1986 年，联合国教科文组织国际教育年鉴局对世界各地 70 个国家的中小学进行了调查。结果表明，有 41 个国家的教学天数为 180—200 天，19 个国家超过 200 天，10 个国家少于 180 天，其中最少的是中非共和国，只有 150 天。

从世界各国政府规定的中小学教学天数来看，我国属于中等偏上的水平。但由于片面追求升学率的影响，初中高年级和高中阶段的教学天数远远超过国家规定的天数，学生实际在校学习天数为世界上最多的国家之一。

周课时数比较

周课时数是衡量学生学习时间长短的又一个重要指标，也是反映学生学习负担的一个重要指标。

根据国家教委 1995 年 4 月颁布的《关于实行每周 40 小时工作制后调整全日制中小学课程教学计划的意见》，实行新工时制后，我国小学一年级每周课时数为 27，二年级为 28，三至六年级为 30；初中阶段各年级为 33；普通高中各年级为 34。每节课时间，小学一般为 40 分钟；初中一般为 45 分钟，高中一般为 45—50 分钟。

法国 1985 年制定和推行的小学新教学计划规定，小学各年级每周上课 27 个学时。教师可以对学习遇到困难的学生进行补课或个别辅导、但补课仅限于法语和数学两门课，每天补课时间不超过 30 分钟，每周总课时时间限制在 2 小时以内。1985

年法国教育部公布的初中新教学计划规定，初中一、二年级必修课程每周 27 课时，无选修课程；三、四年级必修课程每周 26.5 课时，选修课 2—3 课时，总计在 30 课时以内。法国普通高中学制三年，第一年为基础学习年，课程分基础课、限定选修课和自选课 3 类，其中基础课 23.5 课时；限定选修课选学 A 组课程者 11 课时，选学 B 组课程者 5—7 课时；自选课无要求。二、三年级分科教学，周课时不一，但都在 30 课时以上。

德国中小学每周课时不统一。巴伐利亚州小学每周课时数 1、2、3、4 年级分别为 24、25、25、27，其中三、四年级时，学校可以根据人力、空间、设施等条件附加 2 节基础体育课作为必修课。德国完全中学高级阶段（相当于我国的普通高中）按 1972 年的《波恩协定》确定周课时数，一般是必修科目 20 课时，选修科目 10 课时，共计 30 课时左右。

日本小学于 1992 年 4 月开始实施新的教学计划，1—6 年级年课时分别为 850、910、980、1 015、1 015、1 015 课时，平均周课时为 22、26、28、29、29、29 课时。小学每课时 45 分钟。初中于 1993 年 4 月开始实施新的教学计划，初中三年每年 1 015 课时，平均每周 29 课时，每节课为 50 分钟。根据 1994 年实施的普通高中课程标准，高中实行学分制，修满 80 学分可毕业。日本高中以每周 1 学时持续 1 年为 1 学分，那么三年每年平均约 27 学分，亦即每周课时 27，每个课时为 10 分钟。

俄罗斯教育部于 1993 年 7 月颁布的初等教育教学计划规定，俄罗斯小学学制 3 年或 4 年，三年制小学（七岁入学）一至三年级周课时为 26 课时。四年制小学（六岁入学）一至四年级周课时分别为 22、24、26、26 课时。根据俄罗斯教育部 1994 年公布的俄联邦基础普通教育和完全普通教育教学计划，基础普通教育（即初中阶段）学制 5 年，每年的周课时分别为 32、33、35、35、36 课时；完全中等教育（即高中）2 年，周课时都是 38 课时。

英国小学每周的教学时数，由各地区或学校根据本地区实际自行制定，因此彼此之间差别较大，一般每周在 25 课时左右。中学课程安排也因校而异，一般来讲，相当于普通初中的文法中学每周课在 31—35 课时，相当于高中的“第六学级”每周课时在 35 课时左右，每个课时一般在 35—45 分钟。

从几个主要国家周课时数来看，我国无论是在小学阶段，还是在中学阶段，都属于周课时数较多的国家。

课程难度比较

课程难度无疑是影响中小学生学习负担的一个非常重要的因素，但全面进行课程难度的国际比较却是困难的，因为许多学科的可比性较差，我们只好对可比性较强的数学进行比较。由于各国学制不同，我们选择各国小学都有的四年级数学课程的难度为比较对象。

在量与计算方面，我国要求小学四年级学生认识时间单位年、月、日，知道平年与闰年以及各月的天数，会用24时计时法表示时刻。这一要求与德国、法国、俄罗斯、英国相当，高于美国，但晚于日本(三年级时学习此内容)。

在几何知识方面，我国要求四年级学生:(1)认识射线和角，知道角的大小，会用量角器量角和按照指定的度数画角，初步认识垂线和平行线，会用直尺和三角板画垂线、平行线、长方形和正方形，掌握三角形的特征;(2)认识面积单位(公顷、平方千米)，初步学会用测量工具在地面上测定直线和测量较短的距离。这一要求与德国、日本、俄罗斯、法国相当，略高于美国。

在统计知识方面，我国要求四年级学生初步认识简单的统计表，初步理解平均数的意义，会求简单的平均数。这一要求与美国、德国、法国、英国相当，高于俄罗斯和日本。

从以上分析看，我国小学四年级数学课程难度在世界重要国家中处于中等偏上水平。

家庭作业比较

家庭作业是衡量中小学生学习负担的一个重要指标。世界主要国家给学生布置家庭作业的做法是不一样的。

我国规定:小学一、二年级一般不留书面家庭作业。三、四年级每天课外作业量不超过30分钟，五、六年级不超过45分钟，初中不超过1个半小时，高中不超过2

小时。

法国政府自1956年起就明令禁止给小学生留家庭作业，以保证少年儿童课余活动时间和他们的身体健康，但1987年的一项调查表明，近99%的小学教师仍给学生布置作业，当然作业量并不大，平均初级班学生每天做一刻钟到半个小时的作业，中级班半小时至1小时。前苏联曾规定一年级不留家庭作业，二年级学生用于家庭作业的时间每天在10分钟以内。三、四年级一小时以内，五、六年级一个半小时以内，七、八年级二小时以内，九至十一年级二个半小时以内。俄罗斯基本上沿用了前苏联的做法。

德国各州为了减轻学生学习负担，给儿童一个美好、愉快的童年，保证儿童有充足的自由活动时间，都在学校法中对小学阶段学生的家庭作业量进行了限制，一般规定一、二年级学生家庭作业下得超过半个小时，三、四年级学生家庭作业不得超过一个小时。

英国政府文件规定，禁止为12岁以下的儿童布置家庭作业，12—14岁儿童的家庭作业每天不能超过1小时，14—16岁儿童的家庭作业每天不能超过1个半小时。

美国各州对学生家庭作业的规定与做法差异很大，甚至因校而异，小学低年级一般不布置作业，布置作业的也一般少于半个小时：小学高年级的家庭作业一般不超过1个小时。1983年美国高质量教育委员会在《国家处在危险之中，教育改革势在必行》的报告中指出，美国有三分之二的高中生的家庭作业时间不到1小时。

有一些国家取消了学生的家庭作业。韩国在1981年公布了《教育改革的新方针》。不但禁止教师、家长给学生布置课外作业，而且连补习夜校也一律停办。土耳其从1985年开始禁止学校给学生布置家庭作业。西班牙禁止给6—14岁的学生布置家庭作业。

总的来看，完全取消家庭作业的国家并不是很多，即便是取消家庭作业的国家，也只是取消14岁以下儿童的家庭作业。大多数国家都限制家庭作业的量，以避免学生负担过重。家庭作业的发展趋势是精心设计，提高质量，做到分量适中，难度适宜。另外，改善家庭作业的方式，主要体现为变回家做为在校做，加强对作业的指导。

从政府规定的作业量上看，我国中小学生的家庭作业负担并不是太重，但教师实际布置的作业量却远远高于政府的规定，导致学生作业负担过重，另外，我国中小学的家庭作业基本上都是书面作业，而且不少是重复性练习，作业形式单一，枯燥乏味，与国外灵活多样的作业形式形成鲜明的对比。

心理负担比较

学生学习的心理负担和一个国家的教育普及程度、考试制度、文化等因素有着密切的关系。

从教育普及程度看，美国、英国、法国、日本、德国、俄罗斯等已基本普及中等教育，高等教育也进入大众化阶段，有的国家如美国已进入普及高等教育阶段。在现代社会，高学历是谋取理想职业并获得个人发展的重要砝码。因此，接受高等教育已成为学生的普遍追求。在发达国家中，由于教育普及程度高，学生面临和承受的竞争压力较小。而我国九年制义务教育尚未普及，学生在升初中、升高中、升大学时都会面临激烈的竞争，而且受教育层次越高，竞争就愈激烈，学生心理压力就越大。

考试是教学评价的手段，也是筛选人才的手段。在发达国家，小学升初中，初中升高中，大多取消了考试，或者考试已成象征性的。学期、学年的考试也逐渐减少，平时成绩受到重视。法国到高中毕业会考时才有一次真正意义上的考试。在最重要的升大学考试方面，法国以高中毕业会考证书作为升入高等学校的资格，德国以完全中学毕业证书作为升入高等学校的资格，没有像我国的全国统一高考这样的制度。没有高中毕业会考文凭或完全中学毕业证书的学生，可以通过考试即第二条途径进入大学。美国、英国每年为学生提供数次“高考”的机会，日本以两次考试决定谁能上大学，只有俄罗斯是一次考试，是学校考试而不是全国统一的高考。在实行高考制度的国家中，大多数国家并不是单独以一次考试成绩来确定考生的命运，而是综合考虑多种因素，如考试成绩、中学学习成绩、推荐信、特长等。像我们国家一试定终身而且仅以考试成绩定夺的情况很少。为了准备高考，每个年级、每个学期甚至每个单元都要组织考试。教师的教学全是围绕考试进行，学生的唯一目标就是要通过考试，在这方面，我国学生面临的压力比以上国家要大。

文化特别是文化中的人才观，是影响学生心理负担的一个重要因素。在我国，

"万般皆下品，唯有读书高"的思想仍然有较大的影响力，大多数家长都希望自己的孩子将来能够通过读书"成龙"、"成凤"、认为只有读了大学才算得上成才。为了孩子能够取得好成绩，将来上大学，他们什么苦都能吃，什么累都能受，唯一的要求就是孩子能够得高分，在班里排前几名甚至第一名。在这样的环境中，学生总是处于压力之下，唯恐辜负了家长的期望。虽然天下的父母都希望自己的孩子能出人头地、孩子都会受到来自父母的压力，但在中国、日本、韩国这三个处在儒家文化圈里的学生压力最大，在儒家文化的发源地，社会发展相对落后、个人发展机会相对较少的中国尤甚。

综上所述、我国中小学生的学习负担总的来说是偏重的，适当减轻中小学生的学习负担是必要的。我国中小学生学习负担过重，既有制度性的因素（如校日制度、周课时数、课程设置等），也有非制度性的因素（如心理负担，教师违反国家规定超额布置家庭作业等）。因此，减负应综合考虑各种因素的影响，统筹规划，全面安排，灵活掌握。

（来源：《民生》2006 年 08 期）

补习热全球蔓延　挑战决策者智慧

欧洲：家长每年花费数十亿为孩子补课

江　洋

近日，欧盟委员会公布的一份研究报告显示，在一些欧盟国家中有超过 50％的中小学生聘请了家教，家长每年花费数十亿欧元为孩子补课。

该报告名为《影子教育的挑战：欧盟家教及其对政策制定者的影响》，由欧盟委员会委托联合国教科文组织国际教育规划研究所所长马克·贝磊研究撰写。贝磊教授多年来一直致力于课外补习研究，此前曾对中国香港、柬埔寨、新加坡、日本、埃及、马来西亚等世界多个地区和国家的课外补习现象进行调查和分析。

在研究中，他形象地将这种“与主流教育体系平行的私人家教体系”称为影子教育，并指出“最近几十年来，教育补习已经成为非常庞大的产业。”过去，课外补习主要在受儒家文化影响或者优质教育资源不足的国家盛行，但首份从整个欧盟范围研究家教问题的报告显示，补习热潮正在向欧洲蔓延。

家教市场在各国扩张

报告指出，近年来，影子教育在欧盟范围迅速发展，并在一些成员国形成产业化之势。据统计，2007年，法国家庭课外补习支出为22亿欧元，并以每年约10%的速度增长。2010年，德国家庭课外补习支出估计约为9.4亿至15亿欧元。这些补习课程主要包括数学、语言和科学等主要科目，音乐、体育等学科没有包括在内。

课外补习在中欧和东欧国家十分流行，在南欧国家则可形容为普遍。奥地利约有20%的家长为子女聘请家庭教师。立陶宛接受调查的大学生有62%在高中最后一年请过家教。斯洛伐克有56%的学生接受过私人辅导。葡萄牙接到大学录取通知书的学生中有55%在高中阶段接受过私人辅导。在罗马尼亚，聘请家庭教师的开支估计每年为3亿欧元。希腊家庭每年为此开支估计超过9.5亿欧元，相当于政府对中小学教育经费投入的1/5。西班牙家庭每年用于课外补习的总支出为4.5亿欧元，意大利为4.2亿欧元，塞浦路斯为1.11亿欧元。

近10年来，西欧国家课外补习的规模也在迅速扩大。在英国，约有12%的小学生和8%的中学生请过家教。目前，课外辅导只有在北欧国家尚未流行，如瑞典和芬兰，究其原因是中小学教育在很大程度上能够满足家长的期望。

研究还发现，课外补习在已取得优势的学生中更为普遍，而那些真正需要补习的学生却很少有条件得到私人辅导。为子女寻求家庭教师的多为富有的城市家庭，而不是工薪阶层和农村家庭。

影响经济、社会和教育

报告指出，课外补习规模不断扩大将给欧盟的经济、社会和教育带来深刻的影响。

从经济角度看，课外补习在一些欧盟成员国已成为一项具有重大商机的新兴产业。这种情况在塞浦路斯和希腊特别突出，课外补习支出已分别相当于两国政府对中小学教育开支的17%和20%。目前，法国、比利时、英国、爱尔兰等国家都出现了专门的教育辅导服务公司。但是，许多欧洲国家对于一年数十亿欧元的课外补习产业没有任何规范，大部分补习行为处于政府税收和监督范围之外。

从社会角度看，课外补习产业在某种程度上加剧了欧洲社会的阶级分化，扩大了贫富差距。研究显示，相比于农村或贫困阶层，居住在城市中的、家庭富裕的学生更有可能获得私人辅导。为了鼓励家庭为子女教育进行投资，一些欧盟成员国政府对投资教育的家庭给予税收减免优惠，但受益的家庭大部分比较富裕。同时，在一些成员国，学校教师为了赚取额外收入而去兼职担任家庭教师。这些教师的辅导对象多是自己的学生，这种做法可能带来严重问题。此外，研究指出，课外补习越来越少地关注什么是学生的真正需要，而更多的是针对已有的成功和特权来维护竞争优势。

从教育角度看，课外补习作为学校教育的补充，有一定积极作用，但也存在弊端。首先，师资质量难以保证。许多公司聘用了没有经过培训的人员担任教师。其次，许多课外补习的教育价值并不高，仅仅通过让学生做以前试卷上的试题来训练考试技巧。再其次，课外补习缩短了孩子们的闲暇时间，影响其身心发展。

呼吁政府打破沉默

对于课外补习市场在欧盟扩张的原因，报告分析指出，除了主流教育体系薄弱外，从供需角度看，还存在以下几方面因素：

其一，教师工资的购买力持续下降。例如在东欧国家，该原因导致课外补习在20世纪90年代的扩张。

其二，教育公共开支削减。受国际金融危机影响，许多欧盟成员国教育公共投入不同程度地被迫紧缩，在某种程度上使中小学校无力保证对个性化学习提供足够支持。

其三，考试压力和社会竞争。有些国家虽有发达的教育体系，但社会竞争、学校排名、以考试为基础的学习及其给家庭和学生带来的压力，使得家长对课外补习趋之若鹜，这在英国等西欧国家尤为突出。

其四，家长对子女拥有高成就寄予厚望，希望孩子得到比同龄人更多的教育。

报告作者马克·贝磊强调，如果政府放任不管，课外补习“将使不公平的情况持续并加剧”。目前，欧盟各成员国在课外补习法规方面存在很大差距，一些国家在规章上含糊不清，另一些国家虽有明确规定但执行不严。对此，欧盟委员会教育文化总司长特鲁钦斯基表示,“家教已成为增加就业和教师收入的渠道,这可能是政府和工会不愿干预的原因”,“对这一现象打破沉默,将是改进欧盟教育培训体系的重要一步”。

(作者单位:中国驻欧盟使团教育文化处)

韩国:与课外补习“斗争到底”

张雷生

近期韩国一项调查研究表明,中小学生参加过补习的比例为88.8%。韩国私人课外辅导教育市场的规模为33.5万亿韩元,相当于韩国国内生产总值的3.95%,超过了韩国政府2011年的教育预算。

更令人担忧的是,调查显示,成绩优秀的学生参加课外辅导的时间和费用更高,而父母文化程度、家庭经济状况与孩子参加课外辅导与否有直接关系。拥有大学学历的家长有90%让孩子参加课外辅导班,而高中学历的家长让子女接受课外辅导的比例为50%。月收入700万韩元的家庭为子女支付的课外辅导费用,比月收入100万韩元的低收入家庭高出近10倍。

鉴于课外辅导造成的各种负担和由此导致的教育公平问题,历届韩国政府都非常重视对课外辅导热的治理。金大中就任韩国总统时曾发誓,要“把年轻人从补习课程中解放出来,把学生家长从课外补习费用的负担中解放出来。”现任韩国总统李明博竞选时也承诺,要实现“公共教育双倍,私人教育减半”的目标。

切断源头却适得其反

韩国社会普遍认为,课外辅导的源头是“入学竞争”。因此,韩国政府一直将招生考试改革作为治理补习热的重要措施。从20世纪70年代开始,韩国推行“教育平准化”政策,初、高中免试、免费入学;废除重点学校、重点班,学生按所在区域就近入学;所有学生使用统一教科书;不允许高校自主举行入学考试和自主招生;不允许各高中按考试成绩排名;不允许私人捐款入学。

然而,平准化政策不仅没有使课外辅导热降温,反而对其产生了刺激作用。该政策虽然将学校从升学竞争的压力中解放出来,但对于学生和家长来说,却无法轻松。家长为了使孩子考上名牌大学,家境好的纷纷转向私立学校,而普通家庭则更加依赖于课外补习。家庭贫困的孩子连辅导班也上不起,更加大了贫富家庭学生学业上的差距。

全面禁止引发民众抗议

为了尽快达到治理效果，韩国政府一度采取了简单粗暴的禁止政策。1980 年，韩国政府公布了《教育规范化和消除过热的课外补习方案》。这项政策被视为全面禁止课外辅导教育宣言，禁令包括禁止学校教师提供补习服务，禁止通过有线电视节目等方式补习，同时通过征收高额营业服务税和抬高办学资质等措施，逐步限制和关闭课外辅导教育机构。

尽管高压禁令对抑制课外补习热有一定作用，却遭到民众的强烈反对。批评者认为："政府通过禁止课外补习来应对中小学教育存在的不足，就好像通过要求全体人民贫困来减少抢劫一样荒唐。"2000 年，韩国最高法院宣布政府的课外补习禁令违反宪法，禁止课外补习的政策雷声大雨点小，无果而终，草草收场。

寻找替代品促进公平

20 世纪 90 年代以后，韩国政府开始利用公共教育资源介入补习，通过"放学后教育计划"以及卫星电视和广播放送等方式，提供私人课外补习的替代品，减少家庭补习支出。

1995 年，韩国提出构筑"新教育体制"的改革方案，由公立学校组织开展对学生的课外辅导，根据学生兴趣和实际水平实施匹配型补充学习，而收费比社会上的各种辅导少得多。在此基础上，2005 年韩国正式推出由公立学校实施的"放学后教育计划"。

按照该计划，公立学校利用放学后的时间，向学生提供保育、托管、学术课程补习、艺术课程辅导和娱乐活动等服务。中央和地方政府提供专项经费支持，各大学和研究机构开发具体的课外辅导项目。在政府经费支持下，不仅城市学生能以低于市场的价格满足其个性化学习需求，而且农村和低收入家庭子女也有条件接受免费的课外辅导，缩小与高收入家庭子女因收入差距带来的教育差距。

近几年来，韩国政府不断加大"放学后教育计划"的实施力度和经费投入。据韩国教育科学技术部统计，目前已有 99.8%的中小学开办了"放学后教育"，近半数中小学生参与其中。

提高公立教育质量最根本

韩国学者认为，家长选择课外补习的原因之一是对学校公共教育的失望。在韩国，升学率与学校业绩不挂钩，教师有公务员的铁饭碗，导致教学责任心不足。相比之下，处于市场激烈竞争中的课外辅导班，想尽办法满足学生的学习需求、提高成绩。韩国教育科学技术部调查显示，对学校教育表示“满意”的家长不到半数。在课外补习繁荣昌盛的同时，公共教育失去了应有的权威。一些教师无奈地表示，很多孩子依赖课外辅导，在学校课堂上打瞌睡。

有鉴于此，韩国总统李明博决定采取“迂回政策”治理补习热，即加强公共教育，使学生没必要再去上课外辅导班，进而使老百姓承担的课外辅导费用降下来。

为满足国民对优质教育的期待，韩国从2009年起新建300所优质高中，把更多的办学自主权移交学校。通过导入教职员教育教学评价制度和学校信息公开化制度，强化教职员工和学校的责任感。加快推进“全国范围内学业能力标准评价”试行进度，加大对“后进学生”和“办学不力学校”的特别支援和扶持力度。同时，通过加强初、高中阶段的英语教学以及公开历年高考试题等有针对性的措施，减少“以大学入学考试为根本出发点”的课外辅导教育需求。

（作者系韩国延世大学教育研究所研究员）

日本：对课外补习进行管理与规范

李协京

日本的课外补习热已经持续“高烧”了40多年。在早期阶段，日本教育界对它的批评较多，认为补习班对维持正常的学校教学秩序不利，同时也加重了学生负担。然而，课外补习产业并没有因此削弱，反而不断扩张，日本政府对课外补习的态度也逐渐变得宽容，其政策重心主要放在规范管理方面。

保护消费者利益

补习班在日本不属于学校范畴，也不归文部科学省管辖，而是属于特定的服务性产业，由经济产业省负责。因此，补习班主要受经济法律法规的约束，例如，《公司法》、《法人税法》、《特定商业交易法》、《消费者契约法》、《个人信息保护法》、《不当赠品及不当表示防止法》等。其中，《特定商业交易法》对包括补习班在内的服务性产业的经营行为作出了具体明确的规定。

例如，在签订服务合同前，补习班须向消费者提供有关合同概要的书面材料，包括机构负责人的姓名、地址、电话、法人名称、服务内容、服务价格、支付方法与时间、中途解约等相关事项。签订合同后，须尽快向消费者提交合同文本。需要消费者特别加以注意的事项，必须加红框并用红色字体显著标出，且文字尺寸要在 8 磅以上。

禁止使用明显违背事实或夸大其辞误导消费者的宣传内容。禁止补习班为诱使消费者签订合同或阻挠其中止合同，故意向其传达不符合事实的信息、故意隐瞒事实真相或进行威胁。

该法还规定，收取预付款超过 5 万日元的补习班须事先准备有关其业务和财务状况的资料，一旦消费者要求查阅，应随时提供。已签订合同的消费者可在签约后 8 日内以书面方式解除合同，如因补习班提供虚假信息或进行胁迫等原因产生误解或困惑的，8 日后也可解除合同，消费者无需承担损害赔偿或缴纳违约金。

一旦主管部门认定补习班违反该法规定而对消费者利益构成危害时，可对其进行业务整改乃至停业等行政处罚。

保证学生安全

2005 年年底，日本京都发生的学生被补习班教师杀害事件，引起了社会对补习班学生安全问题的强烈关注。作为补习班主管部门的经济产业省，通过其下属机构“社团法人全国补习班协会”，制定了《补习班儿童安全确保指南》。

该指南要求补习班从三方面确保学生安全：

第一，确保学生上下课的交通安全。措施包括，补习班应确认孩子来往交通的道路安全，搜集和向家长提供可疑者的信息，请家长或补习班教师接送，为学生配备有报警和定位功能的小型报警器等。

第二，提高补习班教师素质。完善补习班教师招聘程序和机制，确认教师简历真实性，通过多次面试考察其人格，对补习班教师进行教育和培训，要求补习班教师尊重学生及家长的人权与意愿，优先考虑学生和家长的利益，对学生和家长采取符合伦理道德要求的行为。

第三，营造重视安全的学习环境。补习班负责人指定业务监督责任人，专门检查安全措施是否到位，确保补习班的设施、设备符合安全要求，保证紧急情况发生时的组织、联络机制，落实当可疑者进入补习班时的快速反应和安全确保机制。

限制学校教师兼职

日本的课外补习班作为经营性企业,一般只雇用少量专职人员,大部分教师是公司聘用的兼职人员。日本社团法人全国补习班协会调查显示,补习班的非专职教师主体是大学生、研究生和主妇,在职教师所占比例最低,仅为4.3%。可见,日本教师到补习班兼职并不普遍,这在一定程度上有利于切断学校与补习机构之间的利益链条,维护教育公平。

日本的法律制度对教师兼职有严格限制。日本《地方公务员法》第三十条规定:"所有职员必须作为服务者服务于公共利益,执行公务时须举全力专心投入。"第三十八条规定:"职员未得到任命者的许可,不得兼任以营利为目的的私营企业及其他团体的职务以及其他人事委员会规则规定的职位,不得经营以营利为目的的私营企业,不得从事任何有报酬的事业或事务。"

虽然日本《教育公务员特例法》第十七条规定,"教育公务员在任命者认定其兼职不影响本职工作时,可以有偿或无偿地兼任其他教育职务或从事其他教育事业",但实际上"任命者认定"这一前提正是最大的限制。恐怕很少有校长认为教师兼职不会影响本职工作。繁忙的教学以及诸多事务性工作也使日本教师很难有精力到校外兼职。按照《地方公务员法》,日本教师要定期接受程序严密的职务考核,而定期轮岗制度使教师每五六年就要在县内学校流动一次,需要不断为适应新的工作环境而努力,这些举措对教师到校外兼职也起到了制约作用。

此外,日本有着公立学校教师工资高于其他行业公务员的优待政策。工资和生活待遇得到保障,学校教师能够专心从事本职工作,无需到校外兼职。

(作者单位:中央教育科学研究所比较教育研究中心)

美国:为贫困生安排暑期学习

焦　阳

据美国《华盛顿邮报》近日报道,2011年,华盛顿地区推出面向贫困儿童的暑期地平线项目,使家境贫困孩子的暑假变得富有意义,而非成为一种负担。

2011年6月至7月,库克小学的130名学生到私立的玛丽特学校学习6周,参与暑期地平线项目。学生每天要做的是思考数学题,学习新单词,亲自动手参加科学活动，如制作熔岩灯、牙膏，设计机器人程序等。

玛丽特小学五年级教师吉吉·斯威格特说："这些孩子都非常好学。我们想要他们知道外面的世界很精彩，每个人都有许多机会可以获得成功，但是必须有得到这些机会的愿望，并且为之努力。"

地平线项目在提升学生阅读技能方面效果良好，但这并不是许多学生每年都来参加该项目的主要原因。7 岁的弗兰基·博格斯表示，每天的游泳课非常吸引人。游泳课是该项目的重要组成部分，上课地点是瑞士驻美国大使馆的游泳池。一位教师对游泳课的意义进行了阐释，她说："学生可以学习游泳技能，但更重要的是自信心会增强，懂得耐心和勤奋练习的价值。"

全国暑假学习协会的负责人马修·伯雷指出，地平线项目为学校教育改革提供了一种暑期模式。他说："学校在学生上学的 9 个月时间里花费大量精力改革提供了一种暑期模式。他说："学校在学生上学的 9 个月时间里花费大量精力和资源来提高他们的学业水平。但是学校的辛苦付出与学生在暑期过后的表现形成巨大落差。"

几乎所有孩子在暑假期间都会部分遗忘曾经学过的知识。但是研究者发现，家境贫困的孩子忘的更多。研究发现，低收入家庭和中产阶级家庭孩子的成绩差距中有 2/3 是在暑假造成的。

然而，面临资金短缺问题的学校系统减少了对学生的暑期服务。华盛顿的公立学校系统 2011 年为 5 100 名学生提供暑期学习机会，仅仅是去年人数的一半。乔治王子城公立学校系统今年为 2 250 名学生提供暑期学习机会，还不到在校学生的 2%。费尔法克斯县暑期学校负责人李维·佛利指出，该县的暑期学校资金从 2007 年的 2 260 万美元缩减到今年的 890 万美元。同样的经费缩减也出现在洛杉矶、费城和西雅图等城市。

与此同时，全国地平线暑期学习项目网络却开始发展壮大。地平线项目 1964 年在康涅狄格州的一所私立学校建立，20 世纪 90 年代该项目开始在全国扩展。

参与该项目的学校为学生提供免费的教室和其他资源，私立机构提供运行资金。在过去两年中，华莱士基金会、比尔与梅琳达盖茨基金会等机构投入上百万美元，为贫困学生暑期学习项目提供资助。沃尔玛基金会 2011 年 6 月宣布，将会在 10 个城市提供 1 150 万美元资助暑期学习项目。沃尔玛基金会主席玛格丽特·麦肯纳说："我们希望能够把资金投入到真正有用的事情上，我们相信暑期学习项目的回报是非常高的。"

尽管如此，私人资助还不能完全弥补公共教育投入不足问题。从现有数据看，学生对暑假教育项目的需求量远高于供给量。

（作者单位：北京师范大学教育学部）

相关链接 1：来自研究者的数据

巴西：对里约热内卢公立学校的研究发现，超过 50％的学生接受过课外补习，并把它作为减少复读可能性的一个途径。

埃及：五年级学生有 54％接受过补习，八年级学生 74％接受过补习。很多补习由学校教师提供给他们自己的学生。

新加坡：对 1 052 个家庭的调查发现，49％的小学生和 30％的中学生正在接受补习。

印度：报告显示，70％的城市学生接受一个或多个科目的课外补习。

毛里求斯：中学二年级有 56％的学生接受补习，到中学五年级和六年级，这一比例达到了 100％。

摩洛哥：53％的学校教师曾提供过课后补习。在中学第一年比例最低，为 27％，中学最后一年这一比例上升到 78％。

马来西亚：城市学校的学生有 59％接受补习，而农村学校只有 28％。

相关链接 2：减少课外补习的七种方法

1. 缩小经济差距。
2. 使教育系统去精英化。
3. 改革评估系统。
4. 鼓励教师给予后进生更多的帮助。
5. 确保课程不会过重。
6. 探索能使学校课程变得更有趣的方法。
7. 提升公众意识。

（资料来源：马克·贝磊著《教育补习与私人教育成本》）

后　记

在教育领域,“减负”不是一个新问题。自新中国成立以来,“减轻中小学生过重课业负担”的呼声从来没有停止过。但是,事与愿违,中小学生的课业负担却在“减负”声中越减越重,成为严重影响青少年身心健康发展的“顽疾”。本书拟对新时期中小学生课业负担问题,重新予以分析。

在本书组稿和编辑过程中,我们从报刊和网络上摘编、整理了部分信息与资料,同时也收录了部分学者的文章。但个别作者因地址和通迅等不清楚,无法取得联系,我们又不愿忍痛割爱。在此致以歉意,并敬请作者见到本书后联系我们。(地址:上海市虹泉路999号丛书编辑部　邮编:201103)

编　者

2012年5月

图书在版编目(CIP)数据

减负新攻略/胡卫主编. —北京：生活·读书·新知三联书店，2012.6
(教育新观察丛书)
ISBN 978-7-108-04091-6

Ⅰ. ①减… Ⅱ. ①胡… Ⅲ. ①中小学—教育体制改革—研究—中国 Ⅳ. ①G639.21

中国版本图书馆 CIP 数据核字(2012)第 091315 号

责任编辑 麻俊生
封面设计 鲁继德
出版发行 生活·讀書·新知 三联书店
(北京市东城区美术馆东街 22 号)
邮 编 100010
印 刷 常熟市华通印刷有限公司
版 次 2012 年 6 月第 1 版
2012 年 6 月第 1 次印刷
开 本 720 毫米×965 毫米 1/16 印张 16
字 数 250 千字
定 价 40.00 元